선생님이 강력 추천하는

사회

개념 PLUS +
단원평가

3-1

개념 + 단원평가 와 내 교과서 비교하기

단원 찾는 방법

- 내 교과서 출판사명을 확인하고 공부할 범위의 페이지를 확인하세요.
- 다음 표에서 내 교과서의 공부할 페이지와 개념+단원평가 사회 페이지를 비교하면 됩니다.
  예를 들어 아이스크림 미디어 48~67쪽이면 개념+단원평가 50~61쪽을 공부하시면 됩니다.

Search
단원찾기

단원	개념+단원평가	아이스크림 미디어	천재교육	비상교과서	미래엔	비상교육	천재교과서	금성출판사	지학사	동아출판	교학사	김영사
1. ① 우리가 생각하는 고장의 모습	8~23	8~23	10~25	12~27	10~29	10~27	16~31	12~27	8~23	10~25	10~25	10~27
1. ② 하늘에서 내려다본 고장의 모습	24~39	24~41	26~43	28~47	30~49	28~47	32~45	28~47	24~43	26~49	26~45	28~45
2. ① 우리 고장의 옛이야기	50~61←	48~67	50~69	54~71	54~77	56~73	56~71	56~73	50~67	56~73	56~73	52~71
2. ② 우리 고장의 문화유산	62~73	68~87	70~87	72~89	78~95	74~91	72~89	74~91	68~85	74~93	74~93	72~89
3. ① 교통수단의 발달과 생활 모습의 변화	84~99	94~117	94~111	96~113	100~123	100~121	100~117	100~119	92~111	100~117	104~123	96~115
3. ② 통신수단의 발달과 생활 모습의 변화	100~113	118~139	112~127	114~131	124~143	122~141	118~137	120~135	112~129	124~135	124~141	116~133

여러분의 꿈을 응원합니다!!!

민들레에게는
하얀 씨앗을 더 멀리 퍼뜨리고 싶은 꿈이 있고,

연어에게는
고향으로 돌아가 알알이 붉은 알을 낳고 싶은 꿈이 있습니다.

여러분도 가지각색의 아름다운 꿈을 가지고 있지요?
꿈을 향한 마음으로
좋은 결과를 얻기 위해 달려 보아요.

여러분의 그 아름답고 소중한 꿈을 응원합니다.

구성과 특징

교과서 종합평가

사회 11종 검정 교과서를 완벽 분석한 종합평가를 단원별로 구성하였습니다.

1. 교과서 핵심 요점

교과서 내용을 이해하기 쉽도록 사진 자료와 함께 꾸몄습니다.

2. 개념을 확인해요

교과서 개념과 관련된 주요 내용을 간단한 문제를 통하여 확인할 수 있습니다.

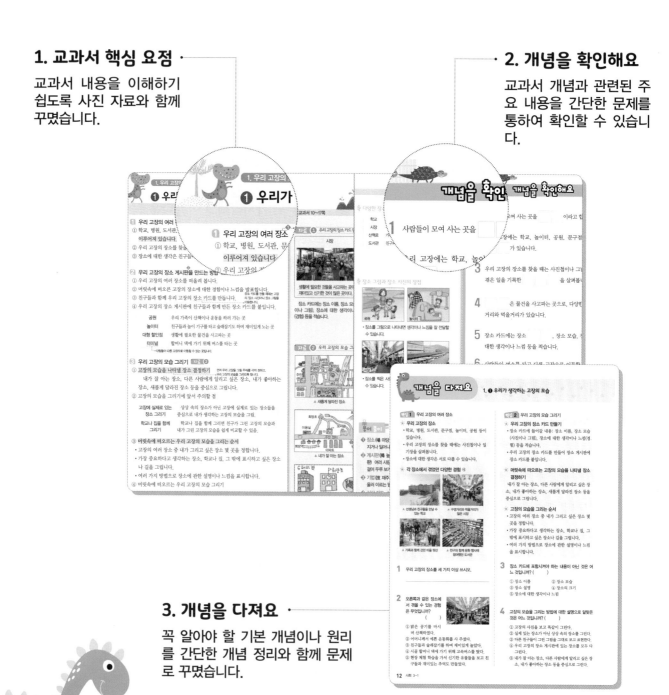

3. 개념을 다져요

꼭 알아야 할 기본 개념이나 원리를 간단한 개념 정리와 함께 문제로 꾸몄습니다.

4. 실력을 쌓아요, 탐구 서술형 평가

기본 개념 문제를 통해 실력을 다지고, 서술형 평가에 대비할 수 있도록 다양한 문제로 구성하였습니다.

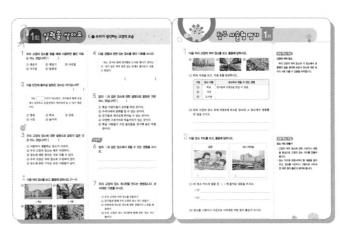

5. 단원 평가 연습 기출 실전

여러 가지 유형의 문제를 단원별로 구성하고, 연습, 기출, 실전으로 난이도를 구분하여 학습 목표를 이룰 수 있도록 하였습니다.

6. 100점 예상문제

핵심만 콕콕 짚어 단원별과 전체 범위로 구분하여 구성하였습니다.

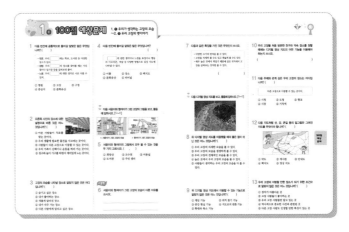

정답과 풀이

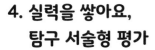
별책 부록

스스로 학습할 수 있도록 문제마다 자세한 풀이를 넣었으며 '더 알아볼까요' 코너를 두어 문제를 정확하고 쉽게 이해할 수 있도록 하였습니다.

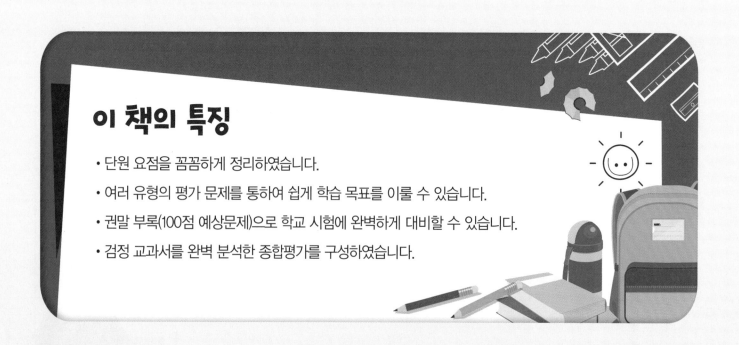

이 책의 특징

• 단원 요점을 꼼꼼하게 정리하였습니다.

• 여러 유형의 평가 문제를 통하여 쉽게 학습 목표를 이룰 수 있습니다.

• 권말 부록(100점 예상문제)으로 학교 시험에 완벽하게 대비할 수 있습니다.

• 검정 교과서를 완벽 분석한 종합평가를 구성하였습니다.

차례

3·1

3~4학년군

요점 정리
+ 단원 평가

사회 3-1

3~4 학년군

❶ 우리가 생각하는 고장의 모습(1)

▶ 교과서 10~17쪽

❶ 우리 고장의 여러 장소 ●───사람들이 모여 사는 곳을 말합니다.

① 학교, 병원, 도서관, 문구점, 놀이터, 공원 등 우리 고장은 다양한 장소로 이루어져 있습니다.

② 우리 고장의 장소를 찾을 때는 사진첩, 일기장 등을 살펴봅니다.

③ 장소에 대한 생각은 친구들마다 다를 수 있습니다.

❷ 우리 고장의 장소 알림판을 만드는 방법 자료 ❶

① 우리 고장의 여러 장소를 떠올려 봅니다.

② 머릿속에 떠오른 장소에 대한 경험이나 느낌을 발표합니다.

③ 친구들과 함께 우리 고장의 장소 카드를 만듭니다. ●───장소 카드를 만들 때에는 고장의 장소 사진이나 장소 그림을 이용합니다.

④ 우리 고장의 장소 알림판에 친구들과 함께 만든 장소 카드를 붙입니다.

공원	우리 가족이 산책이나 운동을 하러 가는 곳
놀이터	친구들과 놀이 기구를 타고 술래잡기도 하며 재미있게 노는 곳
대형 할인점	생활에 필요한 물건을 사고파는 곳
버스 터미널	할머니 댁에 가기 위해 버스를 타는 곳

●───사람들이 다른 고장으로 이동할 수 있는 곳입니다.

❸ 우리 고장의 모습 그리기 자료 ❷

① 고장의 모습을 나타낼 장소 결정하기 ───먼저 우리 고장을 그릴 주제를 각자 정하고, 우리 고장의 모습을 그리도록 합니다.

내가 잘 아는 장소, 다른 사람에게 알리고 싶은 장소, 내가 좋아하는 장소, 새롭게 달라진 장소 등을 중심으로 그립니다.

② 고장의 모습을 그리기에 앞서 주의할 점

고장에 실제로 있는 장소 그리기	상상 속의 장소가 아닌 고장에 실제로 있는 장소들을 중심으로 내가 생각하는 고장의 모습을 그림.
학교나 집을 함께 그리기	학교나 집을 함께 그리면 친구가 그린 고장의 모습과 내가 그린 고장의 모습을 쉽게 비교할 수 있음.

③ 머릿속에 떠오르는 우리 고장의 모습을 그리는 순서

• 고장의 여러 장소 중 내가 그리고 싶은 장소 몇 곳을 정합니다.

• 가장 중요하다고 생각하는 장소, 학교나 집, 그 밖에 표시하고 싶은 장소나 길을 그립니다.

• 여러 가지 방법으로 장소에 관한 설명이나 느낌을 표시합니다.

④ 머릿속에 떠오르는 우리 고장의 모습 그리기

장소 사진 활용하기	나타내고 싶은 장소의 사진을 골라 붙이기(콜라주) 기법으로 활용하여 심상 지도로 나타냄.
장소감을 여러 가지 방법으로 표현하기	장소에 관한 생각이나 느낌(장소감)을 표정이나 행동의 이모티콘, 색깔 등 다양한 방법으로 심상 지도에 나타낼 수 있음.

자료 ❶ 우리 고장의 장소 카드 만들기

시장

생활에 필요한 물건을 사고파는 곳이다. 재미있고 신기한 것이 많은 곳이다.

장소 카드에는 장소 이름, 장소 모습(사진이나 그림), 장소에 대한 생각이나 느낌(경험) 등을 적습니다.

자료 ❷ 우리 고장의 모습 그리기

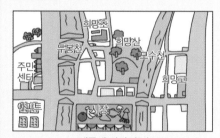

▲ 새롭게 달라진 장소

▲ 내가 잘 아는 장소

▲ 내가 좋아하는 장소

🌵 다양한 장소에서의 경험 (예)

학교	선생님과 친구들을 만날 수 있음.
시장	구경거리와 먹을거리가 많았음.
산책로	가족과 함께 숲길을 걸었음.
도서관	친구와 함께 문화 행사에 참여함.

🌵 장소 그림과 장소 사진의 장점

공원

놀이터

• 장소를 그림으로 나타내면 생각이나 느낌을 잘 전달할 수 있습니다.

시장

버스 터미널

• 장소를 찍은 사진은 장소의 모습을 실감 나게 전달할 수 있습니다.

📌 용어 풀이

❶ **장소**(場 마당 **장** 所 바 **소**) 어떤 일이 이루어 지거나 일어나는 곳

❷ **알림판** 여러 사람에게 알릴 내용을 내붙이거 나 내걸어 두루 보게 붙이는 판

❸ **기법**(技 재주 **기** 法 법 **법**) 기교와 방법을 아 울러 이르는 말

❹ **심상 지도** 사람의 머릿속에 있는 장소에 대한 정보를 지도처럼 그려서 나타낸 것

---

1 단원

1 사람들이 모여 사는 곳을 ☐☐이라고 합니다.

2 우리 고장에는 학교, 놀이터, 공원, 문구점 등의 ☐☐가 있습니다.

3 우리 고장의 장소를 찾을 때는 사진첩이나 그날그날 겪은 일을 기록한 ☐☐☐을 살펴봅니다.

4 ☐☐은 물건을 사고파는 곳으로, 다양한 구경 거리와 먹을거리가 있습니다.

5 장소 카드에는 장소 ☐☐, 장소 모습, 장소에 대한 생각이나 느낌 등을 적습니다.

6 사람들이 버스를 타고 다른 고장으로 이동할 수 있 는 곳은 ☐☐☐입니다.

7 장소를 ☐☐으로 나타내면 생각이나 느낌을 잘 전달할 수 있습니다.

8 고장의 모습을 그릴 때 가장 먼저 할 일은 어떤 ☐☐들을 중심으로 그릴지 결정하는 것입니다.

9 고장의 모습을 그릴 때는 상상 속의 장소가 아닌 고 장에 ☐☐ 있는 장소들을 그려야 합니다.

10 장소에 관한 생각이나 느낌을 ☐☐☐이라 고 합니다.

① 우리가 생각하는 고장의 모습 (2)

▶ 교과서 18~24쪽

4 우리 고장의 모습을 그린 그림 비교하기 자료 ③ 자료 ④

① 서윤이가 그린 고장의 모습 →서윤이는 새롭게 달라진 장소를 중심으로 고장을 그렸습니다.

• 희망산과 두봉천, 모수천 등의 하천이 있습니다.

• 아파트, 시장, 학교 등이 모여 있습니다. ⑤

• 희망초, 희망고, 주민 센터 등이 있습니다.

② 형석이가 그린 고장의 모습 →형석이는 잘 아는 장소를 중심으로 고장을 그렸습니다.

• 희망산이 있으며 주민 센터와 도서관이 큰길 가까이 있습니다.

• 희망초, 희망고, 미용실, 희망역, 아파트 등이 있습니다.

③ 서윤이와 형석이의 그림에서 **공통점**과 **차이점**

공통점	• 희망산을 그림. • 희망초와 희망고, 주민 센터, 아파트를 그림.
차이점 전체적인 모습을 비교한 후 구체적인 모습에서 서로 차이점을 찾아보도록 합니다.	• 서윤이의 그림에는 건물이나 자연의 모습이 자세하게 그려져 있지만, 형석이의 그림에는 건물이나 자연의 모습이 ⑥ 서윤이의 그림보다는 단순하게 그려져 있음. • 형석이의 그림에는 서윤이의 그림보다 더 많은 고장의 장소가 그려져 있음. • 희망산의 위치와 모양이 다름. • 서윤이는 학교 건물을 위에서 내려다본 모양으로, 형석이는 단순한 모양으로 그림. • 서윤이의 그림에는 두봉천과 모수천이 있지만, 형석이의 그림에는 없음. • 형석이의 그림에는 희망역과 도서관이 있지만, 서윤이의 그림에는 없음.

④ 공통점과 차이점이 있는 **까닭**

공통점이 있는 까닭	서윤이와 형석이가 같은 고장에 살고 있기 때문임. 같은 고장에 살면서 비슷한 경험을 했기 때문입니다.
차이점이 있는 까닭	사람마다 보고 듣는 것뿐만 아니라 표현하는 방법도 다르기 때문임. →사람마다 생각하는 고장의 모습이 다양합니다.

5 우리 고장에 대한 생각과 느낌을 이야기하기

① 자신이 그린 우리 고장의 모습을 다른 친구들에게 소개합니다.

② 친구의 그림에서 주의 깊게 살펴볼 점

• 친구가 잘 아는 곳이 어디인지 살펴봅니다.

• 친구가 좋아하는 곳을 찾아봅니다.

• 특별하게 소개하고 싶은 곳이 있는지 친구에게 물어봅니다.

③ 우리 고장에 대한 생각과 느낌이 서로 다른 까닭

• 사람마다 경험하는 것이 다르기 때문입니다. ⑦

• 사람에 따라 관심 있는 것이 다르기 때문입니다. ⑧

④ 고장에 대한 서로의 생각과 느낌을 존중하고 이해해야 합니다.

자료 ③ 우리 고장 그림 비교하기

서윤이가 그린 우리 고장의 모습

형석이가 그린 우리 고장의 모습

1 같은 건물이나 자연의 모습을 다르게 표현한 부분을 살펴봅니다.

2 서윤이 그림에는 있지만 형석이 그림에는 없는 장소를 찾아봅니다.

3 서윤이 그림에는 없지만 형석이 그림에는 있는 것을 찾아봅니다.

자료 ④ 고장 그림을 비교하는 방법

지아와 희철이는 길을 그리지 않았고, 건물이나 자연의 모습만을 담았습니다.

지아가 그린 우리 고장의 모습

희철이가 그린 우리 고장의 모습

1 두 그림에 공통적으로 있는 건물이나 자연의 모습을 찾아 그 위치나 크기, 모양, 색깔 등을 비교합니다.

2 두 그림 중 어느 한 그림에만 있는 건물이나 자연의 모습이 있는지 찾아봅니다.

🌵 고장에 대한 서로의 생각과 느낌을 확인할 때 활용할 수 있는 질문

- 무엇을 그렸나요?
- 왜 이곳을 그렸나요?
- 이 장소에 대해 어떤 생각과 느낌이 떠오르나요?
- 우리 고장하면 어떤 생각과 느낌이 떠오르나요?

🌵 우리 고장에 대한 생각이나 느낌을 주고받는 방법

- 친구들 앞에서 자신의 그림 설명하기
- 그림과 함께 간략한 소개 글 전시하기
- 고장의 특별한 장소로 스무고개하기
- 나만의 장소 지정하기
- 우리 고장을 배경으로 한 그림책 만들기
- 우리 고장 이름으로 삼행시 짓기
- 우리 고장에 대한 생각이나 느낌을 몸으로 표현하기

우리 고장 곳곳에 있는 문화유산을 소개하고 싶었어.

우리 고장의 자랑인 희망산을 알리고 싶었어.

아름답게 바뀐 우리 고장의 모습을 다른 사람들에 소개하고 싶었어.

내가 자주 가는 우리 고장의 학교와 도서관을 나타내고 싶었어.

📎 용어 풀이

❺ 주민(住 살 주 民 백성 민) 일정한 지역에 살고 있는 사람.

❻ 단순(單 홑 단 純 순수할 순) 복잡하지 않고 간단함.

❼ 경험(經 지날 경 驗 시험 험) 자신이 실제로 해 보거나 겪어 봄.

❽ 존중(尊 높을 존 重 무거울 중) 높이어 귀중하게 대함.

11 우리 고장의 모습을 그릴 때는 머릿속에 떠오르는 □□를 중심으로 그립니다.

12 내가 그린 우리 고장의 모습과 친구가 그린 우리 고장의 모습은 서로 공통점도 있고, □□점도 있습니다.

13 우리 고장의 모습을 그린 그림을 비교할 때, 두 그림에 공통적으로 있는 건물이나 자연의 모습을 찾아 그 □□나 크기, 모양 등을 비교합니다.

14 우리 고장의 모습을 그린 그림을 비교할 때, 두 그림 중 어느 한 그림에만 있는 □□이나 자연의 모습을 찾아봅니다.

15 우리 고장의 모습을 그린 두 친구의 그림에서 서로 공통점이 있는 까닭은 두 친구가 □□ 고장에서 살고 있기 때문입니다.

16 우리 고장의 모습을 그릴 때 자신의 □□이나 생각을 중심으로 그립니다.

17 우리 고장을 그린 친구들의 그림을 보면서 고장에 대한 서로의 □□과 느낌을 알아봅니다.

18 고장에 대한 생각이나 느낌은 각자의 □□에 따라서 서로 다를 수 있습니다.

19 고장에 대한 서로 다른 생각과 느낌을 이해하고 □□해야 합니다.

20 우리 고장의 문화유산을 중심으로 그린 친구의 그림을 살펴볼 때는, 특별하게 □□하고 싶은 곳이 있는지 친구에게 물어봅니다.

핵심 1 우리 고장의 여러 장소

❋ 우리 고장의 장소
- 학교, 병원, 도서관, 문구점, 놀이터, 공원 등이 있습니다.
- 우리 고장의 장소를 찾을 때에는 사진첩이나 일기장을 살펴봅니다.
- 장소에 대한 생각은 서로 다를 수 있습니다.

❋ 각 장소에서 겪었던 다양한 경험 예

▲ 선생님과 친구들을 만날 수 있는 학교

▲ 구경거리와 먹을거리가 많은 시장

▲ 가족과 함께 갔던 마을 뒷산

▲ 친구와 함께 문화 행사에 참여했던 도서관

1 우리 고장의 장소를 세 가지 이상 쓰시오.

_____

2 오른쪽과 같은 장소에서 겪을 수 있는 경험은 무엇입니까?
(   )
① 맑은 공기를 마시며 산책하였다.
② 어머니께서 예쁜 운동화를 사 주셨다.
③ 친구들과 술래잡기를 하며 재미있게 놀았다.
④ 시골 할머니 댁에 가기 위해 고속버스를 탔다.
⑤ 현장 체험 학습을 가서 신기한 유물들을 보고 친구들과 재미있는 추억도 만들었다.

핵심 2 우리 고장의 모습 그리기

❋ 우리 고장의 장소 카드 만들기
- 장소 카드에 들어갈 내용: 장소 이름, 장소 모습(사진이나 그림), 장소에 대한 생각이나 느낌(경험) 등을 적습니다.
- 우리 고장의 장소 카드를 만들어 장소 알림판에 장소 카드를 붙입니다.

❋ 머릿속에 떠오르는 고장의 모습을 나타낼 장소 결정하기
  내가 잘 아는 장소, 다른 사람에게 알리고 싶은 장소, 내가 좋아하는 장소, 새롭게 달라진 장소 등을 중심으로 그립니다.

❋ 고장의 모습을 그리는 순서
- 고장의 여러 장소 중 내가 그리고 싶은 장소 몇 곳을 정합니다.
- 가장 중요하다고 생각하는 장소, 학교나 집, 그 밖에 표시하고 싶은 장소나 길을 그립니다.
- 여러 가지 방법으로 장소에 관한 설명이나 느낌을 표시합니다.

3 장소 카드에 포함시켜야 하는 내용이 <u>아닌</u> 것은 어느 것입니까? (   )

① 장소 이름　　　　② 장소 모습
③ 장소 설명　　　　④ 장소의 크기
⑤ 장소에 대한 생각이나 느낌

4 고장의 모습을 그리는 방법에 대한 설명으로 알맞은 것은 어느 것입니까? (   )

① 고장의 사진을 보고 똑같이 그린다.
② 실제 있는 장소가 아닌 상상 속의 장소를 그린다.
③ 다른 친구들이 그린 그림을 그대로 보고 표현한다.
④ 우리 고장의 장소 알림판에 있는 장소를 모두 다 그린다.
⑤ 내가 잘 아는 장소, 다른 사람에게 알리고 싶은 장소, 내가 좋아하는 장소 등을 중심으로 그린다.

핵심 3 우리 고장의 모습을 그린 그림 비교하기

❋ 두 그림에서 공통점과 차이점 찾아보기

공통점	• 희망산과 학교를 그림. • 아파트와 주민 센터가 있음.
차이점	• 희망산의 위치와 모양이 다름. • 서윤이는 두봉천과 모수천을 그렸지만, 형석이는 그리지 않음. • 형석이는 도서관, 희망역을 그렸지만, 서윤이는 그리지 않음.

❋ 두 그림에서 공통점과 차이점이 있는 까닭

공통점이 있는 까닭	서윤이와 형석이가 같은 고장에서 살고 있기 때문에
차이점이 있는 까닭	사람마다 보고 듣는 것뿐만 아니라 표현하는 방법이 다르기 때문에

🌼 다음 두 그림을 보고, 물음에 답하시오. [5~6]

◀ 서윤이가 그린 우리 고장의 모습

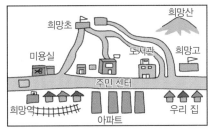

◀ 형석이가 그린 우리 고장의 모습

5 위의 두 그림에 공통적으로 나타나 있는 것이 <u>아닌</u> 것은 어느 것입니까? (   )

① 희망산   ② 희망초   ③ 희망고
④ 희망역   ⑤ 주민 센터

6 서윤이 그림에는 있지만, 형석이 그림에는 없는 것을 모두 찾아 쓰시오.

_____

핵심 4 우리 고장에 대한 생각과 느낌을 이야기하기

❋ 우리 고장에 대한 생각과 느낌을 이야기하기

• 우리 고장에 대한 생각과 느낌은 각자의 경험에 따라서 서로 다를 수 있습니다.
• 고장에 대한 서로의 생각과 느낌을 존중하고 이해해야 합니다.

❋ 우리 고장에 대한 생각과 느낌이 서로 다른 이유

• 사람마다 경험하는 것이 다르기 때문입니다.
• 사람에 따라 관심 있는 것이 다르기 때문입니다.

7 다음 글의 빈칸에 들어갈 알맞은 말은 어느 것입니까? (   )

> 고장에 대한 생각과 느낌은 각자의 [   ]에 따라서 서로 다를 수 있다.

① 성격   ② 경험   ③ 주소
④ 피부색   ⑤ 생김새

8 고장에 대한 서로 다른 생각과 느낌에 대해 바른 태도를 가진 친구는 누구입니까? (   )

① 형석: 서로 존중하는 태도가 필요해.
② 서윤: 내 생각이 가장 옳다고 생각해.
③ 수아: 친구의 생각이나 느낌을 따라야 해.
④ 온유: 모두가 똑같은 생각을 하도록 노력해야 해.
⑤ 초록: 공부 못하는 친구의 생각이나 느낌은 무시해도 괜찮아.

1 우리 고장의 장소를 찾을 때에 이용하면 좋은 자료는 어느 것입니까? (   )

① 계산기　　② 게임기　　③ 사진첩
④ 지구본　　⑤ 알림장

2 다음 빈칸에 들어갈 알맞은 장소는 어디입니까?

(   )

> 저는 ☐ (이)가 떠오른다. 친구들과 함께 교실에서 공부하고 운동장에서 재미있게 놀 수 있기 때문이다.

① 병원　　② 학교　　③ 공원
④ 시장　　⑤ 놀이터

3 우리 고장의 장소에 대한 설명으로 알맞지 <u>않은</u> 것은 어느 것입니까? (   )

① 사람마다 생활하는 장소가 다르다.
② 우리 고장의 장소는 매우 다양하다.
③ 장소에 대한 생각은 서로 다를 수 있다.
④ 우리 고장은 여러 장소로 구성되어 있다.
⑤ 장소에 관한 기억은 모든 사람들이 같다.

다음 여러 장소를 보고, 물음에 답하시오. [4~6]

▲ 학교　　　　　▲ 시장

▲ 산책로　　　　▲ 도서관

4 다음 경험과 관련 있는 장소를 찾아 기호를 쓰시오.

> 저는 친구와 함께 참여했던 도서관 행사가 생각난다. 내가 읽은 책과 관련 있는 문제도 풀어보고 선물도 받았다.

(   )

5 앞의 ㉡과 같은 장소에 대한 설명으로 알맞은 것은 어느 것입니까? (   )

① 옛날 어린이들이 공부를 하던 곳이다.
② 우리나라의 문화를 알 수 있는 곳이다.
③ 친구들과 재미있게 뛰어놀 수 있는 곳이다.
④ 다양한 구경거리와 먹을거리가 있는 곳이다.
⑤ 옛날 사람들이 쓰던 물건들을 전시해 놓은 박물관이다.

서술형

6 앞의 ㉠과 같은 장소에서 겪을 수 있는 경험을 쓰시오.

_____

_____

7 우리 고장의 장소 알림판을 만드는 방법입니다. 순서대로 기호를 쓰시오.

> ㉠ 우리 고장의 여러 장소를 떠올리기
> ㉡ 친구들과 함께 우리 고장의 장소 카드 만들기
> ㉢ 머릿속에 떠오른 장소에 대한 경험이나 느낌을 발표하기
> ㉣ 우리 고장의 장소 알림판에 친구들과 함께 만든 장소 카드 붙이기

(   )

8 장소 카드에 들어갈 내용으로 알맞지 <u>않은</u> 것은 어느 것입니까? ( )

① 장소 이름
② 장소에 대한 생각
③ 장소에 대한 설명
④ 장소 사진이나 그림
⑤ 장소에서 본 사람 수

다음 장소 카드를 보고, 물음에 답하시오. [9~10]

9 위의 빈칸 ㉠에 들어갈 알맞은 장소를 쓰시오.

( )

10 위의 ㉡에 들어갈 내용으로 알맞은 것은 어느 것입니까? ( )

① 열차를 타고 내리는 곳이다.
② 우리 생활에 필요한 물건을 사고파는 곳이다.
③ 사람들이 다른 고장으로 이동할 수 있는 곳이다.
④ 우리 가족이 산책이나 운동을 하러 가는 곳이다.
⑤ 친구와 놀이 기구를 타고 술래잡기도 하며 재미있게 노는 곳이다.

11 다음과 같이 장소를 그림으로 나타내면 어떤 점이 좋은지 쓰시오.

▲ 공원   ▲ 놀이터

12 서윤이와 친구들이 우리 고장의 모습을 그리는 방법을 이야기하고 있습니다. 바르지 <u>않은</u> 말을 한 친구는 누구입니까? ( )

- **서윤:** 내가 잘 아는 장소를 그릴 거야.
- **온유:** 내가 좋아하는 장소를 그릴 거야.
- **유아:** 새롭게 달라진 장소를 그릴 거야.
- **민영:** 우리 고장과 관계없는 장소를 그릴 거야.
- **형석:** 다른 사람에게 알리고 싶은 장소를 그릴 거야.

① 서윤   ② 온유   ③ 유아
④ 민영   ⑤ 형석

13 내가 생각하는 고장의 모습을 그리기에 앞서 주의할 점을 쓰시오.

다음 두 그림을 보고, 물음에 답하시오. [14~17]

▲ 서윤이가 그린 우리 고장의 모습

▲ 형석이가 그린 우리 고장의 모습

14 위 그림을 보고, 알 수 있는 서윤이네 고장의 모습으로 알맞지 않은 것은 어느 것입니까? (　　　)

① 희망산이 있다.
② 두봉천과 모수천이 있다.
③ 주민 센터와 도서관이 가까이 있다.
④ 아파트, 시장, 학교 등이 모여 있다.
⑤ 희망 초등학교와 희망 고등학교가 있다.

15 위 두 그림에서 모두 찾아볼 수 있는 자연의 모습은 무엇인지 쓰시오.

(　　　　　　　　　)

16 형석이의 그림에는 있지만, 서윤이의 그림에는 없는 것은 무엇입니까? (　　　)

① 모수천　　② 희망초　　③ 희망역
④ 아파트　　⑤ 주민 센터

서술형

17 위의 서윤이와 형석이의 그림에서 서로 공통점이 있는 까닭은 무엇인지 쓰시오.

다음은 서윤이네 모둠 친구들이 각자 자신의 그림을 설명하고 있는 모습입니다. 물음에 답하시오. [18~19]

18 위의 그림을 볼 때 형석이가 자주 가는 곳은 어디인지 두 곳을 쓰시오.

(　　　　　　　　　)

19 위 그림을 볼 때 온유는 어디를 중심으로 고장의 모습을 그렸습니까? (　　　)

① 자주 가는 곳을 중심으로 그렸다.
② 고장의 문화유산을 중심으로 그렸다.
③ 새롭게 달라진 곳을 중심으로 그렸다.
④ 고장의 자랑스러운 장소를 중심으로 그렸다.
⑤ 아름답게 바뀐 고장의 장소를 중심으로 그렸다.

20 고장에 대한 서로 다른 생각과 느낌에 대해 어떤 태도를 가져야 합니까? (　　　)

① 서로의 생각을 존중한다.
② 친구의 생각과 느낌은 무시한다.
③ 친구에게 나의 생각과 느낌을 강요한다.
④ 서로의 생각과 느낌에 대해 관심을 갖지 않는다.
⑤ 공부 잘하는 친구의 생각과 느낌을 따르려고 노력한다.

1 다음 글의 빈칸에 들어갈 알맞은 말을 쓰시오.

> ☐☐☐은 사람들이 모여 사는 곳으로, 여러 장소로 이루어져 있다.

(   )

다음 준우네 고장의 모습을 보고, 물음에 답하시오. [2~3]

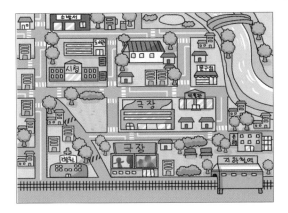

2 위의 준우네 고장에서 볼 수 <u>없는</u> 장소는 어느 것입니까? (   )

① 은행   ② 병원   ③ 시청
④ 지하철역   ⑤ 해수욕장

서술형

3 내가 살고 있는 고장과 준우네 고장의 공통점과 차이점을 각각 쓰시오.

(1) 공통점: _____

(2) 차이점: _____

4 오른쪽 사진과 같이 우리 고장에서 친구들과 선생님을 만날 수 있는 장소는 어디인지 쓰시오.

(   )

다음 대화를 읽고, 물음에 답하시오. [5~6]

> • 서윤: 희망산에 있는 큰 나무 아래에서 술래잡기할 사람 모여라!
> • 형석: 좋아! 희망산에서 숨을 곳이 많아서 재미있을 것 같아.
> • 영희: (속으로) 희망산까지 간다고? 길을 잃어버리면 어쩌지?
> • 희철: (속으로) 희망산은 대보름에 마을 행사를 하는 곳인데, 그곳에서 놀아도 될까?

5 위에서 서윤이는 친구들에게 어디에서 술래잡기를 하자고 했는지 쓰시오.

(   )

6 희망산에 대한 친구들의 생각이나 느낌이 서로 다른 까닭은 무엇입니까? (   )

① 희망산에 가 보지 않았기 때문이다.
② 희망산에 대한 경험이 다르기 때문이다.
③ 고장에 희망산이 여러 개 있기 때문이다.
④ 희망산이 어디에 있는지 모르기 때문이다.
⑤ 희망산이 위치가 계속 달라지기 때문이다.

7 우리 가족 중 할머니가 주로 이용하는 고장의 장소와 거리가 <u>먼</u> 곳은 어디입니까? (   )

① 공원   ② 놀이터
③ 경로당   ④ 한의원
⑤ 노인 학교

다음 장소 카드를 보고, 물음에 답하시오. [8~9]

8 위의 ㉠에 들어갈 사진으로 알맞은 것은 어느 것입니까? (　　　)

① 　　　②

③ 　　　④

⑤

9 위의 밑줄 친 ㉡에 들어갈 알맞은 내용을 쓰시오.

_____

중요

10 우리 고장의 모습을 그리는 방법으로 알맞은 것은 어느 것입니까? (　　　)

① 상상 속의 장소를 그린다.
② 학교나 집을 함께 그리지 않는다.
③ 우리 고장에 있는 모든 장소를 그린다.
④ 장소 사진은 활용하지 않는 것이 좋다.
⑤ 장소에 관한 생각이나 느낌을 다양한 방법으로 표현한다.

11 머릿속에 떠오르는 우리 고장의 모습을 그리는 순서대로 기호를 쓰시오.

> ㉠ 여러 가지 방법으로 장소에 관한 설명이나 느낌을 표시한다.
> ㉡ 고장의 여러 장소 중 내가 그리고 싶은 장소 몇 곳을 정한다.
> ㉢ 가장 중요하다고 생각하는 장소, 학교나 집, 그 밖에 표시하고 싶은 장소나 길을 그린다.

(　　　　　　　　)

주의

12 다음은 우리 고장의 모습을 그린 그림을 비교하는 방법입니다. 빈칸에 들어갈 말로 알맞지 <u>않은</u> 것은 어느 것입니까? (　　　)

> 두 그림에 공통적으로 있는 건물이나 자연의 모습을 찾아 ☐☐☐을(를) 비교한다.

① 위치　　　② 크기　　　③ 모양
④ 색깔　　　⑤ 하는 일

다음 두 그림을 보고, 물음에 답하시오. [13~16]

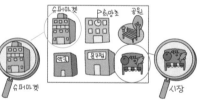

▲ 지아가 그린 우리 고장의 모습

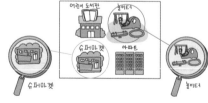

▲ 희철이가 그린 우리 고장의 모습

중요

13 위의 두 그림에 공통적으로 나타나 있는 것은 무엇입니까? (　　　)

① 공원　　　② 시장　　　③ 놀이터
④ 슈퍼마켓　　　⑤ 문구점

14 앞의 두 그림에서 공통적으로 있는 것과 같은 건물이나 자연의 모습을 서로 다르게 표현한 부분을 찾아 쓰시오.

_____

15 지아의 그림에는 있지만, 희철이의 그림에는 없는 것은 무엇입니까? (   )

① 아파트　　　　　② 놀이터
③ 문구점　　　　　④ 슈퍼마켓
⑤ 어린이 도서관

16 앞 그림을 보고, 알 수 있는 사실은 무엇입니까?

(   )

① 서로 공통점도 있고 차이점도 있다.
② 지아네 고장이 희철이 고장보다 크다.
③ 지아가 희철이보다 우리 고장을 더 사랑한다.
④ 우리 고장에는 앞 그림에 나타난 장소들만 있다.
⑤ 고장에 대한 생각이나 느낌은 모든 사람이 똑같다.

17 우리 고장의 모습을 그린 친구들의 그림을 살펴볼 때, 해야 할 행동으로 알맞지 <u>않은</u> 것은 어느 것입니까? (   )

① 친구의 집 주소를 물어본다.
② 친구가 좋아하는 곳을 찾아본다.
③ 친구가 잘 아는 곳이 어디인지 살펴본다.
④ 친구에게 힘든 기억이 있는 장소가 있는지 물어본다.
⑤ 특별하게 소개하고 싶은 곳이 있는지 친구에게 물어본다.

중요

18 다음 ㉠, ㉡에 들어갈 알맞은 말을 쓰시오.

> 고장에 대한 생각과 느낌은 각자의 ㉠ 에 따라 서로 다를 수 있다. 고장에 대한 서로 다른 생각과 느낌을 이해하고 ㉡ 해야 한다.

㉠: (　　　　　　　　　)
㉡: (　　　　　　　　　)

다음 그림을 보고, 물음에 답하시오. [19~20]

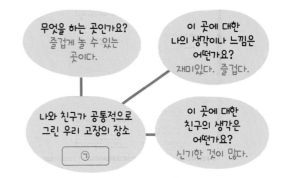

19 위 그림의 ㉠에 들어갈 장소로 알맞은 곳은 어디입니까? (   )

① 학교　　　② 시장　　　③ 공원
④ 도서관　　⑤ 박물관

서술형

20 위 그림의 ㉠에 대한 나와 친구의 생각과 느낌이 서로 다른 이유는 무엇인지 쓰시오.

_____

_____

탐구 서술형 평가 1회

1 다음 우리 고장의 여러 장소를 보고, 물음에 답하시오.

ㄱ  ㄴ  ㄷ

(1) 위의 사진을 보고, 다음 표를 완성하시오.

구분	장소 이름	장소에서 겪을 수 있는 경험
ㄱ	학교	친구들과 선생님을 만날 수 있음.
ㄴ	시장	
ㄷ	도서관	

(2) 위의 사진의 장소 외에 머릿속에 떠오른 장소와 그 장소에서 경험했던 일을 쓰시오.

_____

_____

관련 핵심 개념

고장의 여러 장소

　우리 고장의 여러 장소와 각 장소에서 경험했던 일을 생각해 보면서 장소에 대한 생각이 서로 다를 수 있음을 파악합니다.

2 다음 장소 카드를 보고, 물음에 답하시오.

공원	버스 터미널

ㄱ	ㄴ

(1) 위 장소 카드의 밑줄 친 ㄱ, ㄴ에 들어갈 내용을 쓰시오.

- ㄱ: _____

- ㄴ: _____

(2) 장소를 그림이나 사진으로 나타내면 어떤 점이 좋은지 쓰시오.

_____

_____

관련 핵심 개념

장소 카드 만들기

· 고장의 여러 장소에 관한 사진이나 경험을 중심으로 고장의 장소 카드를 만들어 봅니다.

· 장소 카드에 포함시켜야 할 내용을 알아보고, 장소를 사진이나 그림으로 나타내면 어떤 점이 좋은지 생각해 봅니다.

3 다음 서윤이와 형석이가 그린 우리 고장의 모습을 보고, 물음에 답하시오.

▲ 서윤이가 그린 우리 고장의 모습

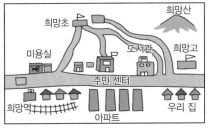

▲ 형석이가 그린 우리 고장의 모습

관련 핵심 개념

우리 고장의 모습을 그린 그림 비교하기

· 고장의 모습을 그린 두 친구의 그림을 비교해 보고, 공통점과 차이점이 나타나는 까닭을 생각해 봅니다.

· 그림을 비교할 때는 같은 건물이나 자연의 모습을 다르게 표현한 부분, 한 그림에만 있고 다른 그림에는 없는 것 등을 중심으로 살펴봅니다.

1 단원

(1) 위 그림을 비교해 보고, 공통점과 차이점을 아래 표에 정리하시오.

공통점	
차이점	

(2) 두 친구의 그림에서 공통점과 차이점이 있는 까닭을 쓰시오.

· 공통점: _____

· 차이점: _____

4 고장에 대한 친구들의 생각이나 느낌을 읽고, 물음에 답하시오.

우리 고장에서 가장 좋아하는 장소는 학교이다. 친구들과 함께 공부도 하고 재미있게 놀 수도 있기 때문이다.

우리 고장에서 가장 즐거운 장소는 놀이터이다. 놀이터에 가면 다양한 놀이도 할 수 있고 마음이 편해지기 때문이다.

우리 고장에서 가장 중요한 곳은 버스 터미널이다. 다른 고장으로 오고 갈 수 있게 해 주고, 주위에 상점도 많기 때문이다.

관련 핵심 개념

고장에 대한 서로 다른 생각과 느낌

고장에 대한 생각과 느낌이 서로 다른 까닭은 무엇인지 생각해 보고, 서로 다른 생각과 느낌에 대해 어떤 태도를 가져야 하는지도 생각해 봅니다.

(1) 고장에 대한 생각과 느낌이 서로 다른 이유는 무엇인지 쓰시오.

_____

(2) 고장에 대한 위의 친구들의 서로 다른 생각과 느낌에 대해 어떤 태도를 가져야 하는지 쓰시오.

_____

1 다음 고장의 모습을 보고, 물음에 답하시오.

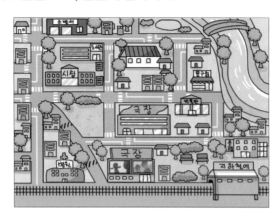

(1) 위의 그림에서 볼 수 있는 고장의 장소를 세 곳 이상 찾아 쓰시오.

_____

(2) 위의 고장은 내가 살고 있는 고장과 어떤 점이 같고, 다른지 쓰시오.

• 공통점: _____

• 차이점: _____

2 다음 두 친구의 대화를 읽고, 어떤 장소를 중심으로 우리 고장의 모습을 그리고 싶은지 물음에 답하시오.

(1) 위 그림의 (가)에 들어갈 내가 그리고 싶은 장소를 쓰시오.

_____

(2) 내가 생각하는 고장의 모습을 그리기에 앞서 주의할 점을 쓰시오.

_____

관련 핵심 개념

고장의 여러 장소

고장의 모습을 나타낸 지도에서 여러 장소를 찾아보고, 자신이 살고 있는 고장의 공통점과 차이점을 생각해 봅니다.

관련 핵심 개념

고장의 모습 그리기

고장의 모습을 그릴 때는 어떤 장소들을 중심으로 그릴지 생각해 보고, 주의할 점도 알아봅니다.

3 다음 고장의 모습을 보고, 물음에 답하시오.

▲ 서윤이가 그린 우리 고장의 모습

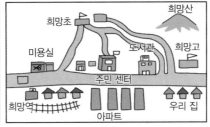

▲ 형석이가 그린 우리 고장의 모습

1
단원

(1) 위의 두 그림을 비교하여 아래 표를 완성하시오.

구분	서윤이가 그린 고장의 모습	형석이가 그린 고장의 모습
자연의 모습		
주요 건물		

(2) 두 친구가 그린 건물이 서로 다르게 표현된 것을 하나 찾아 쓰고, 어떻게 다르게 표현하였는지 쓰시오.

_____

_____

4 친구들이 그린 우리 고장의 모습을 설명한 내용을 보고, 물음에 답하시오.

내가 좋아하는 우리 고장의 모습을 그렸어.

내가 자주 가는 곳을 그렸어.

우리 고장 곳곳에 있는 문화유산을 소개하고 싶었어.

봉사 활동을 한 경험을 중심으로 그렸어.

서윤

형석

준우

미숙

(1) 친구들마다 그린 내용이 다른 까닭을 쓰시오.

_____

(2) 준우의 그림에서는 어떤 점을 주의 깊게 살펴보아야 하는지 쓰시오.

_____

❷ 하늘에서 내려다본 고장의 모습 (1)

▶ 교과서 26~35쪽

1 다양한 위치에서 우리 고장의 장소 살펴보기 [자료 ①]

① 같은 장소라도 사진을 찍는 위치에 따라 그 모습이 달라집니다.
└─ 아래에서, 위에서, 앞에서, 옆에서 등

② 인공위성 사진의 특징 [자료 ②]

• 매우 높은 곳에서 찍었기 때문에 같은 위치에서 고장을 살펴보는 것처럼 일정한 크기로 보입니다.
└─ 고장의 모습이 같은 위치에서 찍은 것처럼 보이므로 장소를 보다 객관적으로 관찰할 수 있습니다.

• 다양한 크기의 면적을 볼 수 있습니다.

• 고장을 자세히 볼 수도 있고 폭넓게 볼 수도 있습니다.

③ 디지털 영상 지도: 인공위성 사진을 이용해 만들어졌으며, 우리 고장을 우주에서 내려다본 것처럼 살펴볼 수 있습니다.

2 디지털 영상 지도를 이용해 우리 고장 살펴보기 [자료 ③]

① 디지털 영상 지도는 컴퓨터, 스마트폰 등에서 볼 수 있습니다.

② 디지털 영상 지도를 이용하면 좋은 점

• 우리 고장의 모습을 정확하게 알 수 있습니다. ─→ 우리 고장의 위치를 알 수 있습니다.

• 우리 고장의 전체적인 모습과 자세한 모습을 볼 수 있습니다.

③ 디지털 영상 지도의 기능   이외에도 길 찾기 기능, 3D 기능, 항공 사진 기능,
└─ 길이 재기 기능, 저장 기능 등이 있습니다.

위치 찾기 기능	검색창에 찾고자 하는 장소를 입력하면 지도에서 위치를 찾을 수 있음.
이동 기능	마우스를 누른 채로 움직이면 지도 안에서 원하는 위치로 이동할 수 있음.
지도로의 변환 기능	버튼을 누르면 영상 지도, 백지도, 일반(지도) 등으로 지도의 종류를 바꿀 수 있음.
확대와 축소 기능	+, − 버튼을 누르거나 마우스를 누른 상태에서 스크롤을 움직이면 확대, 축소됨.
증강 현실 기능	그 장소에 있는 것처럼 주위를 둘러볼 수 있음.

3 디지털 영상 지도로 우리 고장의 주요 장소 살펴보기

① 모둠별로 주제를 한 개씩 선택합니다.
└─ 여러 장소 중에서 눈에 잘 띄거나 사람들이 자주 찾는 곳입니다.

사람들의 생활을 편리하게 도와주는 곳	시청, 도청, 소방서, 병원 등
다른 고장으로 이동할 때 이용하는 곳	기차역, 버스 터미널 등
자연과 관련 있는 곳	산, 강, 호수 등
문화유산이나 유명한 관광지	향교, ○○닭갈비 골목 등
물건을 사고파는 곳	시장, 백화점 등

② 선택한 주제와 관련된 장소를 디지털 영상 지도에서 찾아봅니다.

③ 모둠 친구들과 각자 찾아본 것을 비교하며 이야기합니다.

자료 ① 다양한 위치에서 찍은 사진

▲ 아래에서 찍은 사진

▲ 위에서 찍은 사진

▲ 앞에서 찍은 사진

▲ 옆에서 찍은 사진

• 아래: 밑의 구조물과 강의 모습이 보임.
• 위: 전체적인 모습이 보임.
• 앞: 유리판 위에 사람들이 서 있는 것이 보임.
• 옆: 유리판과 밑의 구조물이 보임.

자료 ② 인공위성에서 찍은 사진

인공위성은 우주에 떠 있기 때문에 넓은 장소를 한번에 볼 수 있습니다. 그래서 인공위성 사진은 마치 같은 장소에서 우리 고장을 찍은 것처럼 보입니다.

자료 ③ 디지털 영상 지도

• 디지털 영상 지도는 항공 사진이나 인공위성 사진을 지도 형식으로 바꾸고, 컴퓨터 등에서 이용할 수 있도록 디지털 정보로 표현한 지도입니다.
• 인터넷에 접속할 수 있는 대부분의 기기인 스마트폰, 컴퓨터, 태블릿 PC, 길도우미(내비게이션) 등에서 디지털 영상 지도가 활용되고 있습니다.

증강 현실 기능

증강 현실 기능은 가상 현실의 일종입니다. 지리 공간 기술에서 증강 현실은 360도 카메라를 이용해 주변의 이미지를 촬영해서 제작되기 때문에 마치 사람이 그 장소에 들어가 있는 것과 같은 효과를 줍니다.

주요 장소

- 사람들이 쉽게 알아볼 수 있는 지형지물➍을 뜻합니다. 즉, 유명한 산과 같은 지형과 다리 및 건축물과 같은 지물을 가리킵니다.
- 사람들은 주요 지형지물을 보고 위치를 파악하고 고장의 특징을 살펴볼 수 있습니다. 각 도시마다 있는 랜드마크(멀리서 보고 위치 파악에 도움이 되는 대형 건물 같은 것)도 주요 지형지물입니다.

▲ 경복궁　　　　▲ 에펠탑

용어 풀이

➊ **검색**(檢 검사할 검 索 찾을 색) 책이나 컴퓨터에서 필요한 자료들을 찾아내는 일

➋ **문화유산**(文 글월 문 化 될 화 遺 남길 유 産 낳을 산) 문화 중에서 후손들에게 물려줄 만한 가치가 있는 것

➌ **향교**(鄕 시골 향 校 학교 교) 조선 시대의 지방 교육 기관

➍ **지형지물**(地 땅 지 形 모양 형 地 땅 지 物 물건 물) 땅의 생김새와 땅 위에 있는 모든 물체를 이르는 말

1 같은 장소라도 사진을 찍는 [　][　]에 따라 그 모습이 달라집니다.

2 [　][　][　][　]은 우주에 떠 있기 때문에 넓은 장소를 한눈에 볼 수 있습니다.

3 인공위성에서 찍은 인공 [　][　][　][　]은 마치 같은 장소에서 우리 고장을 찍은 것처럼 보입니다.

4 [　][　][　][　][　] 지도는 항공 사진이나 인공위성 사진을 지도 형식으로 바꾸고, 컴퓨터 등에서 이용할 수 있도록 디지털 정보로 표현한 지도입니다.

5 디지털 영상 지도는 컴퓨터, [　][　][　] 등에서 볼 수 있습니다.

6 디지털 영상 지도에서 주변을 자세히 보려면 +버튼을 눌러 지도를 [　][　] 합니다.

7 디지털 영상 지도의 [　][　][　][　] 기능을 이용하면 마치 사람이 그 장소에 들어가 있는 것과 같은 효과를 줍니다.

8 여러 장소 중에서 눈에 잘 띄거나 사람들이 자주 찾는 곳을 [　][　][　][　]라고 합니다.

9 산, 강, 호수는 [　][　]과 관련 있는 고장의 주요 장소입니다.

10 고장의 주요 장소 중 기차역과 버스 터미널은 다른 고장으로 [　][　]할 때 이용하는 곳입니다.

❷ 하늘에서 내려다본 고장의 모습 (2)

▶ 교과서 36~42쪽

❹ 우리 고장의 주요 장소를 백지도에 나타내기 자료 ❹

① 고장의 모습을 한눈에 알아보기 쉽게 하려면 작은 건물들은 생략하고 중요한 곳들을 강조해서 지도로 나타냅니다.

② 우리 고장의 주요 장소를 백지도에 나타내는 순서

1단계	우리 고장의 여러 장소 중에서 백지도에 나타내고 싶은 장소를 먼저 정함.
2단계	• 선택한 장소들의 위치를 디지털 영상 지도에서 찾아봄. 예 　– 디지털 영상 지도의 확대와 축소 기능을 활용해 위치를 찾아봄. 　– 큰길, 기차역, 큰 다리 등을 이용해 나타내고 싶은 곳의 위치를 설명함. 예 강원도청은 봉의산 아래쪽에 있음. ⌐+⌐ 버튼을 누르거나 마우스를 누른 상태에서 스크롤을 움직입니다.
3단계	• 우리 고장의 주요 장소들을 백지도에 표시함. 예 　– 주요 장소의 특징을 잘 나타낼 수 있는 그림이나 기호를 활용함.
4단계	• 주요 장소에 대한 생각과 느낌을 다양한 방법으로 표현해 백지도를 완성함. 예 └→공지천 유원지의 경우 골대와 축구공을 그립니다. 　– 내가 좋아하는 곳: 예쁜 붙임딱지를 붙여 줌. 　– 먹을거리와 관련 있는 장소: 숟가락과 젓가락 그림을 그림. 　– 공원: 풀과 나무가 많으므로 초록색으로 색칠함.

❺ 우리 고장에서 자랑할 만한 장소 소개하기

① 고장의 자랑할 만한 장소가 되기 위한 조건

• 고장 사람들이 좋아하는 곳이어야 합니다.

• 역사적으로 중요하거나, 경치가 아름답고 특별한 의미를 가진 곳이어야 합니다.

• 다른 고장 사람들도 인정할 만한 특징이 있는 곳이어야 합니다.

② 고장에서 자랑할 만한 장소: 역사적인 유적지가 있는 곳, 교통의 중심지, 산이나 강 등의 자연환경, 스포츠 시설이나 문화 시설 등

③ 고장의 자랑할 만한 장소를 조사하는 방법

• 시청 누리집이나 관광 누리집에서 찾아봅니다.

• 고장 안내 책자에서 찾아봅니다.

• 우리 고장을 잘 알고 있는 어른들께 여쭈어봅니다.

④ 우리 고장의 자랑할 만한 장소 소개 자료 만들기 →작은 책 만들기 등 다양한 형태의 소개 자료를 만들어서 발표합니다.

장소 소개 카드	자랑할 만한 장소의 특징이 잘 나타난 사진과 간단한 설명을 곁들여 만듦. 자료 ❺
신문 광고	특징을 잘 나타낼 수 있는 사진 자료를 넣어서 자랑할 곳의 특징을 간략한 글로 소개함.
고장 안내도	우리 고장 백지도에 장소 소개 카드를 붙여서 우리 고장을 소개하는 안내도를 만듦. 자료 ❻

자료 ❹ 백지도

• 백지도는 산, 강, 큰길 등의 밑그림만 그려져 있는 지도입니다.

• 백지도에서 강과 호수는 파란색으로, 산은 초록색 산 모양으로, 기차역은 철도가 끝나는 곳 근처에 집 모양으로 표시되어 있습니다.

▲ 우리 고장의 주요 장소를 표시한 백지도

자료 ❺ 장소 소개 카드

춘천 평화 생태 공원

• 춘천역 근처에 생긴 생태 공원

• 예전에는 군인들이 사용하던 곳이었음.

자료 ❻ 우리 고장의 안내도

우리 고장의 전체적인 모습과 특징 및 자랑할 만한 장소를 한눈에 살펴볼 수 있습니다.

디지털 영상 지도를 이용해 우리 고장을 살펴볼 때 불편했던 점

- 너무 높은 곳에서 찍은 사진이라서 건물이 작게 나와 잘 보이지 않습니다.
- 너무 많은 건물이 나타나 복잡하고 주요 건물을 찾기가 어렵습니다.

안내도

- 안내하는 내용을 그림으로 그린 지도로, 고장 안내도를 통해서 고장의 전체적인 모습을 알 수 있습니다.
- 주요 볼거리와 관광지 등을 안내한 관광 안내도뿐만 아니라 특산물 안내도, 문화재 안내도, 교통 시설 안내도 등이 있습니다.

용어 풀이

❺ **유적지**(遺 남길 유 跡 발자취 적 地 땅 지) 조상들이 남긴 흔적이 있는 자리

❻ **자연환경**(自 스스로 자 然 그럴 연 環 고리 환 境 지경 경) 우리를 둘러싸고 있는 모든 것 중 사람이 만들지 않은 자연 그대로의 것으로, 산, 들, 하천, 강, 바다 등

❼ **광고**(廣 넓을 광 告 고할 고) 상품이나 서비스에 대한 정보를 여러 가지 매체를 통하여 소비자에게 널리 알리는 의도적인 활동

❽ **특산물**(特 특별할 특 産 낳을 산 物 물건 물) 어떤 지역의 특별한 산물

11 디지털 영상 지도를 이용해 우리 고장을 살펴보면 너무 많은 건물이 나타나 복잡하고 ☐☐ ☐☐ 을 찾기가 어렵습니다.

12 고장의 모습을 한눈에 알아보기 쉽게 하려면 중요한 장소들만 강조해서 ☐☐ 로 나타냅니다.

13 산, 강, 큰길 등의 밑그림만 그려진 지도를 ☐☐ ☐☐ 라고 합니다.

14 백지도에서 강과 호수는 ☐☐ 색으로, ☐ 은 초록색 산 모양으로 나타나 있습니다.

15 우리 고장의 주요 장소를 백지도에 나타낼 때 가장 먼저 할 일은 백지도에 나타내고 싶은 ☐☐ 를 정하는 것입니다.

16 우리 고장의 주요 장소를 백지도에 표시할 때는 장소의 특징을 잘 나타낼 수 있는 ☐☐ 이나 기호를 활용합니다.

17 고장의 자랑할 만한 장소가 되려면 다른 고장 사람들도 인정할 만한 ☐☐ 이 있어야 합니다.

18 고장의 자랑할 만한 장소를 찾아보려면 우리 고장을 소개하는 ☐☐☐☐ 책자를 살펴봅니다.

19 자랑할 만한 장소의 특징이 잘 나타난 ☐☐ 과 간단한 설명을 곁들여 장소 소개 카드를 만듭니다.

20 고장을 안내하는 내용을 그림으로 그린 지도를 고장 ☐☐☐ 라고 합니다.

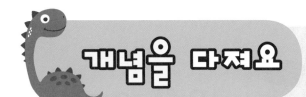

핵심 1 다양한 위치에서 우리 고장의 장소 살펴보기

❋ 다양한 위치에서 찍은 사진과 인공위성 사진

다양한 위치에서 찍은 사진	• 아래, 위, 앞, 옆에서 찍은 사진의 모습이 각각 다름. • 같은 장소라도 사진을 찍는 위치에 따라 그 모습이 달라짐.
인공위성 사진	• 매우 높은 곳에서 찍었기 때문에 같은 위치에서 고장을 살펴보는 것처럼 일정한 크기로 보임. • 다양한 크기의 면적을 볼 수 있음. • 고장을 자세히, 폭넓게 볼 수도 있음.

❋ 디지털 영상 지도

• 인공위성 사진을 이용해 만들어집니다.
• 우주에서 내려다본 것처럼 우리 고장을 살펴볼 수 있습니다.

1 인공위성 사진의 특징으로 알맞지 <u>않은</u> 것은 어느 것입니까? (   )

① 고장을 자세히 볼 수 있다.
② 고장을 폭넓게 볼 수 있다.
③ 다양한 크기의 면적을 볼 수 있다.
④ 고장의 모습이 같은 위치에서 찍은 것처럼 보인다.
⑤ 아래, 위, 앞, 옆에서 찍은 사진의 모습이 각각 다르다.

2 다음 글의 빈칸에 들어갈 알맞은 말을 쓰시오.

> 디지털 영상 지도는 [   ]을 이용하여 만들어진다. 그래서 우리 고장을 우주에서 내려다본 것처럼 살펴볼 수 있다.

(   )

핵심 2 디지털 영상 지도로 우리 고장 살펴보기

❋ 디지털 영상 지도의 여러 기능

좋은 점	• 우리 고장의 위치를 알 수 있음. • 고장의 모습을 정확하게 알 수 있음. • 고장의 전체적인 모습과 자세한 모습을 볼 수 있음.
기능	위치 찾기 기능, 이동 기능, 지도로의 변환 기능, 확대와 축소 기능, 증강 현실 기능, 길 찾기 기능 등

❋ 디지털 영상 지도로 우리 고장의 주요 장소 살펴보기

• 모둠별로 주제를 한 개씩 선택합니다. ⑩ 사람들의 생활을 편리하게 도와주는 곳, 다른 고장으로 이동할 때 이용하는 곳, 자연과 관련 있는 곳, 문화유산이나 유명한 관광지, 물건을 사고파는 곳 등
• 선택한 주제와 관련된 장소를 디지털 영상 지도에서 찾아봅니다.
• 모둠 친구들끼리 찾아본 것을 비교하며 이야기합니다.

3 디지털 영상 지도의 증강 현실 기능에 대한 설명으로 알맞은 것은 어느 것입니까? (   )

① 지도의 종류를 바꿀 수 있는 기능이다.
② 지도에서 위치를 찾을 수 있는 기능이다.
③ 지도를 확대하거나 축소할 수 있는 기능이다.
④ 지도 안에서 원하는 위치로 갈 수 있는 기능이다.
⑤ 마치 그 장소에 있는 것처럼 주위를 둘러볼 수 있는 기능이다.

4 고장의 주요 장소 중 나머지 넷과 종류가 <u>다른</u> 하나는 어느 것입니까? (   )

① 산   ② 시청   ③ 도청
④ 병원   ⑤ 소방서

핵심 3 우리 고장의 주요 장소를 백지도에 나타내기

❋ **백지도**

• 산, 강, 큰길 등의 밑그림만 그려진 지도입니다.
• 우리 고장의 주요 장소를 백지도에 표시할 때는 주요 장소의 특징을 잘 나타낼 수 있는 그림이나 기호를 활용합니다.

❋ **고장의 주요 장소를 백지도에 나타내는 순서**

1단계	우리 고장의 여러 장소 중에서 백지도에 나타내고 싶은 장소를 정함.
2단계	선택한 장소들의 위치를 디지털 영상 지도에서 찾아봄.
3단계	우리 고장의 주요 장소들을 백지도에 표시함.
4단계	주요 장소에 대한 생각과 느낌을 다양한 방법으로 표현해 백지도를 완성함.

5 다음과 같은 지도를 무엇이라고 하는지 쓰시오.

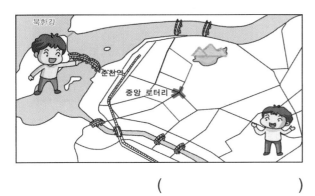

(   )

6 고장의 주요 장소를 백지도에 나타낼 때 가장 먼저 해야 할 일을 말한 친구는 누구입니까?

• 서윤: 백지도에 나타내고 싶은 장소를 정해야지.
• 형석: 우리 고장의 주요 장소들을 백지도에 표시해야지.
• 수아: 주요 장소들의 위치를 디지털 영상 지도에서 찾아봐야지.
• 온유: 주요 장소에 대한 생각과 느낌을 다양한 방법으로 표현해야지.

(   )

핵심 4 우리 고장에서 자랑할 만한 장소 소개하기

❋ **고장의 자랑할 만한 장소**

조건	• 고장 사람들이 좋아하는 곳 • 경치가 아름답고 특별한 의미를 가진 곳 • 다른 고장 사람들도 인정할 만한 특징이 있는 곳
종류	역사적인 유적지가 있는 곳, 교통의 중심지, 산이나 강 등 자연환경, 스포츠 시설이나 문화 시설 등
조사 방법	• 시청 누리집이나 고장 관광 누리집에서 찾아보기 • 고장 안내 책자에서 찾아보기 • 우리 고장을 잘 알고 있는 어른들께 여쭤보기

❋ **고장의 자랑할 만한 장소 소개 자료 만들기**

• 장소 소개 카드 만들기
• 신문 광고 만들기
• 작은 책 만들기
• 고장 안내도 만들기

7 오른쪽 장소가 고장의 자랑할 만한 장소가 된 까닭으로 알맞은 것은 어느 것입니까? (   )

▲ 춘천 닭갈비 골목

① 경치가 아름답기 때문이다.
② 역사적인 유적지이기 때문이다.
③ 고장 사람들이 좋아하기 때문이다.
④ 다른 고장에 알려지지 않았기 때문이다.
⑤ 어느 고장에서나 흔히 볼 수 있기 때문이다.

8 다음 글의 빈칸에 들어갈 알맞은 말을 쓰시오.

우리 고장 백지도에 장소 소개 카드를 붙여서 우리 고장의 자랑할 만한 장소를 소개하는 고장 □□□□를 만든다.

(   )

다음은 같은 장소를 다양한 위치에서 찍은 사진을 보고, 물음에 답하시오. [1~2]

 ㉠

 ㉡

 ㉢

 ㉣

1 위의 ㉠~㉣ 중 위에서 찍은 사진은 어느 것인지 기호를 쓰시오.

(   )

2 위의 사진을 보고, 알 수 있는 사실로 알맞은 것은 어느 것입니까? (   )

① 위에서 찍으면 장소의 내부까지 볼 수 있다.
② 전체적인 모습을 보려면 앞에서 찍어야 한다.
③ 멀리서 찍은 것과 가까이에서 찍은 모습은 같다.
④ 장소가 같으면 어떤 위치에서 사진을 찍어도 모습이 같다.
⑤ 같은 장소라도 사진을 찍는 위치에 따라 모습이 달라진다.

3 다음과 같은 인공위성 사진은 어디에서 찍은 것인지 쓰시오.

(   )

4 인공위성 사진의 특징으로 알맞지 <u>않은</u> 것은 어느 것입니까? (   )

① 고장을 자세히 볼 수 있다.
② 고장을 폭넓게 볼 수 있다.
③ 다양한 크기의 면적을 볼 수 있다.
④ 찍은 위치에 따라 모양이 다르게 보인다.
⑤ 같은 위치에서 고장을 살펴보는 것처럼 일정한 크기로 보인다.

다음 지도를 보고, 물음에 답하시오. [5~6]

5 위와 같은 디지털 영상 지도가 우리 생활에서 쓰이는 사례로 알맞지 <u>않은</u> 것은 어느 것입니까? (   )

① 컴퓨터   ② 계산기
③ 스마트폰   ④ 태블릿 PC
⑤ 길도우미(내비게이션)

서술형

6 위와 같은 지도를 이용하면 어떤 점이 좋은지 쓰시오.

_____

_____

7 다음과 같은 디지털 영상 지도의 기능은 무엇입니까? (   )

가상 현실의 일종으로 지도 안에 들어가서 그 장소에 있는 것처럼 주위를 둘러볼 수 있다.

① 이동 기능
② 위치 찾기 기능
③ 확대와 축소 기능
④ 증강 현실 기능
⑤ 지도로의 변환 기능

8 다음과 같은 과제를 해결하기 위해 활용할 수 있는 디지털 영상 지도의 기능을 두 가지 쓰시오.

• 디지털 영상 지도에서 내가 살고 있는 고장을 살펴보세요.
• 내가 살고 있는 고장과 가까운 주변 고장을 써 보세요.

(   )

9 우리 고장의 주요 장소로 알맞지 <u>않은</u> 곳은 어디입니까? (   )

① 큰 강   ② 우리 집   ③ 기차역
④ 큰 다리   ⑤ 유명한 산

10 다음 주제와 관련된 장소를 디지털 영상 지도에서 찾을 때 알맞은 장소는 어디입니까? (   )

문화유산이나 유명한 관광지가 있는 곳

① 병원   ② 소방서   ③ 춘천역
④ 춘천시청   ⑤ 춘천향교

11 다음은 재원이네 모둠 친구들이 디지털 영상 지도에서 찾은 장소입니다. 재원이네 모둠이 선택한 주제는 무엇입니까? (   )

① 물건을 사고파는 곳
② 자연과 관련 있는 곳
③ 문화유산이나 유명한 관광지
④ 다른 고장으로 이동할 때 이용하는 곳
⑤ 사람들의 생활을 편리하게 도와주는 곳

12 다음과 같이 밑그림만 그려져 있는 지도를 무엇이라고 하는지 쓰시오.

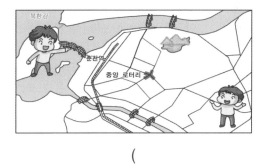

(   )

13 우리 고장의 주요 장소를 백지도에 나타내려고 할 때, 가장 먼저 해야 할 일은 무엇입니까? (   )

① 백지도 색칠하기
② 백지도에 주요 장소 표시하기
③ 백지도에 나타내고 싶은 장소 정하기
④ 디지털 영상 지도에서 주요 장소의 위치 찾아보기
⑤ 주요 장소에 대한 생각과 느낌을 다양한 방법으로 표현하기

다음 지도를 보고, 물음에 답하시오. [14~15]

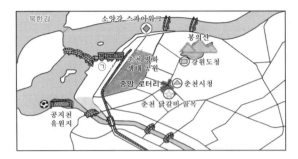

14 다음에서 설명하는 장소를 위 지도에서 찾아 쓰시오.

> 춘천시청 아래쪽에 중앙 로터리가 있는데, 중앙 로터리의 아래쪽에 있다.

( )

15 위 지도의 ㉠이 가리키는 장소는 어디입니까? ( )

① 병원　　　　　② 춘천역
③ 대학교　　　　④ 춘천향교
⑤ 공지천 조각 공원

서술형

16 다음을 참고하여 고장의 주요 장소를 백지도에 효과적으로 나타내는 방법을 쓰시오.

> 내가 좋아하는 장소에 예쁜 붙임딱지를 붙인다.

중요

17 우리 고장의 자랑할 만한 장소가 되기 위한 조건으로 알맞지 <u>않은</u> 것은 어느 것입니까? ( )

① 경치가 아름다운 곳
② 우리 고장 사람들이 좋아하는 곳
③ 어느 고장에서나 흔히 볼 수 있는 곳
④ 역사적으로 중요한 사건과 관련되어 있는 곳
⑤ 다른 고장 사람들도 인정할 만한 특징이 있는 곳

주의

18 우리 고장의 자랑할 만한 장소를 조사하는 방법으로 알맞지 <u>않은</u> 것은 어느 것입니까? ( )

① 시청 누리집에서 찾아본다.
② 고장 안내 책자에서 찾아본다.
③ 고장 관광 누리집에서 찾아본다.
④ 일주일 전에 전학 온 친구에게 물어본다.
⑤ 고장을 잘 알고 있는 어른들께 여쭈어본다.

다음은 우리 고장의 자랑할 만한 장소를 소개하기 위한 자료입니다. 물음에 답하시오. [19~20]

19 위와 같은 자료를 무엇이라고 합니까? ( )

① 안내도　　　　　② 신문 광고
③ 인공위성 사진　　④ 사진 카드
⑤ 디지털 영상 지도

서술형

20 위와 같은 자료를 이용하여 우리 고장의 자랑할 만한 장소를 소개하면 어떤 점이 좋은지 쓰시오.

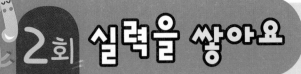
1 다음 글의 빈칸에 들어갈 알맞은 말을 쓰시오.

> 같은 장소라도 사진을 찍는 [   ]에 따라 그 모습이 달라진다.

(   )

다음 자료를 보고, 물음에 답하시오. [2~3]

2 위 자료의 이름은 무엇입니까? (   )

① 지구본　　② 백지도　　③ 인공위성
④ 세계 지도　　⑤ 인공위성 사진

서술형

3 위와 같은 자료를 이용하면 어떤 점이 좋은지 쓰시오.

_____

_____

중요

4 디지털 영상 지도에 대한 설명으로 알맞지 <u>않은</u> 것은 어느 것입니까? (   )

① 인공위성 사진을 이용해 만들어진다.
② 컴퓨터, 스마트폰 등에서 이용할 수 있다.
③ 우리 고장의 모습을 생생하게 볼 수 있다.
④ 위치 찾기 기능과 이동 기능 두 가지만 있다.
⑤ 우주에서 내려다본 것처럼 우리 고장을 살펴볼 수 있다.

5 디지털 영상 지도에서 확대와 축소 기능을 이용하는 방법을 두 가지 고르시오. (,   )

① +, − 버튼을 누른다.
② 원하는 지도를 누른다.
③ 마우스를 누른 채로 이동한다.
④ 검색창에 찾고자 하는 곳을 입력한다.
⑤ 마우스를 누른 상태에서 스크롤을 움직인다.

6 다음 선생님과 재원이의 대화를 읽고, 빈칸에 들어갈 알맞은 말을 쓰시오.

> • 선생님: 디지털 영상 지도의 여러 가지 기능 중에서 가장 사용해 보고 싶은 기능은 무엇인가요?
> • 재원: 저는 [   ] 기능을 사용해 보고 싶어요. 지도 안에 들어가 그 장소를 직접 보고 있는 기분이 들어서 신기할 것 같아요.

(   )

7 우리 고장의 전체 모습이 무엇과 비슷한지 알아보려면 디지털 영상 지도의 어떤 기능을 사용해야 합니까? (   )

① 이동 기능　　② 증강 현실 기능
③ 길이 재기 기능　　④ 지도로의 변환 기능
⑤ 위치 찾기 기능

 주의

8 주요 장소에 대한 설명으로 알맞지 <u>않은</u> 것은 어느 것입니까? (   )

① 눈에 잘 띄는 곳이다.
② 사람들이 자주 찾는 곳이다.
③ 고장에 있는 모든 장소가 주요 장소이다.
④ 시청이나 구청은 우리 고장의 주요 장소에 해당한다.
⑤ 유명한 산과 같은 지형과 다리 및 건축물과 같은 지물을 가리킨다.

다음 재원이네 고장의 디지털 영상 지도를 보고, 물음에 답하시오. [9~10]

9 위 재원이네 고장의 주요 장소가 <u>아닌</u> 것은 어느 것입니까? (   )

① 남산　　　　　② 봉의산
③ 춘천역　　　　④ 강원도청
⑤ 춘천향교

10 위의 지도에 표시된 고장의 주요 장소 중에서 자연과 관련 있는 곳을 모두 찾아 쓰시오.

(   )

11 민영이네 모둠이 선택한 다음 주제와 관련된 장소는 어디입니까? (   )

> 다른 고장으로 이동할 때 이용하는 곳이다.

① 시청　　　② 병원　　　③ 향교
④ 소방서　　⑤ 기차역

서술형

12 디지털 영상 지도를 이용해 우리 고장을 살펴볼 때 불편했던 점은 무엇인지 쓰시오.

_____

_____

13 우리 고장의 모습을 백지도에 나타낼 때 한눈에 알아보기 쉽게 하려면 어떻게 해야 합니까? (   )

① 작은 건물들까지 상세히 나타낸다.
② 고장에 있는 모든 장소를 나타낸다.
③ 중요한 장소들을 강조해서 나타낸다.
④ 내가 가 보지 않은 곳은 상상해서 나타낸다.
⑤ 모든 장소를 똑같은 모양과 크기로 나타낸다.

14 우리 고장의 주요 장소를 백지도에 나타내는 순서대로 기호를 쓰시오.

> ㉠ 우리 고장의 주요 장소들을 백지도에 표시하기
> ㉡ 선택한 장소들의 위치를 디지털 영상 지도에서 찾아보기
> ㉢ 주요 장소에 대한 생각과 느낌을 다양한 방법으로 표현하기
> ㉣ 우리 고장의 여러 장소 중에서 백지도에 나타내고 싶은 장소를 정하기

(   )

주의

15 다음 (가) 지도에서 찾은 강원도청을 (나)의 백지도에 표시하려고 합니다. ㉠~㉢ 중 알맞은 장소는 어디 입니까? (   )

① ㉠　　　　② ㉡　　　　③ ㉢

④ ㉣　　　　⑤ ㉤

🥚 다음 지도를 보고, 물음에 답하시오. [16~17]

16 위 지도에 대한 설명으로 알맞지 <u>않은</u> 것은 어느 것입니까? (   )

① 강원도청은 봉의산 아래쪽에 있다.

② 중앙 로터리 위쪽에는 공지천 유원지가 있다.

③ 춘천 닭갈비 골목은 중앙 로터리 아래쪽에 있다.

④ 봉의산의 모습은 초록색 산 모양으로 그려져 있다.

⑤ 춘천역 앞에 있는 길을 따라가면 중앙 로터리가 있다.

서술형

17 앞 지도에서 춘천 평화 생태 공원을 초록색으로 표시한 이유는 무엇인지 쓰시오.

_____

_____

18 우리 고장의 자랑할 만한 장소를 조사하려고 할 때, 이용하면 좋은 자료를 두 가지 고르시오. (　,　)

① 지구본　　　　　② 사회 교과서

③ 고장 안내도　　　④ 고장 안내 책자

⑤ 고장의 백지도

19 다른 고장에 사는 친구에게 자랑할 만한 우리 고장의 장소로 알맞지 <u>않은</u> 것은 어느 것입니까? (   )

① 버스 정류장

② 경치가 아름다운 산

③ 월드컵 축구 경기장

④ 외적의 침입을 물리쳤던 곳

⑤ 다른 고장 사람들이 많이 찾아오는 해수욕장

서술형

20 다음 장소 소개 카드를 보고, 춘천 닭갈비 골목이 춘천을 대표할 수 있는 장소가 된 이유는 무엇인지 쓰시오.

춘천 닭갈비 골목

• 중앙 로터리 근처에 있는 명동 거리에 있음.

• 닭갈비와 막국수를 파는 가게가 많이 있음.

_____

_____

1 다양한 위치에서 찍은 다음 사진을 보고, 물음에 답하시오.

ㄱ
ㄴ
ㄷ
ㄹ

(1) 위의 ㄱ~ㄹ 사진은 각각 아래, 위, 앞, 옆에서 중 어느 곳에서 찍은 것인지 쓰시오.

_____

(2) 위의 ㄱ~ㄹ 사진을 보고, 알 수 있는 사실을 쓰시오.

_____

관련 핵심 개념 ▶

다양한 위치에서 찍은 사진 비교하기

같은 장소를 아래, 위, 앞, 옆에서 등 다양한 위치에서 찍은 모습을 비교해 봅니다.

2 디지털 영상 지도를 이용해 살펴본 우리 고장의 모습을 보고, 물음에 답하시오.

(1) 위 디지털 영상 지도로 우리 고장을 보면 어떤 점이 좋은지 쓰시오.

_____

(2) 위와 같은 디지털 영상 지도는 어떤 기능이 있는지 두 가지 이상 쓰시오.

_____

관련 핵심 개념 ▶

디지털 영상 지도로 고장의 모습 살펴보기

디지털 영상 지도의 좋은 점과 여러 가지 기능에 대해 알아봅니다.

3 다음과 같이 각 주제와 관련된 고장의 장소를 나타낸 표를 보고, 물음에 답하시오.

주제 1	주제 2	주제 3	주제 4	주제 5	주제 6
춘천시청	춘천역	북한강	춘천향교	춘천 명동	공지천 조각 공원
강원도청	남춘천역	소양강	춘천 닭갈비 골목		춘천 평화 생태 공원
소방서	춘천 터미널	봉의산			
병원		의암호			

(1) 위에 나타난 장소들의 공통점을 쓰시오.

_____

(2) 위에서 '주제 2'의 내용은 무엇인지 제시된 장소를 보고 쓰시오.

_____

관련 핵심 개념

고장의 주요 장소

주요 장소의 의미를 생각해 보고, 고장의 여러 장소를 다양한 기준으로 분류해 봅니다.

4 다음 백지도를 보고, 물음에 답하시오.

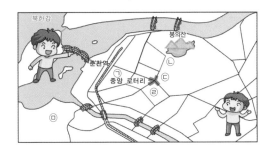

(1) 봉의산의 모습은 어떻게 표시되어 있는지 쓰시오.

_____

(2) 다음 그림을 보고, 위의 백지도에서 춘천 닭갈비 골목의 위치를 찾아 기호를 쓰시오.

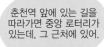

춘천 닭갈비 골목은 어디에 표시하지?

춘천역 앞에 있는 길을 따라가면 중앙 로터리가 있는데, 그 근처에 있어.

중앙 로터리 위쪽에는 춘천시청이 있고, 춘천 닭갈비 골목은 중앙 로터리 아래쪽에 있어.

(   )

관련 핵심 개념

고장의 주요 장소를 백지도에 나타내기

백지도의 의미와 특징을 알아보고, 고장의 주요 장소의 위치를 다양한 표현 방법을 활용하여 백지도에 표시하는 활동을 해 봅니다.

1 다음과 같은 장소를 다양한 위치에서 찍은 사진을 보고, 물음에 답하시오.

㉠

㉡
▲ 아래에서 찍은 사진 　▲ 위에서 찍은 사진

▲ 앞에서 찍은 사진 　▲ 옆에서 찍은 사진

관련 핵심 개념

위성 사진의 특징과 좋은 점

　다양한 위치에서 찍은 사진과 인공위성 사진을 비교하여 인공위성 사진의 특징을 파악하고, 인공위성 사진의 좋은 점을 알아봅니다.

(1) 위의 ㉠과 같은 사진을 무엇이라고 하는지 쓰시오.

(　　　　　　　)

(2) 위의 ㉠ 사진은 ㉡ 사진들과 비교하여 어떤 점이 다른지 쓰시오.

_____

_____

(3) 위의 ㉠ 사진을 이용하면 어떤 점이 좋은지 쓰시오.

_____

_____

2 다음 사진을 보고, 물음에 답하시오.

관련 핵심 개념

디지털 영상 지도의 기능

　우리 생활에서 이용되는 디지털 영상 지도의 다양한 기능과 실행 방법 등을 알아봅니다.

(1) 위의 사진과 관련 있는 가상 현실의 일종인 디지털 영상 지도의 기능을 쓰시오.

(　　　　　　　)

(2) 디지털 영상 지도에서 위의 기능을 이용하면 어떤 점이 좋은지 쓰시오.

_____

3 다음 지도를 보고, 물음에 답하시오.

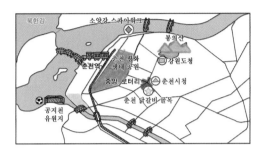

관련 핵심 개념

고장의 주요 장소를 백지도에 나타내기

　고장의 주요 장소를 백지도에 나타내는 순서를 알아보고, 주요 장소를 중심으로 백지도에 나타내면 어떤 점이 좋은지 생각해 봅니다.

1단원

(1) 위의 지도를 그리는 순서에 맞게 빈 곳에 들어갈 알맞은 내용을 쓰시오.

1단계	
2단계	선택한 장소들의 위치를 디지털 영상 지도에서 찾아보기
3단계	우리 고장의 주요 장소들을 백지도에 표시하기
4단계	주요 장소에 대한 생각과 느낌을 다양한 방법으로 표현해 백지도를 완성하기

(2) 위와 같이 고장의 작은 건물들은 생략하고 중요한 곳들을 강조해서 지도로 나타내면 어떤 점이 좋은지 쓰시오.

_____

4 다음 고장의 안내도를 보고, 물음에 답하시오.

관련 핵심 개념

우리 고장의 자랑할 만한 장소 소개하기

　우리 고장의 자랑할 만한 장소를 조사하는 여러 가지 방법을 알아보고, 자랑할 만한 장소를 소개하는 방법도 생각해 봅니다.

(1) 위의 안내도를 만들기 위해서 자료를 조사하는 방법을 쓰시오.

_____

_____

(2) 위의 안내도는 어떤 경우에 이용하면 좋은지 쓰시오.

_____

1 다음 글의 빈칸에 들어갈 알맞은 말을 쓰시오.

> 우리 고장은 학교, 병원, 도서관, 문구점, 공원 등
> 다양한 [　　] 로 이루어져 있다.

(　　　　　　　　　)

2 다음 장소에서 경험했던 일을 바르게 말한 친구는 누구인지 쓰시오.

- 서윤: 맛있는 국수를 사 먹었다.
- 형석: 가족과 함께 숲길을 산책하였다.
- 온유: 내가 읽는 책과 관련 있는 문제도 풀어보고 선물도 받았다.
- 수아: 조상들이 쓰던 여러 가지 물건을 구경하며 우리나라의 문화에 대해 공부하였다.

(　　　　　　　　　)

3 준우가 만든 다음 장소 카드에 들어가야 할 내용 중 빠진 것은 무엇입니까? (　　　)

> 우리 가족이 산책이나 운동을 하러 가는 곳이다.
> 즐겁고 마음이 편안해지는 곳이다.

① 장소 크기
② 장소 이름
③ 장소가 만들어진 시기
④ 장소를 이용하는 사람 수
⑤ 우리 가족 중 그 장소를 자주 이용하는 사람

4 머릿속에 떠오르는 고장의 모습을 그리려고 할 때에 가장 먼저 해야 할 일은 무엇입니까? (　　　)

① 학교와 집을 그린다.
② 산, 강 등 자연의 모습과 큰길을 그린다.
③ 가장 중요하다고 생각하는 장소를 그린다.
④ 여러 가지 방법으로 장소에 관한 생각이나 느낌을 표현한다.
⑤ 고장의 여러 장소 중 내가 그리고 싶은 장소 몇 곳을 정한다.

📚 다음 그림을 보고, 물음에 답하시오. [5~7]

▲ 서윤이가 그린 우리 고장의 모습

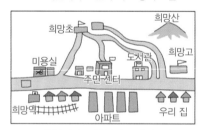

▲ 형석이가 그린 우리 고장의 모습

5 위 그림에서 두 친구가 모두 그린 건물이나 자연의 모습이 서로 다르게 표현된 것을 찾아 쓰시오.

(　　　　　　　　　)

6 서윤이의 그림에는 있고 형석이의 그림에는 없는 것은 무엇입니까? (　　　)

① 희망초　　② 희망산　　③ 두봉천
④ 아파트　　⑤ 주민 센터

7 앞의 두 친구의 그림에 공통점이 있는 까닭은 무엇입니까? (　　　)

① 상상 속의 장소를 그렸기 때문이다.
② 장소에 대한 생각은 누구나 똑같기 때문이다.
③ 고장의 사진을 보고 똑같이 그렸기 때문이다.
④ 두 친구가 같은 고장에서 살고 있기 때문이다.
⑤ 고장의 모습을 그리는 방법이 정해져 있기 때문이다.

※ 다음 서윤이네 모둠 친구들이 각자 자신의 그림을 설명하는 내용을 읽고, 물음에 답하시오. [8~9]

> • 서윤: 아름답게 바뀐 우리 고장의 모습을 다른 사람들에게 소개하고 싶었어.
> • 형석: 내가 자주 가는 우리 고장의 학교와 도서관을 나타내고 싶었어.
> • 지아: 우리 고장의 자랑인 희망산을 알리고 싶었어.
> • 희철: 우리 고장 곳곳에 있는 문화유산을 소개하고 싶었어.

서술형

8 서윤이와 친구들이 고장에 대한 생각이나 느낌이 서로 다른 이유는 무엇인지 쓰시오.

---

9 서윤이와 친구들은 고장에 대한 서로 다른 생각과 느낌에 대해 어떤 태도를 가져야 합니까? (　　　)

① 서로 존중해야 한다.
② 공부를 못하는 친구의 생각은 무시한다.
③ 내 생각과 느낌이 가장 좋다고 생각한다.
④ 자기가 좋아하는 친구의 생각만 존중한다.
⑤ 모두 같은 생각과 느낌을 갖도록 친구들을 설득한다.

---

10 다음 ㉠과 ㉡은 같은 장소를 다양한 위치에서 찍은 사진입니다. ㉠과 ㉡ 중 위에서 찍은 사진은 어느 것입니까?

㉠ 　㉡

(　　　　　　　　)

---

11 다음 글의 빈칸에 들어갈 내용으로 알맞은 것은 어느 것입니까? (　　　)

> 인공위성 사진은 ＿＿＿＿＿＿＿ 같은 장소에서 우리 고장을 찍은 것처럼 보인다.

① 가까이에서 찍었기 때문에
② 높은 곳에서 찍었기 때문에
③ 낮은 곳에서 찍었기 때문에
④ 디지털 사진기로 찍었기 때문에
⑤ 높은 산 정상에서 찍었기 때문에

---

12 디지털 영상 지도에서 어떤 곳의 위치를 찾으려면 어떻게 해야 합니까? (　　　)

① +버튼을 누른다.
② 지도 변환 버튼을 누른다.
③ 마우스를 누른 채로 이동한다.
④ 검색창에 찾고자 하는 곳을 입력한다.
⑤ 마우스를 누른 상태에서 스크롤을 움직인다.

---

13 디지털 영상 지도를 이용해 지도 안에 들어가서 그 장소를 직접 보고 싶을 때에는 어떤 기능을 이용해야 합니까? (　　　)

① 이동 기능　　　　② 길 찾기 기능
③ 증강 현실 기능　　④ 위치 찾기 기능
⑤ 확대와 축소 기능

14 고장의 주요 장소에 대해 바르게 말한 친구는 누구인지 쓰시오.

> • 재원: 내가 좋아하는 장소를 말해요.
> • 민영: 고장에 있는 모든 장소를 말해요.
> • 준우: 고장의 여러 장소 중 눈에 잘 띄는 곳을 말해요.
> • 노용: 고장의 주요 장소는 사람들이 잘 찾지 않아 한적해요.

( )

서술형

15 다음 고장의 주요 장소들의 공통점은 무엇인지 쓰시오.

> 북한강, 소양강, 봉의산, 의암호

_____

16 고장이 산, 강, 큰길 등의 밑그림만 그려진 지도를 무엇이라고 합니까? ( )

① 백지도   ② 그림 지도
③ 장소 알림판   ④ 인공위성 사진
⑤ 디지털 영상 지도

다음 지도를 보고, 물음에 답하시오. [17~18]

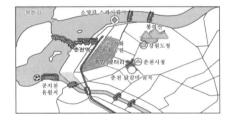

17 위 지도에 내가 좋아하는 춘천 닭갈비 골목 표시를 어떻게 표시하면 좋은지 두 가지 고르시오. (,)

① 별로 표시한다.
② 풀과 나무를 그린다.
③ 숟가락과 젓가락을 그린다.
④ 초록색 산 모양으로 그린다.
⑤ 화난 표정의 얼굴을 그린다.

18 앞과 같은 지도를 그릴 때에 가장 먼저 해야 할 일은 어느 것입니까? ( )

① 나타내고 싶은 장소 정하기
② 백지도에 고장의 주요 장소 표시하기
③ 백지도에서 우리 고장의 산이나 강, 큰 도로 등을 찾아보기
④ 주요 장소에 대한 생각과 느낌을 다양한 방법으로 표현하기
⑤ 나타내고 싶은 장소들의 위치를 디지털 영상 지도에서 찾아보기

19 다음 선생님의 질문에 바르게 답변하지 **못한** 친구는 누구입니까? ( )

> 우리 고장의 자랑할 만한 장소들은 어떤 특징을 가지고 있을까요?

① 서영: 경치가 아름다운 곳입니다.
② 준서: 우리 고장 사람들이 좋아하는 곳입니다.
③ 소희: 다른 고장에서도 쉽게 볼 수 있는 곳입니다.
④ 예지: 역사적으로 중요한 사건과 관련된 곳입니다.
⑤ 진우: 다른 고장 사람들도 인정할 만한 특징이 있는 곳입니다.

서술형

20 우리 고장의 자랑할 만한 장소들을 효과적으로 소개하는 방법을 쓰시오.

_____

_____

1 우리 고장의 장소와 그곳에서 겪을 수 있는 경험을 바르게 선으로 연결하시오.

(1) 시장 ・

(2) 학교 ・

(3) 도서관 ・

・㉠ 내가 읽은 책과 관련 있는 문제도 풀고 선물도 받았다.

・㉡ 구경거리와 먹을 거리가 많았다.

・㉢ 선생님과 친구들을 만날 수 있었다.

2 우리 고장의 장소들에 관한 생각이나 느낌으로 바르지 않은 것은 어느 것입니까? (   )

① 장소들이 생각했던 것보다 많고 다양하다.
② 떠올린 장소들이 같기도 하고, 다르기도 하다.
③ 사람마다 기억하거나 생활하는 장소는 똑같다.
④ 각 장소에서 겪었던 다양한 경험을 함께 나누어 본다.
⑤ 고장이 여러 장소로 구성되어 있다는 것을 알 수 있다.

3 우리 고장의 장소 알림판을 만드는 방법입니다. 순서대로 기호를 쓰시오.

> ㉠ 우리 고장의 여러 장소를 떠올리기
> ㉡ 친구들과 함께 우리 고장의 장소 카드를 만들기
> ㉢ 머릿속에 떠오른 장소에 대한 경험이나 느낌을 발표하기
> ㉣ 우리 고장의 장소 알림판에 친구들과 함께 만든 장소 카드 붙이기

(   )

4 머릿속에 떠오르는 우리 고장의 모습을 그리는 방법으로 알맞은 것을 두 가지 고르시오. (,   )

① 상상 속의 장소를 그린다.
② 고장에 있는 모든 장소를 그린다.
③ 장소 사진이나 그림은 활용하지 않는다.
④ 여러 가지 방법으로 장소에 관한 생각이나 느낌을 표시한다.
⑤ 고장에 실제로 있는 장소들을 중심으로 내가 생각하는 고장의 모습을 그린다.

🌷 다음 그림을 보고, 물음에 답하시오. [5~7]

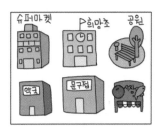

▲ 지아가 그린 우리 고장의 모습   ▲ 희철이가 그린 우리 고장의 모습

5 위의 두 그림을 보고, 알 수 있는 우리 고장의 모습으로 알맞지 않은 것은 어느 것입니까? (   )

① 아파트에 사는 사람들이 있다.
② 우리 고장에는 슈퍼마켓이 두 개 있다.
③ 산책이나 운동을 할 수 있는 공원이 있다.
④ 사람들은 시장에서 여러 가지 물건을 산다.
⑤ 어린이들은 도서관에 가서 책을 읽거나 놀이터에서 재미있게 논다.

6 희철의 그림에는 있지만, 지아의 그림에는 없는 것은 무엇입니까? (   )

① 공원　　　　　② 약국
③ 문구점　　　　④ 희망초
⑤ 어린이 도서관

서술형

7 앞의 두 그림에는 공통점도 있지만 차이점이 있는 까닭은 무엇인지 쓰시오.

_____

_____

다음 서윤이와 친구들이 대화 내용을 읽고, 물음에 답하시오. [8~9]

우리 고장 곳곳에 있는 문화유산을 소개하고 싶었어.

우리 고장의 자랑인 희망산을 알리고 싶었어.

아름답게 바뀐 우리 고장의 모습을 다른 사람들에게 소개하고 싶었어.

내가 자주 가는 우리 고장의 학교와 도서관을 나타내고 싶었어.

8 위 그림에서 서윤이와 친구들이 대화 내용으로 바르지 않은 것은 어느 것입니까? (   )

① 자주 가는 곳을 중심으로 그렸다.
② 고장의 문화유산 중심으로 그렸다.
③ 봉사 활동을 한 경험을 중심으로 그렸다.
④ 고장의 자랑스러운 장소를 중심으로 그렸다.
⑤ 아름답게 바뀐 고장의 장소를 중심으로 그렸다.

9 위의 대화를 통해 알 수 있는 사실은 무엇입니까?

(   )

① 우리 고장에는 소개할 만한 장소가 없다.
② 우리 고장을 살기에 불편한 곳으로 표현하였다.
③ 고장에 대한 서로의 생각과 느낌은 존중하지 않는다.
④ 고장에 대한 생각과 느낌은 각자의 경험에 따라 서로 다를 수 있다.
⑤ 같은 고장에 살면 고장 사람들 모두 똑같은 생각과 느낌을 갖게 된다.

10 어떤 장소의 전체적인 모습을 보려면 어디에서 사진을 찍어야 합니까? (   )

① 앞에서 찍는다.   ② 옆에서 찍는다.
③ 위에서 찍는다.   ④ 아래에서 찍는다.
⑤ 가까운 곳에서 찍는다.

11 다음과 같이 컴퓨터나 스마트폰 등에서 볼 수 있는 지도를 무엇이라고 하는지 쓰시오.

(   )

12 디지털 영상 지도에서 주변을 자세히 보려면 어떤 기능을 활용해야 합니까? (   )

① 이동 기능   ② 확대 기능
③ 축소 기능   ④ 지도로의 변환 기능
⑤ 길이 재기 기능

서술형

13 디지털 영상 지도의 여러 가지 기능 중에서 가장 사용해 보고 싶은 기능과 그 이유를 쓰시오.

㉠ 기능: _____

㉡ 이유: _____

_____

다음 두 지도를 보고, 물음에 답하시오. (14~17)

(가)

(나)
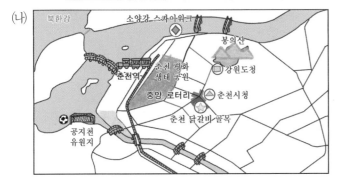

14 위 (가) 지도에 표시된 장소들의 공통점으로 알맞은 것은 어느 것입니까? (   )

① 물건을 사고파는 곳이다.
② 자연과 관련 있는 곳이다.
③ 다른 고장으로 이동할 수 있는 곳이다.
④ 눈에 잘 띄거나 사람들이 자주 찾는 곳이다.
⑤ 사람들의 생활을 편리하게 도와주는 곳이다.

15 위 (가) 지도에 표시된 장소 중 문화유산에 해당하는 것은 무엇인지 찾아 쓰시오.

(   )

16 위 (나) 지도에 나타난 여러 장소의 위치를 설명한 것으로 바르지 않은 것은 어느 것입니까? (   )

① 강원도청은 봉의산 위쪽에 있다.
② 춘천시청은 강원도청 아래쪽에 있다.
③ 춘천역은 기찻길이 끝나는 곳 근처에 있다.
④ 춘천 닭갈비 골목은 중앙 로터리 아래쪽에 있다.
⑤ 춘천역 앞에 있는 길을 따라가면 중앙 로터리가 있다.

17 앞의 (가) 지도에 비해 (나) 지도가 어떤 좋은 점이 있는지 쓰시오.

_____

18 다른 고장에 사는 친구에게 자랑할 만한 우리 고장의 장소를 쓰시오.

_____

19 다음 공지천 유원지가 춘천을 대표할 수 있는 장소가 될 수 있는 이유를 두 가지 고르시오. (,   )

공지천 유원지

• 운동 시설과 조각 공원이 있음.
• 북한강의 풍경을 감상할 수 있는 산책로가 있음.

① 조각 공원이 있다.
② 교통의 중심지이다.
③ 춘천 사람들은 찾지 않는 곳이다.
④ 역사적으로 중요한 사건과 관련된 곳이다.
⑤ 북한강의 아름다운 풍경을 감상할 수 있는 산책로가 있다.

20 다음에서 설명하는 것은 무엇인지 쓰시오.

• 고장을 안내하는 내용을 그림으로 그린 지도이다.
• 고장의 주요 장소를 한눈에 살펴볼 수 있다.

(   )

1 우리 고장의 장소에 대한 설명으로 알맞지 <u>않은</u> 것은 어느 것입니까? ( )

① 우리 고장에는 많은 장소가 있다.
② 장소에 대한 생각은 서로 다를 수 있다.
③ 각 장소에서 겪었던 친구들의 경험은 모두 똑같다.
④ 우리 고장의 장소에는 공원, 시장, 도서관 등이 있다.
⑤ 우리 고장의 장소를 찾을 때는 사진첩이나 일기장을 살펴본다.

2 다음 대화의 빈칸에 들어갈 알맞은 장소를 쓰시오.

• 선생님: 머릿속에 떠오르는 우리 고장의 장소를 말해 볼까요?
• 재영: 저는 [ ]이 떠오릅니다. 사랑하는 가족이 함께 살고 있기 때문입니다.

( )

3 장소 카드를 만드는 방법으로 알맞지 <u>않은</u> 것은 어느 것입니까? ( )

① 장소 이름을 적는다.
② 장소에 대한 설명을 적는다.
③ 장소에서 경험한 일을 적는다.
④ 장소에 대한 생각이나 느낌은 적지 않는다.
⑤ 고장의 장소 사진이나 장소 그림을 넣는다.

서술형

4 다음은 머릿속에 떠오르는 우리 고장의 모습을 그리기에 앞서 주의할 점을 설명한 것입니다. 빈칸에 들어갈 알맞은 내용을 쓰시오.

상상 속의 장소가 아닌 _____
내가 생각하는 고장의 모습을 그린다.

5 우리 고장의 모습을 그릴 때 장소 사진을 활용하면 좋은 점은 무엇입니까? ( )

① 상상 속의 장소까지 표현할 수 있다.
② 고장의 모습을 아름답게 그릴 수 있다.
③ 장소의 모습을 실감 나게 전달할 수 있다.
④ 우리 고장의 모든 장소를 표현할 수 있다.
⑤ 친구가 그린 고장의 모습과 내가 그린 고장의 모습을 보다 쉽게 비교할 수 있다.

다음 그림을 보고, 물음에 답하시오. [6~7]

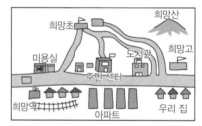

▲ 형석이가 그린 우리 고장의 모습

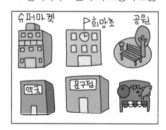

▲ 지아가 그린 우리 고장의 모습

6 위 형석이의 그림과 비교하여 지아가 그린 그림의 특징으로 알맞은 것은 어느 것입니까? ( )

① 길을 그리지 않았다.
② 산과 하천을 그렸다.
③ 학교를 그리지 않았다.
④ 우리 집을 중심으로 그렸다.
⑤ 고장의 모습을 전부 그렸다.

7 위 두 그림에 공통적으로 있는 장소는 무엇인지 쓰시오.

( )

서윤이네 모둠 친구들이 각자 자신의 그림을 설명하는 대화를 읽고, 물음에 답하시오. [8~9]

- **서윤**: 내가 좋아하는 곳을 중심으로 그렸다.
- **준우**: 우리 고장의 문화유산을 중심으로 그렸다.
- **유승**: 봉사 활동을 한 경험을 중심으로 그렸다.
- **형석**: 내가 자주 가는 곳을 중심으로 그렸다.

8 위 친구들의 대화에서 주의 깊게 살펴보아야 할 내용이 <u>아닌</u> 것은 어느 것입니까? (   )

① 친구네 집의 위치
② 친구가 잘 아는 곳
③ 친구가 좋아하는 곳
④ 친구가 장소를 그린 까닭
⑤ 친구가 특별히 소개하고 싶은 곳

응용

9 서윤이네 모둠 친구들이 중점적으로 그린 내용이 서로 다릅니다. 그 까닭으로 알맞은 것을 두 가지 고르시오.
(,   )

① 경험한 것이 다르기 때문이다.
② 서로를 존중하지 않기 때문이다.
③ 같은 고장에 살고 있기 때문이다.
④ 관심 있는 것이 다르기 때문이다.
⑤ 우리 고장에 장소가 너무 많기 때문이다.

10 다음 글의 빈칸에 들어갈 알맞은 말을 쓰시오.

인공위성은 우주에 떠 있기 때문에 넓은 장소를 한번에 볼 수 있다. 그래서 [   ]은 마치 같은 장소에서 우리 고장을 찍은 것처럼 보인다.

(   )

11 인공위성 사진을 이용하면 어떤 점이 좋은지 두 가지 고르시오. (,   )

① 고장을 자세히 볼 수 있다.
② 다양한 크기의 면적을 볼 수 있다.
③ 찍은 위치에 따라 모양이 다르게 보인다.
④ 집에 있는 사진기로 누구나 찍을 수 있다.
⑤ 어떤 장소에 있는 사람들의 모습까지도 자세히 보인다.

12 디지털 영상 지도가 활용되는 다음과 같은 장치를 무엇이라고 하는지 쓰시오.

(   )

13 원하는 지도를 누르면 지도의 종류를 바꿀 수 있는 디지털 영상 지도의 기능은 무엇입니까? (   )

① 이동 기능
② 길 찾기 기능
③ 위치 찾기 기능
④ 확대와 축소 기능
⑤ 지도로의 변환 기능

14 우리 고장의 주요 장소로 볼 수 <u>없는</u> 곳은 어디입니까? ( )

①
②
③
④
⑤

15 다음 장소들의 공통점은 무엇입니까? ( )

> 강원도청, 춘천시청, 소방서, 병원

① 물건을 사고파는 곳이다.
② 자연과 관련 있는 곳이다.
③ 문화유산이나 유명한 관광지이다.
④ 다른 고장으로 이동할 수 있는 곳이다.
⑤ 사람들의 생활을 편리하게 도와주는 곳이다.

🌸 다음 지도를 보고, 물음에 답하시오. [16~18]

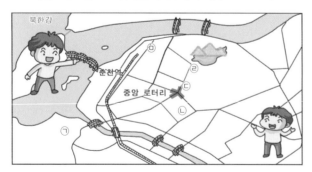

16 위와 같이 산, 강, 큰길 등의 밑그림만 그려져 있는 지도를 무엇이라고 하는지 쓰시오.

( )

17 앞의 지도에서 파란색으로 표시된 것은 무엇입니까? ( )

① 산　　　　② 강　　　　③ 논
④ 학교　　　⑤ 도로

18 다음 글을 읽고, 앞의 지도에서 춘천시청의 위치를 찾아 기호로 쓰시오.

> 기찻길이 끝나는 곳 근처에 집 모양으로 표시된 장소는 춘천역이다. 춘천역 앞에 있는 길을 따라가면 중앙 로터리가 있는데, 중앙 로터리 위쪽에 춘천시청이 있다.

( )

서술형

19 재원이와 친구들은 전학 온 준호에게 우리 고장에서 자랑할 만한 장소를 소개해 주려고 합니다. 관련 자료를 조사하는 방법을 쓰시오.

_____

_____

20 우리 고장의 자랑할 만한 장소를 소개하는 카드를 만들 때 주의할 점은 무엇입니까? ( )

① 예쁘게 만드는 데 중점을 둔다.
② 자랑할 곳의 특징을 길게 쓴다.
③ 장소 사진은 넣지 않는 것이 보기에 좋다.
④ 자랑할 만한 장소의 특징이 잘 나타나야 한다.
⑤ 나만 잘 알아볼 수 있는 그림이나 기호를 사용한다.

남극과 북극은 어떤 차이점이 있을까?

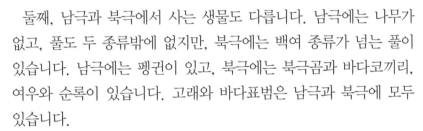

남극과 북극은 여러 면에서 차이가 있습니다.

첫째, 남극은 남위 60° 남쪽의 땅과 바다를 말하고, 북극은 7월의 평균 기온이 10℃가 되지 않는 대략 북위 68° 북쪽의 바다를 가리킵니다. 남극은 남극해라는 거대한 바다로 둘러싸인 대륙인 반면, 북극은 유라시아 대륙과 북아메리카 대륙으로 둘러싸인 바다입니다. 북극해의 크기는 지중해의 다섯 배가 넘습니다.

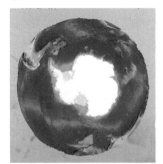

▲ 남극

둘째, 남극과 북극에서 사는 생물도 다릅니다. 남극에는 나무가 없고, 풀도 두 종류밖에 없지만, 북극에는 백여 종류가 넘는 풀이 있습니다. 남극에는 펭귄이 있고, 북극에는 북극곰과 바다코끼리, 여우와 순록이 있습니다. 고래와 바다표범은 남극과 북극에 모두 있습니다.

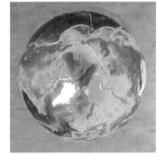

▲ 북극

셋째, 남극에는 원주민이 없지만, 북극에는 이누이트, 흔히 에스키모라 불리는 원주민이 있습니다. '에스키모'는 '날고기를 먹는 사람들'이라는 뜻으로, 이누이트족은 그 이름을 반가워하지 않습니다. 모두 6만 명 정도 되는 북극 이누이트족은 약 5천 년 전에 현재 사는 곳으로 옮겨온 것으로 보입니다. 그들은 그린란드, 알래스카, 캐나다, 시베리아에 흩어져 살고 있습니다. 주로 고래나 물고기, 곰이나 바다표범을 사냥하며 순록을 키우기도 합니다.

넷째, 북극은 주인이 있지만, 남극은 그렇지 않다는 점입니다. 북극해 둘레의 땅과 북극해에 있는 섬들은 노르웨이, 러시아, 미국, 캐나다, 덴마크, 핀란드, 아이슬란드, 스웨덴 영토입니다. 그린란드는 덴마크 영토, 스발바르 제도는 노르웨이 영토, 프란츠요셉 랜드는 러시아 영토입니다.

❶ 우리 고장의 옛이야기

▶ 교과서 52~69쪽

❶ 오늘날 고장의 옛이야기가 중요한 까닭 [자료 ①]

① 용인시에서 '포은'이라는 이름을 많이 쓰는 까닭
└ 정몽주의 묘가 있습니다.
포은 정몽주의 업적을 본받고, 고장을 널리 알리기 위해서입니다.
└ 고려 시대의 뛰어난 학자로, '포은'이라는 호를 썼습니다.

② '서빙고동'이라는 이름에 담긴 옛이야기로 알 수 있는 사실
└ 서쪽에 있는 얼음 창고라는 뜻입니다.
옛날 이곳에 얼음을 저장하는 창고가 있었다는 것과 겨울철 강가에서 얼음을 잘라 보관해서 여름에 사용했다는 것을 알 수 있습니다.

③ 옛이야기의 중요성 → 고장의 특징과 유래를 알 수 있습니다.
- 고장의 이름이나 고장에서 자주 사용되는 이름의 유래, 고장에 있는 문화 유산을 알 수 있습니다. └ 고장에 내려오는 옛이야기에는 고장의 자랑거리가 담겨 있어 건물, 도로, 축제의 이름 등으로 사용하기도 합니다.
- 옛날 사람들의 생활 모습이나 자연환경을 알 수 있습니다.

❷ 옛이야기에 담겨 있는 고장의 모습 알아보기

① 옛이야기로 고장의 자연환경 알아보기 └ 숯내로 불리기 시작했고 이를 한자 이름으로 옮겨 놓은 것이 탄천입니다.
경기도 성남의 '탄천' 이야기: 탄천이 흐르는 지역에는 검은색 돌이 많아 강이 검은색으로 보였다는 이야기도 있습니다. └ 탄천 주변에는 검은 돌이라는 뜻의 '현암'이라는 단어가 들어간 학교 이름도 있습니다.

② 옛이야기로 옛날 사람들의 생활 모습 알아보기 [자료 ②]

피맛골	말을 피하는 곳이라는 뜻으로, 조선 시대에 말을 탄 양반을 피해 백성들이 편하게 다니려고 만든 길임.
'천안 삼거리' 민요	천안은 경상도와 전라도에서 서울로 올라가는 사람들이 만나는 교통의 요충지임.
안성맞춤	맞춘 것처럼 딱 들어맞는다는 뜻으로, 안성 지역에 유기를 만드는 사람이 많았다는 것을 알 수 있음.

③ 지명(땅의 이름)으로 고장의 특징 알아보기 [자료 ③]

자연환경을 알 수 있는 지명	생활 모습을 알 수 있는 지명
두물머리, 얼음골 등	기와말, 말죽거리 등

❸ 우리 고장의 옛이야기 조사하기

① 조사 계획서에 들어갈 내용: 조사 주제, 조사 목적, 조사 기간, 조사 장소, 조사 내용, 조사 방법, 준비물, 주의할 점 등

② 우리 고장의 옛이야기를 조사하는 방법 → 고장과 관련된 인물과 축제를 찾아봅니다.
- 고장의 문화원이나 시·군·구청 누리집을 검색합니다.
- 옛이야기와 관련 있는 장소에 직접 방문합니다.
- 고장에 오래 사신 분이나 고장을 잘 알고 있는 분께 여쭈어봅니다.

❹ 우리 고장의 옛이야기를 다양한 방법으로 소개하기

① 조사 결과 보고서에 들어갈 내용: 조사 기간, 조사한 사람, 조사 목적, 조사 장소, 조사 방법, 조사 내용, 조사 결과, 느낀 점, 더 알고 싶은 점 등

② 소개하는 방법: 자료 찾아 붙이기, 역할놀이, 구연동화, 안내 책자 등
└ 신문과 잡지에서 고장의 옛이야기가 나온 자료나 사진 등을 찾아서 오려 붙이고 친구들에게 소개합니다.

[자료 ①] '종로'의 유래

▲ 보신각

옛날에는 시각을 알려 주는 종이 있는 거리를 종로라고 불렀는데, 종로는 종을 뜻하는 '종'에 길을 뜻하는 '로'를 붙여서 만든 이름으로 오늘날에도 사용되고 있습니다.

[자료 ②] '안성맞춤'의 유래

옛날 안성에는 품질 좋은 유기를 만드는 사람이 많았는데, 솜씨가 뛰어나 품질이나 모양이 사람들을 만족시켰기 때문에 '안성맞춤'이라는 말이 생겼습니다.

[자료 ③] 지명으로 알아보기

▲ 두물머리

북한강과 남한강의 두 물줄기가 만나는 곳이라 해서 붙여진 이름

▲ 얼음골

초여름에 얼음이 얼기 시작해 한여름에도 얼음이 생긴다고 해서 붙여진 이름

▲ 기와말

기와를 굽던 큰 가마터가 있었기 때문에 붙여진 이름

▲ 말죽거리

서울을 오가는 사람들이 말에게 죽을 끓여 먹인 곳이라고 해서 붙여진 이름

🌵 지명으로 독도의 자연환경 알아보기

독도는 멀리서 보면 봉우리가 세 개로 보인다고 해서 '삼봉도', 가지어가 많이 산다고 해서 '가지도'라고도 불렸습니다. 현재 '독도'라는 명칭에도 여러 가지 이야기가 있습니다. 섬 전체가 바위로 되어 있다 해서 '돌섬', 한없이 크고 넓은 바다에 외롭게 솟아 있다는 뜻의 '독섬'을 한자로 '독도'라고 표기했다는 이야기가 있습니다.

▲ 물골　　△ 코끼리 바위

▲ 촛대 바위　　▲ 독립문 바위

🌵 고장의 이름이나 옛이야기 만들기❹

• 장승이 많은 고장의 이름: 장승배기, 장승마을, 장승골 등이 있습니다.
• '심청 바위'에 얽힌 이야기: 심청전에 나오는 심청이가 죽었다가 다시 살아날 때 물 위로 타고 올라온 연꽃이 바위가 되었습니다.

▲ 장승　　▲ 효녀 심청 상

📎 용어 풀이

❶ 유래(由 말미암을 유 來 올 래) 사물이나 일이 생겨남.
❷ 유기(鍮 놋쇠 유 器 그릇 기) 놋쇠로 만든 그릇
❸ 지명(地 땅 지 名 이름 명) 마을이나 산천, 지역 따위의 이름
❹ 장승(長 길 장 丞 정승 승) 돌이나 나무에 사람의 얼굴을 새겨서 마을 또는 절 어귀나 길가에 세운 푯말

1 용인시에서는 '◻◻'이라는 말을 넣어서 정몽주의 업적과 함께 고장을 널리 알리고 있습니다.

2 ◻◻◻란 '서쪽의 얼음 창고'라는 뜻입니다.

3 옛이야기로 옛날 사람들의 ◻◻◻◻이나 자연환경을 알 수 있습니다.

2단원

4 '◻◻◻◻' 민요를 통해 천안이 경상도와 전라도에서 서울로 올라가는 길이 만나는 곳이었다는 사실을 알 수 있습니다.

5 '◻◻◻◻'이라는 말로 안성 지역에 유기를 만드는 사람이 많았다는 것을 알 수 있습니다.

6 ◻◻은 땅의 이름으로 고장의 특징을 나타냅니다.

7 경상남도 밀양시의 ◻◻◻은 초여름에 얼음이 얼기 시작해 한여름에도 얼음이 생긴다고 해서 붙여진 이름입니다.

8 고장의 옛이야기 ◻◻◻◻에는 조사 주제, 조사 목적, 조사 기간, 조사 장소, 조사 내용, 조사 방법, 준비물, 주의할 점 등을 적습니다.

9 우리 고장의 옛이야기를 조사하려면 고장의 ◻◻◻이나 시·군·구청 누리집을 검색합니다.

10 우리 고장의 옛이야기를 조사한 후에는 조사로 알게 된 사실을 정리해 ◻◻◻◻ 보고서를 작성합니다.

핵심 1 오늘날 고장의 옛이야기가 중요한 까닭

❋ 고장의 특징이나 유래를 알 수 있는 옛이야기

종로	시각을 알려 주는 종이 있어 종을 뜻하는 '종'에 길을 뜻하는 '로'를 붙여서 만든 이름임.
용인	경기도 용인시에는 포은 정몽주의 묘가 있어 도로나 건물, 축제의 이름 등 여러 곳에 '포은'이라는 이름을 많이 씀.
서빙고동	'서빙고'는 얼음을 저장하는 서쪽 창고라는 뜻으로, '서빙고동'이라는 이름을 통해 옛날 이곳에 얼음을 저장하는 창고가 있었다는 것을 알 수 있음.

❋ 옛이야기의 중요성

• 고장의 특징과 유래를 알 수 있습니다.
• 옛날 사람들의 생활 모습이나 자연환경을 알 수 있습니다.

1 오른쪽 사진의 축제와 관련된 고려 시대의 학자는 누구입니까? (   )

① 김대성
② 김유신
③ 정몽주
④ 이방원
⑤ 세종대왕

2 '서빙고동'이라는 이름을 통해 알 수 있는 사실을 두 가지 고르시오. (,   )

① 여름에도 얼음이 어는 곳이다.
② 남한강과 북한강이 합쳐지는 곳이다.
③ 옛날에 기와를 굽던 큰 가마터가 있었다.
④ 옛날 이곳에 얼음을 저장하는 창고가 있었다.
⑤ 옛날에는 겨울철에 강이 얼면 얼음을 잘라 보관해서 여름에 사용하였다.

핵심 2 옛이야기로 자연환경과 생활 모습 알아보기

❋ 옛이야기로 고장의 자연환경과 옛날 사람들의 생활 모습 알아보기

자연환경	'탄천': 탄천이 흐르는 지역에는 검은색 돌이 많아 강이 검은색으로 보였다는 이야기.
생활모습	• '천안 삼거리' 민요: 천안은 서울로 올라가는 길목에 있었으며, 이를 통해 옛날 사람들이 만나는 길임을 알 수 있음. • '안성맞춤': '안성맞춤'이란 맞춘 것처럼 딱 들어맞는다는 뜻으로, 안성에 유기를 만드는 사람이 많음을 알 수 있음.

❋ 지명으로 고장의 특징 알아보기

자연환경을 알 수 있는 지명	• 두물머리: 북한강과 남한강의 두 물줄기가 만나는 곳 • 얼음골: 여름에도 얼음이 어는 곳
생활 모습을 알 수 있는 지명	• 기와말: 기와를 굽던 큰 가마터가 있었던 곳 • 말죽거리: 서울을 오가는 사람들이 말에게 죽을 끓여 먹인 곳

3 다음 글의 빈칸에 공통으로 들어갈 알맞은 말을 쓰시오.

> 어떤 물건이 맞춘 것처럼 딱 들어맞을 때 [   ]이라는 말을 쓴다. [   ]이라는 말로 안성 지역에 유기를 만드는 사람이 많았다는 것을 알 수 있다.

(   )

4 다음 지명을 아래와 같이 구분하여 기호를 쓰시오.

㉠ 기와말	㉡ 얼음골
㉢ 두물머리	㉣ 말죽거리

⑴ 자연환경을 알 수 있는 지명: (   )

⑵ 생활 모습을 알 수 있는 지명: (   )

핵심 3 고장의 옛이야기 조사하기

✽ 조사 계획 세우기

- 고장의 옛이야기를 효과적으로 조사하려면 조사 전에 계획을 세우고 실천하는 것이 중요합니다.
- 조사 계획서에 들어갈 내용: 조사 주제, 조사 목적, 조사 기간, 조사 장소, 조사 내용, 조사 방법, 준비물, 주의할 점 등

✽ 우리 고장의 옛이야기를 조사하는 방법

▲ 고장의 문화원과 시·군·구청 누리집 검색하기

▲ 고장의 어른께 여쭈어보기

▲ 옛이야기와 관련된 장소에 직접 방문하기

▲ 고장과 관련된 인물, 축제 찾아보기

5 고장의 옛이야기를 조사하려고 할 때 가장 먼저 할 일은 무엇입니까? (   )

① 조사하기
② 조사 계획 세우기
③ 고장의 문화원 방문하기
④ 조사 결과 보고서 작성하기
⑤ 고장의 옛이야기 소개 자료 만들기

6 고장의 옛이야기를 조사하는 방법 중 오른쪽 사진과 관련 있는 방법은 무엇인지 쓰시오.

_____

핵심 4 고장의 옛이야기를 다양한 방법으로 소개하기

✽ 조사 결과 보고서 작성하기

- 조사 계획에 따라 실제 조사를 한 후, 조사하면서 알게 된 사실을 정리하여 보고서를 만듭니다.
- 조사 결과 보고서에 들어갈 내용: 조사 기간, 조사한 사람, 조사 목적, 조사 장소, 조사 방법, 조사 내용, 조사 결과, 느낀 점 등

✽ 옛이야기를 소개하는 방법

자료 찾아 붙이기	신문과 잡지에서 고장의 옛이야기가 나온 자료나 사진 등을 찾아서 오려 붙임.
역할놀이	고장의 옛이야기 내용을 역할을 나누어 역할극으로 표현함.
구연동화	고장의 옛이야기 내용을 재미있게 구성해 친구들에게 소개함.
안내 책자	고장의 옛이야기를 소개하는 사진이나 그림, 글, 만화 등을 담아 안내 책자를 만듦.

7 우리 고장의 옛이야기를 조사한 후 작성하는 것으로, 다음과 같은 내용이 들어 있는 것은 무엇인지 쓰시오.

> 조사 기간, 조사한 사람, 조사 목적, 조사 장소, 조사 방법, 조사 내용, 조사 결과, 느낀 점 등

(   )

8 다음은 우리 고장의 옛이야기 조사 결과를 소개하는 방법 중 무엇에 대한 설명인지 쓰시오.

> 고장의 옛이야기를 소개하는 사진이나 그림, 글, 만화, 홍보 캐릭터나 상표 등을 담아 소개한다.

(   )

다음 사진을 보고, 물음에 답하시오. [1~2]

1 위 사진에 나타난 '포은'은 누구의 호입니까? (   )

① 황희 ② 김유신 ③ 정몽주
④ 정도전 ⑤ 이순신

중요

2 용인시에 있는 도로나 건물, 축제의 이름에 '포은'이라는 이름이 많이 쓰이는 이유로 알맞지 <u>않은</u> 것은 어느 것입니까? (   )

① 고장을 널리 알리기 위해서
② 정몽주 선생의 업적을 본받기 위해서
③ '포은'과 관련된 이야기가 전해 내려오기 때문에
④ 도로나 건물, 축제를 정몽주 선생이 만들었기 때문에
⑤ 정몽주 선생의 묘가 용인에 있다는 사실이 자랑스럽기 때문에

3 다음에서 설명하는 지명은 무엇인지 쓰시오.

• 시각을 알려 주는 종이 있다.
• 종을 뜻하는 글자와 길을 뜻하는 글자를 붙여서 만든 이름이다.

(   )

다음 옛이야기를 읽고, 물음에 답하시오. [4~5]

서울특별시 용산구에는 '서빙고동'이라는 곳이 있다. 빙고는 옛날에 얼음을 저장했던 창고이다. 옛날에는 냉장고가 없어서 겨울철에 강이 얼면 얼음을 잘라 창고에 저장했다가 여름에 꺼내 사용했다. ☐는 '서쪽의 얼음 창고'라는 뜻이다.

4 위 글의 빈칸에 들어갈 알맞은 말을 쓰시오.

(   )

5 위 이름의 유래를 통해 알 수 있는 사실로 알맞은 것은 어느 것입니까? (   )

① 옛날에도 냉장고가 있었다는 것을 알 수 있다.
② 이곳은 여름에도 몹시 춥다는 것을 알 수 있다.
③ 옛날 사람들이 얼음을 운반했던 방법을 알 수 있다.
④ 옛날 사람들이 여름에 어떻게 얼음을 판매했는지 알 수 있다.
⑤ 옛날 이곳에 얼음을 저장하는 창고가 있었다는 것을 알 수 있다.

주의

6 옛이야기로 알 수 <u>없는</u> 것은 어느 것입니까? (   )

① 옛날의 자연환경
② 우리 고장 이름의 유래
③ 옛날 우리 고장의 인구수
④ 옛날 사람들의 생활 모습
⑤ 우리 고장에 있는 문화유산

다음 옛이야기를 읽고, 물음에 답하시오. [7~8]

옥황상제는 너무 오래 산 동방삭을 잡아가려고 저승사자를 보냈다. 저승사자는 호기심이 많은 동방삭을 잡으려고 꾀를 내어 냇가에서 숯을 씻기 시작했다. 지나가다 이를 본 동방삭이 저승사자에게 "숯을 물에 씻는 이유가 무엇이오?"라고 묻자, 저승사자는 "숯을 하얗게 만들려고 씻는다오."라고 했다. 그러자 동방삭이 "나는 삼천갑자를 살았지만, 처음 듣는 소리구나."라며 웃었다. 저승사자는 '삼천갑자를 살았다는 것을 보니 옥황상제가 잡아 오라고 했던 동방삭이 틀림없구나.'하고 그를 잡았다.

7 위의 이야기를 통해 알 수 있는 것은 무엇입니까?
( )

① 고장의 문화유산
② 고장의 자연환경
③ 고장을 빛낸 위인
④ 고장 사람들이 하는 일
⑤ 옛날 사람들이 쓰던 생활 도구

서술형

8 위의 옛이야기를 볼 때 탄천의 자연환경은 어떠하였는지 쓰시오.

_____

_____

중요

9 지명에 대한 설명으로 알맞지 <u>않은</u> 것은 어느 것입니까? ( )

① 땅의 이름을 말한다.
② 지명은 한 번 정해지면 변하지 않는다.
③ 지명으로 우리 고장의 특징을 알 수 있다.
④ 지명으로 우리 고장의 자연환경을 알 수 있다.
⑤ 지명으로 우리 고장 사람들의 생활 모습을 알 수 있다.

10 다음 글의 빈칸에 들어갈 알맞은 말을 쓰시오.

옛날 안성에서는 유기를 만드는 사람이 많았는데, 솜씨가 뛰어나 품질이나 모양이 사람들을 만족시켰기 때문에 [ ]이라는 말이 생겼다.

( )

11 다음에서 설명하는 곳은 어디입니까? ( )

• 경기도 양평군에 있다.
• 북한강과 남한강의 두 물 줄기가 만나는 곳이라 해서 붙여진 이름이다.

① 기와말　　② 얼음골　　③ 피맛골
④ 두물머리　　⑤ 말죽거리

서술형

12 다음 고장에 살던 사람들은 어떤 일을 했을지 쓰시오.

_____

_____

13 다음 지명과 관련 있는 고장은 어디입니까? ( )

삼봉도, 가지도, 독섬, 돌섬

① 독도　　② 진도　　③ 울릉도
④ 제주도　　⑤ 강화도

14 다음 사진에 어울리는 고장의 이름은 무엇입니까?
( )

① 탑동 ② 기와말 ③ 장승마을
④ 고탑마을 ⑤ 밤나무골

다음 지도를 보고, 물음에 답하시오. [15~16]

우리 고장에는 어떤 지명이 있을까?

우리 고장에 전해 내려오는 옛이야기와 관련 있는 곳은 어디일까?

우리 고장의 옛이야기는 어떻게 조사하면 좋을까?

우리 고장과 관련된 노래나 속담은 없을까?

15 위의 지도에 나타나 있지 <u>않은</u> 것은 어느 것입니까?
( )

① 지명 ② 도로
③ 인구수 ④ 지하철역
⑤ 주요 건물

16 위의 지도에 나타난 지명을 두 곳 이상 찾아 쓰시오.

17 우리 고장에 전해 오는 옛이야기를 조사하기 위해 조사 계획을 세우려고 합니다. 이 때 알아보아야 할 것이 <u>아닌</u> 것은 어느 것입니까? ( )

① 주제는 무엇으로 정할까?
② 어떤 방법으로 조사할까?
③ 어떤 준비물이 필요할까?
④ 간식은 무엇을 사 먹을까?
⑤ 조사할 때 주의할 점은 무엇일까?

서술형

18 우리 고장의 옛이야기를 조사하는 방법을 쓰시오.

주의

19 우리 고장의 옛이야기 조사 결과 보고서에 들어갈 내용으로 알맞지 <u>않은</u> 것은 어느 것입니까? ( )

① 느낀 점 ② 조사 기간
③ 조사 목적 ④ 조사 내용
⑤ 조사 비용

20 다음은 우리 고장의 옛이야기를 소개하는 방법 중 어떤 방법에 대한 설명입니까? ( )

> 신문과 잡지에서 고장의 옛이야기가 나온 자료나 사진 등을 찾아서 오려 붙이고 친구들에게 소개한다.

① 구연동화 ② 안내도 만들기
③ 역할놀이 ④ 자료 찾아 붙이기
⑤ 안내 책자 만들기

다음 옛이야기를 읽고, 물음에 답하시오. [1~2]

고려 시대의 뛰어난 학자인 정몽주는 '포은'이라는 호를 썼다. 포은 선생의 묘는 개경에 있었는데 후손들이 고향인 경상북도 영천으로 옮기려고 했다. 영천으로 가는 도중 용인에 도착했는데 바람에 명정이 날아갔다.

명정이 떨어진 곳을 찾아가 보니 땅이 넓고 햇빛이 잘 들어서 그곳에 무덤을 만들었다. 이렇게 하여 포은 정몽주의 묘가 용인에 자리 잡게 되었다.

1 위 글의 제목으로 가장 알맞은 것은 어느 것입니까?
( )

① 정몽주의 업적
② 포은 지명의 유래
③ 묘를 만들기 좋은 곳
④ 용인의 다양한 문화유산
⑤ 고려 시대의 훌륭한 위인들

서술형

2 위 글을 읽고 경기도 용인시에서 '포은'이라는 이름을 여러 곳에 사용하는 까닭을 쓰시오.

_____

_____

3 다음에서 설명하는 지명을 쓰시오.

• 서울특별시 용산구에 있다.
• '서쪽의 얼음 창고'라는 뜻을 지니고 있다.

( )

 중요

4 옛이야기가 중요한 이유로 알맞지 <u>않은</u> 것은 어느 것입니까? ( )

① 자연환경을 알 수 있다.
② 옛날 사람들의 생활 모습을 알 수 있다.
③ 오늘날 우리 고장의 유래를 알 수 있다.
④ 오늘날 우리 생활에 많은 영향을 끼치고 있다.
⑤ 모두 실제 있었던 일로 우리 고장의 역사를 알 수 있다.

다음 옛이야기를 읽고, 물음에 답하시오. [5~6]

조선 시대에 백성들은 길에서 말을 타고 가는 양반을 길에서 만나면 그 양반이 지나갈 때까지 엎드려 있어야 했다. 그래서 백성들은 말을 탄 양반을 피하려고 큰길에서 점점 좁은 길로 돌아가기 시작했다.
말을 피하기 위한 좁은 길, 지금도 종로 옆에 있는 이곳은 여전히 [ ]로 불린다.

5 위 글의 빈칸에 들어갈 지명으로 알맞은 것은 어느 것입니까? ( )

① 종로
② 탄천
③ 피맛골
④ 서빙고동
⑤ 장승배기

서술형

6 위와 같은 길이 만들어진 까닭은 무엇인지 쓰시오.

_____

_____

7 다음에서 설명하는 민요의 제목을 쓰시오.

>
>
> • 능소라는 여인이 헤어진 결혼을 약속한 박현수를 다시 만나 흥에 겨워 부른 민요이다.
> • 당시 이곳은 경상도에서 서울로 올라가는 길과 전라도에서 서울로 올라가는 길이 만나는 곳이었다.

(   )

8 '안성맞춤'이라는 말에서 알 수 있는 사실은 무엇입니까? (   )

① 안성에는 장승이 많다.
② 안성에는 숯이 많이 난다.
③ 안성은 교통의 중심지이다.
④ 안성에는 유기를 만드는 사람이 많다.
⑤ 안성은 옛날에 얼음을 저장하는 창고가 있던 곳이다.

9 옛날의 자연환경이나 생활 모습을 알 수 있는 자료가 <u>아닌</u> 것은 어느 것입니까? (   )

① 전설   ② 민요   ③ 지명
④ 고사성어   ⑤ 고장 안내도

10 고장의 자연환경을 알 수 있는 지명을 두 가지 고르시오. (,   )

① 종로   ② 얼음골   ③ 기와말
④ 말죽거리   ⑤ 두물머리

11 다음에서 설명하는 지명을 쓰시오.

> 옛날에 우리 고장은 서울을 오가는 사람들이 말에게 죽을 끓여 먹인 곳이라고 해서 불리어진 지명이었다.

(   )

주의

12 다음 사진의 독도를 '삼봉도'라고 부른 까닭은 무엇입니까? (   )

① 가지어가 많이 살아서
② 봉우리가 세 개로 보여서
③ 섬 전체가 바위로 되어 있어서
④ 넓은 바다에 외롭게 솟아 있어서
⑤ 섬 모양이 독을 엎어 놓은 것처럼 생겨서

서술형

13 다음 사진에 어울리는 고장의 이름을 짓고, 그렇게 지은 이유를 쓰시오.

우리 고장에는 밤나무가 많아요.

(1) 고장의 이름: ＿＿＿＿＿＿＿＿＿＿＿

(2) 이유: ＿＿＿＿＿＿＿＿＿＿＿

우리 고장의 옛이야기를 조사하기 위한 조사 계획서를 보고, 물음에 답하시오. [14~15]

(㉠)	지명의 유래로 우리 고장의 모습 알아보기
조사 기간	20△△년 △△월 △△일~△△월 △△일
조사 장소	우리 고장의 여러 장소, 우리 고장의 문화원, 시·군·구청 누리집
조사 내용	(㉡)
조사 방법	사진 찍기, 동영상 찍기, 지도 및 누리집 검색, 옛이야기 관련 장소에 직접 방문하기, 어른께 여쭈어보기 등
준비물	지도, 수첩, 필기도구, 녹음기, 사진기 등
주의할 점	질문할 내용을 미리 정해 둔다.

14 위 조사 계획서의 ㉠에 들어갈 내용으로 알맞은 것은 어느 것입니까? (　　)

① 느낀 점　　　② 조사 기간
③ 조사 목적　　④ 조사 결과
⑤ 조사한 사람

15 위 조사 계획서의 ㉡에 들어갈 내용으로 알맞지 않은 것은 어느 것입니까? (　　)

① 우리 고장에는 어떤 지명이 있을까?
② 우리 고장의 자연환경에는 어떤 것이 있을까?
③ 우리 고장에 전해 내려오는 속담에는 어떤 것이 있을까?
④ 우리 고장에 전해 내려오는 지명에는 어떤 뜻이 담겨 있을까?
⑤ 우리 고장에 전해 내려오는 옛이야기에는 어떤 것이 있을까?

16 우리 고장의 옛이야기를 조사하기 위한 누리집으로 알맞지 않은 것은 어느 것입니까? (　　)

① 시청 누리집　　② 구청 누리집
③ 군청 누리집　　④ 초등학교 누리집
⑤ 고장 문화원 누리집

17 다음 빈칸에 들어갈 내용으로 알맞은 것을 두 가지 고르시오. (　 , 　)

우리 고장의 옛이야기를 조사하면서 [　　]을 알 수 있었다.

① 고장의 자연환경
② 옛날 우리 고장의 인구수
③ 고장의 지명이 붙여진 까닭
④ 오늘날 우리 고장 사람들이 하는 일
⑤ 옛날에 우리 고장에 살았던 사람들의 생김새

18 우리 고장의 옛이야기를 조사하는 활동을 한 다음 해야 할 일은 무엇입니까? (　　)

① 조사 계획서 작성하기
② 조사 결과 보고서 작성하기
③ 조사할 때 주의할 점 알아보기
④ 친구들과 함께 조사 장소에 가 보기
⑤ 조사에 참여한 친구들끼리 파티를 연다.

서술형

19 옛이야기를 부모님으로부터 듣는 것은 인터넷이나 책에서 찾아보는 것과 비교하여 어떤 점이 좋은지 쓰시오.

_____

20 오른쪽 그림은 우리 고장의 옛이야기를 어떤 방법으로 소개하고 있는 모습입니까?

(　　　　)

탐구 서술형 평가 1회

1 다음 자료를 보고, 물음에 답하시오.

　　포은 선생의 묘는 개경에 있었는데 후손들이 고향인 경상북도 영천으로 옮기려고 했다. 영천으로 가는 도중 용인에 도착했는데 바람에 명정이 날아갔다. 명정이 떨어진 곳을 찾아가 보니 땅이 넓고 햇빛이 잘 들어서 그곳에 무덤을 만들었다. 이렇게 하여 포은 정몽주의 묘가 용인에 자리 잡게 되었다.

(1) 위 자료를 보고, 용인과 포은 정몽주 선생은 무슨 관련이 있는지 쓰시오.

＿＿＿＿＿＿＿＿＿＿＿＿＿＿＿＿＿＿＿＿＿

(2) 용인시에서 '포은'이라는 이름이 건물, 도로, 축제 등에 많이 쓰는 까닭을 쓰시오.

＿＿＿＿＿＿＿＿＿＿＿＿＿＿＿＿＿＿＿＿＿

관련 핵심 개념

고장의 옛이야기가 오늘날 갖는 의미

　옛이야기로 오늘날 우리 고장의 유래나 특징을 알 수 있고, 옛이야기가 오늘날 우리 생활에 많은 영향을 미치고 있음을 이해합니다.

2 다음 옛이야기를 읽고, 물음에 답하시오.

　　능소는 경상도에서 아버지와 함께 서울로 가다가 ＿＿＿＿에 정착하게 되었다. 몇 년 후 전라도에 사는 박현수가 과거 시험을 보러 서울로 가던 중 이곳에서 능소를 만나 결혼을 약속했다. ＿＿＿＿는 경상도에서 서울로 올라가는 길과 전라도에서 서울로 올라가는 길이 만나는 곳이었다. 따라서 서로 다른 지방에 살던 사람들이 천안에서 만날 수 있었다. 그 이후에 박현수가 과거에 급제해 이곳으로 능소를 만나러 오자 능소는 매우 기뻐 ＿＿＿＿ 노래를 불렀다고 한다.

(1) 위의 빈칸에 공통으로 들어갈 알맞은 말을 쓰시오.

(　　　　　　　　　　　)

(2) 위의 이야기를 통해 천안이 어떤 지역이라는 것을 알 수 있는지 쓰시오.

＿＿＿＿＿＿＿＿＿＿＿＿＿＿＿＿＿＿＿＿＿

＿＿＿＿＿＿＿＿＿＿＿＿＿＿＿＿＿＿＿＿＿

관련 핵심 개념

옛이야기로 고장의 자연환경과 옛날 사람들의 생활 모습 알아보기

　고장에 전해 오는 옛이야기나 민요, 고사성어 등으로 고장의 자연환경과 옛날 사람들의 생활 모습을 파악해 봅니다.

3 다음 사진을 보고, 물음에 답하시오.

ⓒ

▲ 두물머리

ⓛ

▲ 기와말

(1) ⓒ의 두물머리 지명으로 알 수 있는 고장의 특징을 쓰시오.

_____

(2) 위의 ⓒ과 ⓛ의 지명을 통해 알 수 있는 사실은 무엇인지 쓰시오.

_____

관련 핵심 개념

지명으로 고장의 특징 알아보기

　고장의 지명은 고장에서 있었던 일이나 땅의 생김새 등과 깊은 관련이 있음을 알고 지명으로 고장의 특징을 찾아봅니다.

2

단원

4 다음 조사 결과 보고서를 보고, 물음에 답하시오.

조사 기간	20△△년 △△월 △△일~△△월 △△일
조사한 사람	예빈, 재준, 서연, 준서
조사 목적	지명의 유래로 우리 고장의 모습 알아보기
조사 장소	우리 고장의 여러 장소, 우리 고장의 문화원, 시·군·구청 누리집
조사 방법	사진 찍기, 동영상 찍기, 지도와 누리집 검색, 옛이야기 관련 장소에 직접 방문하기, 어른께 여쭈어 보기 등
조사 내용	(ⓒ)
조사 결과	• 우리 고장에는 땅의 생김새와 관련된 지명이 많다. • 우리 고장에는 장소에 대한 옛이야기와 관련된 지명이 많다. • 우리 고장은 소금을 보관하던 곳이라는 이야기가 전해온다. • 우리 고장의 인물과 관련된 옛이야기가 전해온다.
느낀 점	• 우리 고장의 지명에 옛날 사람들의 생활 모습이 담겨 있어서 흥미로웠다. • 우리 고장의 지명에 담긴 옛이야기가 재미있었다.

(1) 위와 같은 보고서는 언제 작성해야 하는지 쓰시오.

_____

(2) 위 보고서의 조사 결과를 바탕으로 ⓒ에 들어갈 내용을 쓰시오.

_____

관련 핵심 개념

고장의 옛이야기 조사 결과 보고서 작성하기

　고장의 옛이야기를 조사한 후에는 조사 기간, 조사한 사람, 조사 목적, 조사 장소, 조사 방법, 조사 내용, 조사 결과, 느낀 점 등을 정리하여 조사 결과 보고서를 작성합니다.

② 우리 고장의 문화유산

▶ 교과서 70~87쪽

1 우리 고장의 문화유산이 소중한 까닭

① 문화유산: 다음 세대에 물려줄 만한 가치가 있는 문화적 전통입니다.

② 문화유산의 종류

유형 문화유산 **자료 ①**	• 건축물, 과학 발명품과 같이 형태가 있는 문화유산 • 다보탑, 오죽헌, 혼천의, 경주 동궁과 월지, 성덕 대왕 신종 등
무형 문화유산 **자료 ②**	• 예술 활동, 기술과 같이 형태가 없는 문화유산 • 가야금 병창, 화살통을 만드는 전통장 등

③ 문화유산 관련 이야기

• 조상들의 생명을 존중하고 부모님께 효도하는 마음을 중요하게 생각했음을 알 수 있습니다.(예 불국사와 석굴암을 지은 김대성 이야기)

• 고장의 문화유산 행사를 살펴보면 조상들의 훌륭한 문화와 삶의 지혜를 알 수 있습니다. **자료 ③**
　└ 우리나라의 훌륭한 문화와 세계 문화의 다양함을 알 수 있습니다.

2 우리 고장의 문화유산을 조사하는 방법

① 고장의 문화유산 안내도, 관광 안내도, 인터넷 지도 등 활용하기

② 문화재청 또는 시·군·구청 누리집 방문하기 ❶

③ 문화유산 답사하기

④ 박물관이나 고장의 문화원 등을 방문해 문화 관광 해설사와 면담하기 ❷ ❸

3 우리 고장의 문화유산을 조사하는 계획 세워 보기

① 답사 계획서에 들어갈 내용: 답사 목적, 답사 장소, 답사 날짜, 답사 방법, 답사 내용, 준비물, 주의할 점 등 →답사로 알고 싶은 점, 답사 방법, 각자의 역할 등을 의논하고 답사 계획서를 작성합니다.

② 답사가 이루어지는 과정

• 답사의 목적을 정합니다.

• 답사할 장소와 날짜를 정합니다.

• 답사 장소에서 조사할 내용을 정합니다.

• 답사 방법과 준비물을 정합니다. →필기도구, 사진기, 기록장 등

• 답사를 합니다.
　└ 다른 사람에게 피해가 가지 않도록 합니다.

• 답사 결과를 정리해 발표 자료를 만듭니다.
　→답사 보고서를 작성합니다.

4 우리 고장의 문화유산을 소개해 보기

① 문화유산 소개 방법: 책자 만들기, 그림 그리기, 신문·뉴스 만들기, 모형 만들기, 사진 전시하기, 문화 관광 해설사 되어 보기 등

② 문화유산 소개 계획서 작성하기: 소개할 문화유산, 소개할 내용, 소개 방법, 준비물, 역할 나누기 등이 들어갑니다. →소개 자료의 특징이 잘 드러나도록 소개할 내용과 방법을 정합니다.

자료 ① 유형 문화유산

▲ 경주 동궁과 월지

신라의 왕자가 머물던 곳으로 나라에 기쁜 일이 있을 때 잔치를 하던 곳임.

▲ 성덕 대왕 신종

신라에서 만든 범종으로 남아 있는 범종 중에서 가장 큼.

자료 ② 무형 문화유산

 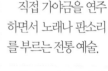

▲ 가야금 병창

직접 가야금을 연주하면서 노래나 판소리를 부르는 전통 예술.

▲ 전통장

한지, 나무, 가죽 등의 재료를 이용해서 화살을 담는 긴 통을 만드는 기술을 가진 사람.

자료 ③ 경주의 문화유산 관련 행사

▲ 화랑도 체험 활동

화랑도는 학문을 배우고 무예를 익혔으며 전쟁에 나가서는 용감히 싸웠습니다.

▲ 경주 세계 문화 엑스포

경주의 문화유산을 체험해 보면서 우리 문화에 대한 자긍심을 높일 수 있습니다.

🌵 생활 모습과 관련된 문화유산

고장의 문화유산을 살펴보면 조상들의 생활 모습, 슬기와 멋, 생각 등을 알 수 있습니다.

향교	• 성현의 제사와 지방의 교육을 담당하였음.
누비	• 두 겹의 천 사이에 솜을 넣어 꿰매는 전통 방식의 손바느질임. • 튼튼하고 따뜻한 옷과 이불을 만들기 위해서임.
첨성대	• 하늘의 별을 관찰하고 연구함. • 하늘을 보고 기후를 알게 되어 농사짓는 데 도움이 됨.
탈춤	• 탈을 쓰고 춤추며 노래와 이야기를 하는 놀이 연극. • 못된 양반을 혼내거나 비웃는 내용이 많이 나와 백성들이 불만이나 한을 시원하게 표현함.

🌵 고장의 문화유산을 소개할 때 주의할 점

• 문화유산의 특징이 잘 드러나게 소개합니다.
• 소개하는 활동에 적극적으로 참여합니다.
• 소개 자료를 보고 궁금한 점이 있으면 물어봅니다.
• 친구들의 질문에 적극적으로 대답합니다.

문화유산의 특징이 잘 드러나도록 소개할 방법을 선택해 봅시다.

용어 풀이

❶ **답사**(踏 밟을 답 查 조사할 사) 현장에 가서 직접 보고 조사함.

❷ **문화원**(文 글월 문 化 될 화 院 집 원) 한 사회에서 이루어진 문화를 한눈에 접할 수 있도록 만들어 놓은 공간.

❸ **면담**(面 낯 면 談 말씀 담) 서로 만나서 이야기하거나 의견을 나누는 것.

2 단원

1 다음 세대에 물려줄 만한 가치가 있는 문화적 전통을 ☐☐☐☐이라고 합니다.

2 건축물, 과학 발명품과 같이 형태가 있는 문화유산을 ☐☐ 문화유산이라고 합니다.

3 예술 활동, 기술과 같이 형태가 없는 문화유산을 ☐☐ 문화유산이라고 합니다.

4 ☐☐☐☐☐은 직접 가야금을 연주하면서 노래를 부르는 전통 예술입니다.

5 한지, 나무, 가죽 등의 재료를 이용해서 화살을 담는 긴 통을 만드는 기술을 가진 사람을 일컬어 ☐☐☐이라고 합니다.

6 두 겹의 천 사이에 솜을 넣어 꿰매는 손바느질을 ☐☐라고 합니다.

7 고장의 문화유산을 살펴보면 조상들의 생활 모습, ☐☐와 멋을 알 수 있습니다.

8 우리 고장의 문화유산은 문화재청 또는 시·군·구청의 ☐☐☐을 방문하여 조사할 수 있습니다.

9 ☐☐는 조사할 대상이 있는 현장에 가서 조사하는 것을 말합니다.

10 답사로 알고 싶은 점, 답사 방법, 각자의 역할 등을 의논하고 ☐☐☐☐를 작성합니다.

핵심 1 우리 고장의 문화유산이 소중한 까닭

❊ **문화유산의 종류**

유형 문화유산	건축물, 과학 발명품과 같이 형태가 있는 문화유산(예 다보탑, 혼천의, 경주 동궁과 월지, 성덕 대왕 신종)
무형 문화유산	예술 활동, 기술과 같이 형태가 없는 문화유산(예 가야금 병창, 전통장)

❊ **생활 모습과 관련된 문화유산**

향교	지방의 교육을 담당.
누비	두 겹의 천 사이에 솜을 넣어 꿰매는 손바느질
첨성대	하늘의 별을 관찰하고 연구하던 시설
탈춤	탈을 쓰고 춤추며 노래와 이야기를 하는 놀이 연극

❊ **고장의 문화유산이 소중한 까닭**
- 조상들의 훌륭한 문화와 삶의 지혜를 알 수 있습니다.
- 조상들의 생명을 존중하고 효도를 중요하게 여기는 마음을 알 수 있습니다.

1 다음 문화유산을 구분하여 정리하시오.

> ㉠ 경주 동궁과 월지　　㉡ 가야금 병창
> ㉢ 전통장　　　　　　　㉣ 성덕 대왕 신종

(1) 유형 문화유산: (　　　　　　　　)

(2) 무형 문화유산: (　　　　　　　　)

2 옛날에 지방의 교육을 담당하였던 곳은 어디입니까? (　　　)

① 향교
② 오죽헌
③ 경주 불국사
④ 첨성대
⑤ 경주 동궁과 월지

핵심 2 우리 고장의 문화유산을 조사하는 방법

❊ **문화유산을 조사하는 방법**
- 고장의 문화유산 안내도, 관광 안내도 등 활용하기
- 문화재청 또는 시·군·구청 누리집 방문하기
- 문화유산 답사하기
- 박물관이나 고장의 문화원 등을 방문해 문화 관광 해설사와 면담하기

❊ **우리 고장의 문화유산을 문화재청 누리집에서 찾아보기 (예 첨성대)**

> ① 문화재청 누리집에서 '문화유산 검색' → '문화재 검색' → '우리 지역 문화재'를 선택함.

> ② '경상북도' → '경주시'를 선택함.

> ③ 경주의 문화유산을 소개한 화면에서 '경주 첨성대'를 선택함.

3 우리 고장의 문화유산을 조사하는 방법과 거리가 <u>먼</u> 것은 어느 것입니까? (　　　)

① 문화유산 답사하기
② 대형 할인점 방문하기
③ 문화 관광 해설사와 면담하기
④ 시·군·구청 누리집 방문하기
⑤ 고장의 문화유산 안내도 활용하기

4 첨성대에 대해 조사하려고 할 때 문화재청 누리집에서 어느 지역을 선택해야 하는지 바르게 짝지어진 것은 어느 것입니까? (　　　)

① 경기도 → 광주
② 경기도 → 파주
③ 경상북도 → 경주
④ 충청북도 → 충주
⑤ 전라북도 → 전주

핵심 3 우리 고장의 문화유산을 조사하는 계획 세우기

✽ **답사 계획서에 들어갈 내용**

답사 목적, 답사 장소 및 날짜, 답사 방법, 답사 내용, 준비물, 역할 나누기, 주의할 점 등

✽ **답사 과정**

① 답사의 목적을 정함.	→	② 답사할 장소와 날짜를 정함.
		↓
④ 답사 방법과 준비물을 정함	←	③ 답사 장소에서 조사할 내용을 정함.
↓		
⑤ 답사를 함.	→	⑥ 답사 결과를 정리해 발표 자료를 만듦.

5 답사 계획서에 들어갈 내용으로 알맞지 <u>않은</u> 것은 어느 것입니까? (　　　)

① 답사 목적
② 답사 내용
③ 역할 나누기
④ 답사 장소 및 날짜
⑤ 답사 지역의 식당 수

6 답사 과정의 순서에 맞게 빈칸에 들어갈 알맞은 내용을 쓰시오.

① 답사의 목적을 정한다.	→	② 답사할 장소와 날짜를 정한다.
		↓
④ 답사 방법과 준비물을 정한다.	←	③
↓		
⑤ 답사를 한다.	→	⑥ 답사 결과를 정리해 발표 자료를 만든다.

핵심 4 우리 고장의 문화유산을 소개해 보기

✽ **문화유산 소개 방법**

그림 그리기, 신문·뉴스 만들기, 문화 관광 해설사 되어 보기, 사진 전시하기, 모형 만들기, 책자 만들기 등

✽ **문화유산 소개 계획서에 들어갈 내용**

소개할 문화유산, 소개할 내용, 소개 방법, 준비물, 역할 나누기 등

✽ **소개 자료를 만들 때 주의할 점**

• 소개할 문화유산의 특징이 잘 드러나게 소개합니다.
• 서로 협력하고 각자 맡은 역할을 열심히 합니다.
• 소개 자료를 꾸미는 데 너무 많은 시간이 들어가지 않도록 합니다.

7 찰흙으로 문화유산을 만들어 소개하는 방법은 무엇입니까? (　　　)

① 그림 그리기
② 책자 만들기
③ 모형 만들기
④ 신문 만들기
⑤ 문화 관광 해설사 되어보기

8 문화유산 소개 자료를 만들 때 주의할 점으로 알맞지 <u>않은</u> 것은 어느 것입니까? (　　　)

① 각자 맡은 역할을 열심히 한다.
② 소개하는 활동에 적극적으로 참여한다.
③ 문화유산의 특징이 잘 드러나게 자료를 만든다.
④ 소개하는 사람은 최대한 오랜 시간 동안 발표를 한다.
⑤ 소개 자료를 꾸미는 데 너무 많은 시간이 들어가지 않도록 한다.

1 다음 문화유산이 그려져 있는 동전이나 화폐는 어느 것입니까? (   )

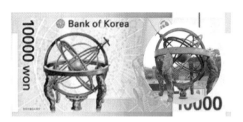

① 십 원 동전
② 백 원 동전
③ 천 원 지폐
④ 오천 원 지폐
⑤ 만 원 지폐

2 다음 빈칸에 들어갈 알맞은 말을 쓰시오.

> 우리 조상 대대로 내려온 문화 중에서 다음 세대에 물려줄 만한 가치가 있는 문화적 전통을 □□□ (이)라고 한다.

(   )

중요

3 우리의 문화유산 중에서 유형 문화유산은 어느 것입니까? (   )

① 강강술래
② 종묘 제례악
③ 수원 화성
④ 가야금 병창
⑤ 강릉 단오제

4 다음에서 설명하는 문화유산은 무엇입니까?
(   )

> 신라의 왕자가 머물던 곳으로, 나라에 기쁜 일이 있을 때 잔치를 하던 곳이다.

① 창덕궁
② 서울 숭례문
③ 성덕 대왕 신종
④ 경주 동궁과 월지
⑤ 강릉 오죽헌 몽룡실

다음 문화유산을 보고, 물음에 답하시오. [5～7]

▲ 향교

▲ 첨성대

5 위 (가)의 문화유산을 통해 알 수 있는 것은 무엇입니까? (   )

① 우리 조상들은 교육을 중시하였다.
② 옛날에는 서울에만 교육 기관이 있었다.
③ 우리 조상의 건축 기술은 세계적인 수준이다.
④ 옛날에는 교육을 받은 사람들이 많지 않았다.
⑤ 우리 조상들은 민주주의를 지키기 위해 노력하였다.

6 위 (나)의 문화유산을 통해 알 수 있는 무엇입니까?
(   )

① 옛날에도 돌로 집을 지었다.
② 조상들은 건축에 관심이 많았다.
③ 하늘의 별을 관찰하고 연구했다.
④ 오늘날과 같은 난방 시설을 갖추었다.
⑤ 조상에게 제사 지내는 것을 중요시하였다.

7 위 (나)의 문화유산은 당시 사람들에게 어떤 이로운 점을 주었습니까? (   )

① 튼튼한 집을 짓고 살 수 있었다.
② 겨울에 따뜻하게 지낼 수 있었다.
③ 누구나 기초적인 교육을 받을 수 있었다.
④ 기후를 알게 되어 농사짓는 데 도움이 되었다.
⑤ 자연에서 나는 것을 유용하게 이용할 수 있었다.

8 다음 화랑도 체험 활동을 통해 느낀 점을 알맞게 말한 학생은 누구입니까? (   )

 화랑도는 신라 귀족 중에 지혜롭고 몸이 튼튼한 청소년으로 이루어진 집단이었어요. 화랑도는 평상시에는 학문을 배우고 무예를 익혔으며, 전쟁이 일어나면 나가서 용감하게 싸웠어요.

① 지혜: 전쟁의 아픔을 느낄 수 있었어.
② 영주: 청소년도 전쟁에 나갔다는 게 마음이 아파.
③ 상수: 우리 조상들의 무예와 용감함을 느낄 수 있어.
④ 하중: 우리 조상의 활 만드는 기술이 대단하였음을 느낄 수 있어.
⑤ 민주: 우리 조상이 전쟁을 좋아한 민족이라는 것을 느낄 수 있었어.

중요

9 우리 고장의 문화유산을 찾아보는 방법으로 알맞지 않은 것은 어느 것입니까? (   )

① 문화유산을 직접 답사한다.
② 우리 고장의 체육공원을 방문한다.
③ 박물관이나 고장의 문화원을 방문한다.
④ 우리 고장의 문화유산 안내도를 활용한다.
⑤ 인터넷으로 문화유산 관련 누리집을 방문한다.

서술형

10 고장의 문화유산 이름을 알고 있는 경우 문화재청 누리집을 방문하여 찾아보는 가장 쉬운 방법을 쓰시오.

---

11 문화재청 누리집을 방문하여 문화유산을 찾는 방법으로 알맞지 <u>않은</u> 것은 어느 것입니까? (   )

① 주소 검색에서 찾고자 하는 문화유산이 있는 지역을 선택한다.
② 찾은 문화유산에 대한 다양한 사진, 동영상, 설명 등을 읽거나 본다.
③ 우리 지역 문화유산 화면이 나오면 자신이 희망하는 문화유산을 선택한다.
④ 문화유산의 이름을 아는 경우에는 통합 검색에서 문화유산 이름을 입력하고 찾는다.
⑤ 문화유산의 이름을 알지 못하면 검색창에 알고 싶은 문화유산의 모양을 상세하게 입력하고 검색한다.

 다음 대화을 읽고, 물음에 답하시오. [12~13]

• 노호: 마당놀이 공연장을 직접 찾아가 보는 것은 어때?
• 무제: 마당놀이를 잘 알고 계시는 분께 여쭈어보면 좋겠어.
• 은서: 인터넷 검색으로 조사하면 어떨까?
• 지은: 책이나 신문도 함께 찾아보면 좋을 것 같아.

12 위의 지은이네 모둠은 어떤 주제로 회의를 하고 있습니까? (   )

① 학급 회의의 진행 방법
② 유적지를 찾아가는 방법
③ 조사할 문화유산의 선정
④ 문화유산을 조사하는 방법
⑤ 우리 고장을 소개하는 방법

13 위의 밑줄 그은 부분과 같은 조사 방법을 무엇이라고 합니까? (   )

① 질문   ② 면담   ③ 답사
④ 실험   ⑤ 설문 조사

14 답사 계획서에서 들어갈 내용으로 알맞지 <u>않은</u> 것은 어느 것입니까? (   )

① 답사 목적
② 답사 날짜
③ 답사 장소
④ 답사 방법
⑤ 모둠원의 용돈

15 문화유산을 답사할 때 챙겨야 할 준비물로 알맞지 <u>않은</u> 것은 어느 것입니까? (   )

① 사진기
② 기록장
③ 게임기
④ 필기도구
⑤ 휴대 전화

16 답사가 이루어지는 과정을 바르게 정리한 것은 어느 것입니까? (   )

> ㉠ 답사를 한다.
> ㉡ 답사의 목적을 정한다.
> ㉢ 답사할 장소와 날짜를 정한다.
> ㉣ 답사 방법과 준비물을 정한다.
> ㉤ 답사 장소에서 조사할 내용을 정한다.
> ㉥ 답사 결과를 정리해 발표 자료를 만든다.

① ㉠→㉡→㉢→㉣→㉤→㉥
② ㉡→㉢→㉤→㉣→㉠→㉥
③ ㉢→㉣→㉠→㉥→㉡→㉤
④ ㉣→㉠→㉥→㉡→㉢→㉤
⑤ ㉤→㉣→㉠→㉥→㉢→㉡

17 우리 고장의 문화유산을 소개하는 방법으로 적절하지 <u>않은</u> 것은 어느 것입니까? (   )

① 책자 만들기
② 그림 그리기
③ 모형 만들기
④ 몸짓으로 표현하기
⑤ 문화 관광 해설사 되어 보기

우리 고장의 문화유산 소개 계획서를 보고, 물음에 답하시오. [18~20]

소개할 문화유산	(㉠)
소개할 내용	• 석굴암의 모습 • 석굴암의 아름다움과 우수성 • 사람들이 생각하는 석굴암
소개 방법	• (㉡) • 사진과 그림 전시하기
준비물	도화지, 색연필, 그림, 사진
역할 나누기	• 민찬: 면담한 내용을 기사로 쓰고 소개하기 • 은지: 석굴암의 아름다움과 우수성을 알리는 기사를 쓰고 소개하기 • 현민: 석굴암의 주변 모습을 찍은 사진 소개하기 • 한나: 석굴암 광고와 석굴암을 그린 그림을 함께 소개하기

18 위 표의 ㉠에 들어갈 문화유산의 이름을 쓰시오.

(   )

19 위 소개 계획서의 전체 내용을 볼 때 ㉡에 들어갈 소개 방법으로 알맞은 것은 어느 것입니까? (   )

① 동영상 찍기
② 그림 그리기
③ 모형 만들기
④ 신문 만들기
⑤ 책자 만들기

서술형

20 문화유산 소개 계획서를 작성할 때 주의할 점을 쓰시오.

_____

_____

1 문화유산에 대한 설명으로 바른 것을 두 가지 고르시오. (,   )

① 옛날부터 전해 내려오는 것이다.
② 옛날에 귀족들이 사용했던 것이다.
③ 다음 세대에 물려줄 만한 가치가 있다.
④ 현재에도 널리 사용하는 도구를 의미한다.
⑤ 건축물이나 과학 발명품만이 문화유산이라고 할 수 있다.

2 우리의 문화유산 중 무형 문화유산은 어느 것입니까? (   )

① 다보탑   ② 첨성대
③ 가야금 병창   ④ 성덕 대왕 신종
⑤ 경주 동궁과 월지

3 오른쪽 사진의 향교는 무엇을 하던 곳입니까?
(   )

① 옛날 지방의 교육을 담당하던 곳이다.
② 옛날 국가가 세운 국립 의료 기관이다.
③ 신라에서 농업 기술을 가르치던 곳이다.
④ 옛날에 마을의 일을 의논하던 회의 장소이다.
⑤ 친목을 다지기 위해서 사람들이 모인 곳이다.

4 다음에서 설명하는 문화유산은 무엇인지 쓰시오.

> 튼튼하고 따뜻한 옷과 이불을 만들어 입거나 덮기 위한 우리나라 전통 방식의 손바느질 방법이다.

(   )

🍚 다음 이야기를 읽고, 물음에 답하시오. [5~6]

> 신라 시대에 모량리라는 마을에 효심이 깊은 대성이 어머니와 단둘이 살았다. 어느 날 흥륜사 스님이 대성을 찾아오자 대성은 자기가 가진 작은 밭을 보시한다. 며칠 후 대성은 이유 없이 앓다가 죽게 된다.
> 한편, 재상 김문량의 집에서는 하늘로부터 다음과 같은 소리를 듣게 된다.
> "모량리에 살던 김대성이 너의 집에 다시 태어나리라."
> 얼마 후에 김문량의 아내가 아이(김대성)를 낳았다. 청년이 된 대성은 어느 날 토함산에서 큰 곰을 사냥했다. 대성은 사냥에 성공하고 흐뭇하게 누워 있다가 잠이 들었다. 꿈속에서 대성이 사냥한 곰이 피를 흘리며 대성을 잡아먹겠다고 무섭게 으르렁거렸다. 대성은 잠에서 깨어나 사냥을 하지 않겠다고 결심하고 곰을 사냥했던 곳에 장수사라는 절을 지었다. 세월이 지나 대성은 부모님의 은혜에 보답하고자 현생의 부모님을 위해 불국사를 지었고, 전생의 부모님을 위해 석굴암을 지었다.

▲ 불국사   ▲ 석굴암

5 위 이야기에서 김대성이 현생의 부모님과 전생의 부모님을 위해 지은 것은 무엇인지 각각 쓰시오.

(1) 현생의 부모님을 위해 지은 것
(   )

(2) 전생의 부모님을 위해 지은 것
(   )

서술형

6 김대성의 이야기를 통해 우리 조상들의 어떤 점을 배울 수 있는지 쓰시오.

_____

7 다음과 같은 문화유산과 관련된 행사를 여는 이유는 무엇입니까? (　　　)

경주 세계 문화 엑스포에서는 신라의 천 년 역사를 세계에 알리는 전시, 공연, 체험 등을 선보이고 있다.

① 경주에 많은 일자리를 만들기 위해
② 경주 시민들의 힘든 삶을 위로하기 위해
③ 신라의 천 년 역사를 세계에 알리기 위해
④ 경주에 다른 지역 사람들이 이사해서 살게 하기 위해
⑤ 경주의 유형 문화유산을 다른 나라 사람에게 팔기 위해

8 고장의 문화유산을 알리는 방법을 알맞게 말한 어린이끼리 짝지어진 것은 어느 것입니까? (　　　)

- 성주: 전시회나 축제를 여는 것이 좋겠어.
- 민희: 발표회나 연극 등 다양한 행사를 열면 돼.
- 노호: 집집마다 찾아다니며 문화유산에 대해 설명하면 잘 알릴 수 있을 거야.
- 기민: 우리 문화유산에 대해 일기를 쓰는 것도 좋은 방법이 될 거야.

① 민희, 기민
② 성주, 노호
③ 성주, 민희
④ 민희, 노호
⑤ 노호, 기민

서술형

9 우리 고장의 문화유산을 찾아보는 방법을 쓰시오.

10 문화재청 누리집에서 경주 지역을 선택하여 찾을 수 없는 문화유산은 어느 것입니까? (　　　)

① 첨성대
② 경복궁
③ 천마총 금관
④ 불국사 다보탑
⑤ 태종 무열왕릉비

11 문화재청 누리집을 방문하여 성덕 대왕 신종에 대해 조사하였습니다. 잘못 정리한 내용을 찾아 기호를 쓰시오.

문화재 이름	성덕 대왕 신종
종목	㉠ 국보 제29호
소재지	㉡ 경상남도 김해시 가야의길 190, 국립 김해 박물관
시대	㉢ 통일 신라
특징	㉣ 우리나라에 남아 있는 가장 큰 종으로 높이 3.66m, 입지름 2.27m, 두께 11~25cm이며, 무게는 1997년에 정밀 측정한 결과 18.9톤으로 확인되었다.

(　　　　　　)

 다음 대화를 읽고, 물음에 답하시오. [12~13]

- 민찬: 생생한 지식을 얻을 수 있게 답사를 가면 어떨까?
- 지은: 석굴암을 직접가서 본다면 기억에 오래 남고 흥미로울 거야.
- 해지: 문화 관광 해설사의 설명을 들으면 훨씬 이해하기 쉬울 거야.
- 수정: 답사를 가기 전에 사전 조사를 하면 더 많은 정보를 얻을 수 있어.

12 민찬이네 모둠은 석굴암을 어떤 방법으로 조사할 계획입니까? (　　　)

① 면담
② 답사
③ 질문
④ 실험
⑤ 전화 상담

서술형

13 민찬이네 모둠이 계획한 조사 방법으로 문화유산을 조사하면 어떤 좋은 점이 있는지 모둠의 의견 속에서 찾아 쓰시오.

14 답사 계획서에 들어갈 내용을 두 가지 쓰시오.

_____

15 답사할 때 챙겨야 할 준비물과 주의 사항으로 볼 때 다음 빈칸에 들어갈 답사 방법으로 바르지 <u>않은</u> 것은 어느 것입니까? (   )

> • 답사 방법: _____
> • 준비물: 필기도구, 사진기, 휴대 전화, 기록장
> • 주의 사항: 중요한 내용은 적으며 듣는다.

① 면담하기　　　　　② 사진 찍기
③ 설명 듣기　　　　　④ 그림 그리기
⑤ 모형 만들기

16 석굴암을 답사하려고 할 때 답사할 내용으로 알맞은 것은 어느 것입니까? (   )

> ㉠ 석굴암의 모습 살펴보기
> ㉡ 석굴암의 가격 알아보기
> ㉢ 석굴암이 진짜인지 살펴보기
> ㉣ 석굴암에 담겨 있는 지혜와 아름다움 찾아보기

① ㉠, ㉡　　　　② ㉠, ㉣　　　　③ ㉡, ㉢
④ ㉡, ㉣　　　　⑤ ㉢, ㉣

17 우리 문화유산을 공연 모습으로 소개할 때 효과적인 소개 방법으로 알맞은 것은 어느 것입니까? (   )

① 모형 만들기　　　　② 그림 그리기
③ 동영상 찍기　　　　④ 책자 만들기
⑤ 신문 만들기

다음 문화유산 소개 자료를 보고, 물음에 답하시오. [18~20]

18 위 그림은 어떤 형태의 소개 자료입니까? (   )

① 책자　　　② 일기　　　③ 카드
④ 모형　　　⑤ 신문

19 위 그림에 나타나 있지 <u>않은</u> 내용은 어느 것입니까?
(   )

① 석굴암 사진
② 석굴암의 특징
③ 기사를 쓴 사람
④ 석굴암을 만든 사람
⑤ 석굴암에 대한 사람들의 생각

서술형

20 위와 같은 소개 자료를 만들 때 주의할 점은 무엇인지 쓰시오.

_____

1 다음 사진을 보고, 물음에 답하시오.

(1) 위의 사진의 문화유산을 만드는 기술을 가진 사람과 무엇을 할 때 사용한 것인지 쓰시오.

_____

_____

(2) 위 사진에 나타난 문화유산을 통해 우리 조상들의 어떤 생활 모습을 알 수 있는지 쓰시오.

_____

관련 핵심 개념
문화유산과 우리 조상들의 생활 모습

　사진에 나타난 문화유산이 얼마나 정교하게 만들어졌는지를 생각해 봅니다.

2 문화재청 누리집의 문화재 검색창으로 경주 불국사 다보탑을 검색한 것입니다. 빈칸에 알맞은 내용을 써넣어 표를 완성하시오.

문화재 이름	경주 불국사 다보탑
종목	
소재지	
시대	
특징	

관련 핵심 개념
우리 고장의 문화유산 조사하기

　문화재청 누리집(www.cha.go.kr)에 접속해서 검색창에 '경주 불국사 다보탑'을 검색해 봅니다.

3 다음 답사 과정을 보고, 물음에 답하시오.

> ㉠ 답사를 한다.
> ㉡ 답사의 목적을 정한다.
> ㉢ 답사 방법과 준비물을 정한다.
> ㉣ 답사할 장소와 날짜를 정한다.
> ㉤ 답사 장소에서 조사할 내용을 정한다.
> ㉥ 답사 결과를 정리해 발표 자료를 만든다.

(1) 고장의 문화유산을 답사하는 과정에 맞게 순서대로 기호를 쓰시오

(   )

(2) 위의 밑줄 친 답사 방법에는 무엇이 있는지 구체적으로 쓰시오.

_____

관련 핵심 개념

우리 고장 문화유산 답사 계획 세우기

답사를 할 때에는 목적부터 정해야 하고, 답사를 한 후에는 발표할 자료를 만들어야 합니다.

2 단원

4 문화유산을 소개하는 오른쪽 자료를 보고, 물음에 답하시오.

(1) 석굴암 신문에는 어떤 기사들이 쓰여 있는지 쓰시오.

_____

_____

(2) 오른쪽과 같은 방식으로 문화유산을 소개할 때의 좋은 점은 무엇인지 쓰시오.

_____

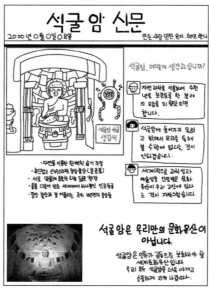

관련 핵심 개념

우리 문화유산 소개 자료 만들기

신문의 왼쪽과 오른쪽에 각각 어떤 내용이 나와 있는지 살펴보고, 신문을 이용한 자료 소개의 장점을 생각해 봅니다.

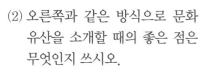

다음 용인시에서 개최하는 축제 포스터와 공연장을 보고, 물음에 답하시오. (1~2)

1 위 자료를 보면 '포은'이라는 이름을 볼 수 있습니다. '포은'은 어떤 사람의 호입니까? (   )

① 이성계 　　② 이방원 　　③ 유성룡
④ 정몽주 　　⑤ 정도전

2 위의 용인시에서 '포은'이라는 이름을 많이 쓰는 까닭은 무엇입니까? (   )

① 용인 시장의 호가 '포은'이기 때문이다.
② '포은'과 관련된 이야기가 전해 내려오기 때문이다.
③ '용인'이라는 말과 '포은'이라는 이름이 뜻이 같기 때문이다.
④ '포은'이라는 이름이 용인 지역의 옛날 이름이기 때문이다.
⑤ 용인 지역 사람들이 용인을 '포은'이라고 부르고 있기 때문이다.

3 오른쪽 사진과 같이 시각을 알려주는 종이 있는 거리라 해서 이름이 붙여진 곳은 어디인지 쓰시오.

▲ 보신각

(　　　　　　)

다음 옛이야기를 읽고, 물음에 답하시오. [4~5]

> 능소는 경상도에서 아버지와 함께 서울로 가다가 천안 삼거리에 정착하게 되었다. 몇 년 후 전라도에 사는 박현수가 과거 시험을 보러 서울로 가던 중 천안에서 능소를 만나 결혼을 약속했다. 천안 삼거리는 경상도에서 서울로 올라가는 길과 전라도에서 서울로 올라가는 길이 만나는 곳이었다. 따라서 서로 다른 지방에 살던 사람들이 천안에서 만날 수 있었다. 그 이후에 박현수가 과거에 급제해 천안으로 능소를 만나러 오자 능소는 매우 기뻐 천안 삼거리 노래를 불렀다고 한다.

4 위 이야기를 읽고, 알 수 있는 내용으로 알맞은 것은 어느 것입니까? (   )

① 유기를 만드는 사람들이 많다.
② 기와를 굽던 큰 가마터가 있다.
③ 평지가 많아 농사짓기에 좋은 곳이다.
④ 호두나무가 많아 호두과자가 유명하다.
⑤ 경상도와 전라도 사람이 서울에 올라가기 위해서 거쳐 가야 하는 곳이다.

5 위 이야기에서 알 수 있는 천안 지역의 특징은 무엇입니까? (   )

① 곡창 지대 　　　② 해안 지역
③ 교통의 중심지 　④ 관광의 중심지
⑤ 개발 제한 구역

6 '안성맞춤'이라는 말에서 알 수 있는 안성 고장의 생활 모습으로 알맞은 것은 어느 것입니까? (   )

① 자연 경관이 아름답다.
② 씨름 선수들이 많았다.
③ 옷을 만드는 사람이 많았다.
④ 유기를 만드는 사람이 많았다.
⑤ 전국에서 가장 큰 시장이 있었다.

7 오른쪽 사진의 지명으로 알 수 있는 이곳의 자연환경으로 알맞은 것은 어느 것입니까? (   )

▲ 두물머리

① 산의 지형이 울퉁불퉁하다.
② 아주 넓은 한 줄기의 강물이 흐른다.
③ 파도에 의해 깎인 바위가 우뚝 서 있다.
④ 두 개의 물줄기가 만나서 흐르는 강이 있다.
⑤ 두 개의 머리가 붙어 있는 모양의 산이 있다.

8 경상남도 밀양시에 있는 '얼음골'이라는 지명은 무엇과 관련이 있습니까? (   )

① 자연환경
② 생활 모습
③ 마을의 지형
④ 마을의 인구수
⑤ 마을 사람들의 직업

9 고장의 생활 모습을 알 수 있는 지명을 보기 에서 모두 고른 것은 어느 것입니까? (   )

보기
㉠ 탄천　　㉡ 삼봉도　　㉢ 기와말
㉣ 말죽거리　　㉤ 두물머리

① ㉠, ㉡
② ㉡, ㉢
③ ㉢, ㉣
④ ㉠, ㉢, ㉤
⑤ ㉡, ㉣, ㉤

10 오른쪽 사진의 '기와말'이라고 불리는 곳에 사는 사람들의 생활 모습으로 알맞은 것은 어느 것입니까? (   )

① 옷감 짜는 일을 하였다.
② 기와를 굽는 일을 하였다.
③ 유기를 만드는 일을 하였다.
④ 산에서 돌을 캐는 일을 하였다.
⑤ 누에고치를 기르는 일을 하였다.

서술형

11 고장에 전해지는 옛이야기로 알 수 있는 것에는 무엇이 있는지 쓰시오.

_____

_____

12 다음에서 설명하는 곳은 어디인지 쓰시오.

- 섬 전체가 바위로 되어 있다는 뜻이 있다.
- 한없이 크고 넓은 바다에 외롭게 솟아 있다는 뜻이 있다.

(　　　　　　　)

13 우리 고장의 옛이야기 조사 계획서를 작성할 때 넣지 않아도 되는 것은 어느 것입니까? (   )

① 조사 주제
② 조사 기간
③ 조사 장소
④ 조사 내용
⑤ 조사 비용

14 오른쪽 사진의 문화유산은 무엇입니까? (   )

① 석가탑
② 다보탑
③ 명륜당
④ 오죽헌
⑤ 불국사

서술형

15 지방의 교육을 담당했던 향교를 통해 알 수 있는 조상들의 생활 모습은 무엇인지 쓰시오.

_____

16 다음에서 설명하는 이것은 무엇인지 쓰시오.

> 가난한 백성이 못된 양반을 혼내거나 비웃는 내용이 많이 나온다. 백성들은 이것을 보면서 가슴속에 맺힌 불만이나 한을 시원하게 표현했다.

(   )

다음 신문 기사를 읽고, 물음에 답하시오. [17~18]

○○신문   20△△년 △△월 △△일

우리나라에서 가장 큰 민속 마을은 어디일까

경주 양동 민속 마을은 조선 시대의 전통문화와 자연환경을 그대로 간직하고 있는 우리나라 최대 크기의 민속 마을입니다. 지금도 마을 사람들은 전통 혼례식, 한복 입고 떡메 치기, 다양한 전통 놀이 등을 하며 우리의 전통문화를 지켜 나가려고 노력하고 있다.

17 앞의 신문 기사에서 알 수 있는 우리나라에서 가장 큰 민속 마을은 어디인지 쓰시오.

(   )

18 앞의 마을에서 전통문화를 지키기 위해 하는 행사는 무엇입니까? (   )

① 갯벌 체험   ② 도자기 체험
③ 전통 혼례식   ④ 화랑도 체험 활동
⑤ 하회별신굿 탈놀이

19 고장의 문화유산을 효과적으로 소개하는 방법입니다. 관계있는 것끼리 선으로 연결하시오.

(1) 신문 만들기 •   • ㉠ 많은 종류의 문화유산을 소개할 수 있다.

(2) 동영상 •   • ㉡ 다양한 내용을 소개할 수 있다.

(3) 책자 만들기 •   • ㉢ 공연 모습을 소개할 수 있다.

20 문화유산 소개 계획서에 들어갈 내용으로 알맞지 않은 것은 어느 것입니까? (   )

① 소개 방법   ② 역할 나누기
③ 소개할 내용   ④ 소개할 문화유산
⑤ 담임선생님 이름

1 서빙고라는 지명은 어떤 뜻입니까? (　　　)

① 서쪽에 있는 관청이다.
② 서쪽에 있는 얼음 창고이다.
③ 겨울이 유난히 추운 곳이다.
④ 서쪽에 있는 곡식 창고이다.
⑤ 서쪽으로 가는 길이 있는 곳이다.

2 오른쪽 장소에 장승배기라는 이름이 붙은 유래는 무엇입니까? (　　　)

① 두 개의 강이 만나는 곳이다.
② 이곳의 모습이 촛대를 닮았다.
③ 이곳은 말을 묶어두는 장소였다.
④ 시각을 알리던 종이 있던 장소였다.
⑤ 이곳에 장승 한 쌍이 세워져 있었다.

서술형

3 '의좋은 형제' 이야기가 전해 내려오는 충청남도 예산군에서 '의좋은 형제 축제'를 열고, '의좋은 형제 공원'을 만든 까닭은 무엇인지 쓰시오.

_____

다음 옛이야기를 읽고, 물음에 답하시오. [4~5]

조선 시대에 백성들은 길에서 말을 타고 가는 양반을 만나면 그 양반이 지나갈 때까지 엎드려 있어야 했다. 그래서 백성들은 말을 탄 양반을 피하려고 큰길에서 점점 좁은 길로 돌아가기 시작했다.

말을 피하기 위한 좁은 길, 지금도 종로 옆에 있는 이곳은 여전히 '피맛골'로 불린다.

4 앞의 이야기가 담고 있는 내용으로 알맞은 것은 어느 것입니까? (　　　)

① 조선 시대 길거리의 풍경
② 양반들이 백성을 대했던 모습
③ '피맛골'이라는 이름이 생긴 까닭
④ 조선 시대 양반들이 이용한 교통수단
⑤ 양반과 일반 백성들의 생활 모습 비교

5 앞의 '피맛골'이라는 이름에서 알 수 있는 사실은 무엇입니까? (　　　)

① 말을 피하는 곳이다.
② 말을 묶어 두는 곳이다.
③ 말이 물을 먹는 곳이다.
④ 백성들이 생활하는 곳이다.
⑤ 백성들이 피눈물을 흘린 곳이다.

다음 글을 읽고, 물음에 답하시오. [6~7]

어떤 물건이 맞춘 것처럼 딱 들어맞을 때 '안성맞춤'이라는 말을 쓴다. 옛날 안성에는 유기를 만드는 사람이 많았는데, 솜씨가 뛰어나 품질이나 모양이 사람들을 매우 만족시켜서 '안성맞춤'이라는 말이 생겼다. '안성맞춤'이라는 고사성어로 안성 지역에 품질 좋은 유기를 만드는 사람이 있었다는 것을 알 수 있다.

6 위 '안성맞춤'이라는 말에는 어떤 뜻이 담겨 있습니까? (　　　)

① 과녁을 정확히 맞히다.
② 부딪쳐서 소리가 나다.
③ 맞춘 것처럼 딱 들어맞다.
④ 더 이상 물러설 곳이 없다.
⑤ 원수와 정면으로 마주쳤다.

7 앞의 '안성맞춤'이라는 말에서 알 수 있는 안성의 특산물은 무엇입니까? ( )

① 먹   ② 유기   ③ 기와
④ 전통장   ⑤ 도자기

8 밀양시에 있는 이곳을 얼음골이라고 부르는 까닭은 무엇입니까? ( )

① 한여름에도 얼음이 얼기 때문이다.
② 한겨울에 눈이 많이 내리기 때문이다.
③ 얼음 장수들이 많이 쉬어가던 곳이기 때문이다.
④ 여름에 얼음을 보관하던 창고가 있었기 때문이다.
⑤ 한겨울에 골짜기 전체가 얼음으로 덮혀 있기 때문이다.

9 오른쪽 사진의 '말죽거리'는 옛날에 어떤 곳이었습니까? ( )

① 말을 키웠던 곳이었다.
② 말 타기 훈련을 하던 곳이었다.
③ 기마병이 주둔하고 있던 곳이었다.
④ 말에게 죽을 끓여 먹였던 곳이었다.
⑤ 말을 사고팔던 시장이 있던 곳이었다.

10 고장의 자연환경을 알 수 있는 지명은 어느 것입니까? ( )

① 기와말   ② 얼음골   ③ 피맛골
④ 말죽거리   ⑤ 안성맞춤

11 독도와 관련된 이름이 <u>아닌</u> 것은 어느 것입니까? ( )

① 독섬   ② 돌섬   ③ 이어도
④ 가지도   ⑤ 삼봉도

서술형

12 오른쪽 사진은 우리나라의 섬 독도에 있는 물골입니다. 이러한 이름이 붙여진 까닭은 무엇인지 쓰시오.

_____

_____

13 우리 고장의 옛이야기를 조사하는 계획을 세우려고 합니다. 생각해 보아야 할 점으로 알맞지 <u>않은</u> 것은 어느 것입니까? ( )

① 어떤 준비물이 필요할까?
② 주제는 무엇으로 정할까?
③ 어떤 방법으로 조사할까?
④ 조사할 때 주의할 점은 무엇일까?
⑤ 옛이야기 관련 장소에 가서 무엇을 먹을까?

14 가야금 병창에 대한 설명으로 바르지 <u>않은</u> 것은 어느 것입니까? ( )

① 무형 문화유산이다.
② 우리의 문화유산이다.
③ 다음 세대에 물려줄 만한 가치가 있다.
④ 서양의 음악 예술에 비하면 그 가치가 다소 떨어진다.
⑤ 직접 가야금을 연주하면서 노래나 판소리의 한 부분을 부르는 전통 예술이다.

15 우리 조상들의 전통 바느질인 누비를 한 이유는 무엇입니까? (　　　)

① 친환경적인 옷을 해 입기 위해서
② 외국에 특산물로 수출하기 위해서
③ 여름에 시원한 옷을 만들어 입기 위해서
④ 튼튼하고 따뜻한 옷을 만들어 입기 위해서
⑤ 피부 질환이 있는 사람에 자극을 주지 않기 위해서

16 옛날에 백성들은 탈춤을 보면서 어떤 마음이 들었겠습니까? (　　　)

① 가슴속이 시원하고 후련했을 것이다.
② 너무나 답답한 마음이 들었을 것이다.
③ 아련하고 슬픈 마음이 들었을 것이다.
④ 나라에 충성해야 하겠다는 마음이 들었을 것이다.
⑤ 자신도 양반들처럼 존경받는 사람이 되어야겠다는 마음이 들었을 것이다.

17 우리 문화유산을 보존해야 하는 까닭으로 바르지 않은 것은 어느 것입니까? (　　　)

① 문화 민족이라는 자부심을 잃지 않기 위해서
② 밀려들어 오는 외래문화에 기죽지 않기 위해서
③ 더 나은 새로운 문화 창조의 밑거름으로 삼기 위해서
④ 높은 가격으로 우리 문화유산을 외국에 판매하기 위해서
⑤ 세계화가 강조되어 점점 사라져가는 우리의 전통문화를 지키기 위해서

18 다음 답사 계획서의 ㉠에 들어갈 현민의 역할로 알맞은 것은 어느 것입니까? (　　　)

답사 목적	고장의 대표적인 문화유산 알아보기
답사 장소	석굴암(경주시 불국로 873-243)
답사 내용	• 석굴암은 얼마나 클까? • 석굴암의 실제 모습은 어떠할까? • 사람들은 석굴암을 어떻게 생각하고 있을까?
답사 방법	관찰하기, 설명 듣기, 면담하기, 사진 찍기, 그림 그리기
역할 나누기	• 민찬: 석굴암을 찾아올 사람과 면담하기 • 은지: 안내 자료와 문화 관광 해설사의 설명 내용 정리하기 • 현민: (　　㉠　　) • 한나: 석굴암 불상, 전체 모습 등을 그림으로 그리기

① 석굴암의 무게 달아 보기
② 석굴암의 여기저기 만져 보기
③ 문화 관광 해설사와 식사하기
④ 석굴암의 다양한 모습 사진 찍기
⑤ 석굴암의 상단부에 올라가서 보기

19 고장의 문화유산 답사 과정 중에서 가장 나중에 하는 것은 무엇입니까? (　　　)

① 답사하기
② 답사 목적 정하기
③ 조사할 내용 정하기
④ 답사할 장소와 날짜 정하기
⑤ 답사 결과를 정리해 발표 자료 만들기

서술형

20 조사한 우리 고장의 문화유산을 소개하는 방법에는 무엇이 있는지 쓰시오.

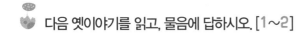 다음 옛이야기를 읽고, 물음에 답하시오. [1~2]

> 정몽주는 고려 시대의 뛰어난 학자이다. 정몽주는 '포은'이라는 호를 사용했다.
> 포은 선생의 묘는 개경에 있었는데 후손들이 고향인 경상북도 영천으로 옮기려고 했다. 영천으로 가는 도중 용인에 도착했는데 바람에 명정이 날아갔다. 명정이 떨어진 곳을 찾아가 보니 땅이 넓고 햇빛이 잘 들어서 그곳에 무덤을 만들었다. 이렇게 하여 포은 정몽주의 묘가 용인에 자리 잡게 되었다.

1 위 이야기의 용인과 '포은 정몽주'는 무슨 관련이 있습니까? (　　　)

① 용인은 포은 정몽주 선생의 고향이다.
② 포은 정몽주 선생의 묘가 용인에 있다.
③ 포은 정몽주 선생이 용인에서 돌아가셨다.
④ 포은 정몽주 선생이 용인에서 학문을 닦으셨다.
⑤ 용인은 포은 정몽주 선생의 외가가 있었던 곳이다.

응용

2 용인시에는 도로나 건축물, 축제의 이름에 '포은'이라는 이름을 많이 쓰고 있습니다. 그 이유를 두 가지 고르시오. (　　,　　)

① 용인시를 널리 알리기 위해서
② '포은'이라는 말이 발음하기가 편해서
③ 포은 선생의 업적을 생각하고 본받기 위해서
④ 포은 선생의 자손이 용인시에 많이 살고 있어서
⑤ '포은'이라는 이름 자체의 뜻이 용인시의 이미지와 닮아 있어서

서술형

3 '서빙고동'이라는 지역 이름을 통해 알 수 있는 사실은 무엇인지 쓰시오.

4 조선 시대에 말을 탄 양반들을 피해 백성들이 편하게 다니려고 만든 길은 무엇입니까? (　　　)

① 탄천　　　② 피맛골　　　③ 장승배기
④ 두물머리　　　⑤ 말죽거리

5 옛이야기가 중요한 이유로 알맞지 <u>않은</u> 것은 어느 것입니까? (　　　)

① 고장의 자연환경을 알 수 있다.
② 고장의 특징과 유래를 알 수 있다.
③ 옛날 사람들의 생활 모습을 알 수 있다.
④ 옛날 고장의 크기나 인구수를 알 수 있다.
⑤ 오늘날 우리 생활에 많은 영향을 미치고 있다.

다음 옛이야기를 읽고, 물음에 답하시오. [6~7]

> 옥황상제는 너무 오래 산 동박삭을 잡아가려고 저승사자를 보냈다. 저승사자는 호기심이 많은 동방삭을 잡으려고 꾀를 내어 냇가에서 숯을 씻기 시작했다. 지나가다 이를 본 동방삭이 저승사자에게 "숯을 물에 씻는 이유가 무엇이오?"라고 묻자, 저승사자는 "숯을 하얗게 만들려고 씻는다오."라고 했다. 그러자 동방삭이 "나는 삼천갑자를 살았지만, 처음 듣는 소리구나."라며 웃었다. 저승사자는 '삼천갑자를 살았다는 것을 보니 옥황상제가 잡아 오라고 했던 동방삭이 틀림없구나.' 하고 그를 잡았다.
> 이로부터 그 냇가를 '숯내'로 부르기 시작했고, 이를 한자 이름으로 옮겨 놓은 것이 '탄천'이다.

6 위 '탄천' 이야기를 읽으면 고장의 무엇을 알 수 있습니까? (　　　)

① 인심　　　② 특산물　　　③ 자연환경
④ 장수 비결　　　⑤ 생활 모습

7 앞 이야기의 지역을 '탄천'이라고 부르는 까닭은 무엇입니까? (　　　)

① 밤에만 이곳에 물이 흘러서
② 물이 오염되어 아주 탁해져서
③ 먹을 많이 씻어 물이 검게 변해서
④ 숯내로 부르다 이를 한자 이름으로 표기해서
⑤ 물 주위가 숲으로 둘러싸여 빛이 들어오지 않아서

🌷 다음 옛이야기를 읽고, 물음에 답하시오. [8~9]

천안 삼거리 흥~ 능소야 버들은 흥~
제멋에 겨워서 흥~ 휘늘어졌구나
에루화 에루화 흥~ 성화가 났구나

　능소는 경상도에서 아버지와 함께 서울로 가다가 천안 삼거리에 정착하게 되었다. 몇 년 후 전라도에 사는 박현수가 과거 시험을 보러 서울로 가던 중 천안에서 능소를 만나 결혼을 약속했다. 천안 삼거리는 경상도에서 서울로 올라가는 길과 전라도에서 서울로 올라가는 길이 만나는 곳이었다. 따라서 서로 다른 지방에 살던 사람들이 천안에서 만날 수 있었다. 그 이후에 박현수가 과거에 급제해 천안으로 능소를 만나러 오자 능소는 매우 기뻐 천안 삼거리 노래를 불렀다고 한다.

8 경상도와 전라도에서 서울로 올라가는 길에 사람들이 만나는 지역은 어디인지 위에서 찾아 쓰시오.

(　　　　　　　　　)

응용

9 위 이야기에 등장하는 지역의 특징으로 알맞은 것은 어느 것입니까? (　　　)

① 지형이 높고 산이 험준하다.
② 사람이 잘 오지 않는 곳이다.
③ 서울로 올라가는 길목에 있다.
④ 쌀농사가 잘 되는 기름진 곳이다.
⑤ 서울과 아주 먼 곳에 위치해 있다.

10 다음 내용의 빈칸에 들어갈 알맞은 물건은 어느 것입니까? (　　　)

> 옛날 안성에는 [　　　]를 만드는 사람이 많았는데, 솜씨가 뛰어나 품질이나 모양이 사람들을 매우 만족시켜서 '안성맞춤'이라는 말이 생겼다.

① 부채　　　② 기와　　　③ 유기
④ 도자기　　⑤ 화살통

11 우리 고장의 옛이야기를 조사하는 방법으로 적절하지 <u>않은</u> 대답을 한 어린이는 누구입니까? (　　　)

① 다빈: 고장의 문화원을 방문하면 될 거야.
② 예진: 고장과 관련된 인물, 축제를 찾아보자
③ 소라: 지역의 시청, 구청을 방문하면 어떨까?
④ 형규: 옛이야기와 관련있는 장소에 직접 방문해 보자.
⑤ 성주: 우리 반에서 가장 공부 잘하는 친구에게 물어보는 것이 좋겠어.

12 우리 조상들은 누비로 만든 옷은 주로 어느 계절에 입었습니까? (　　　)

① 늦봄　　　② 한여름　　　③ 초가을
④ 겨울　　　⑤ 사계절 내내

13 신라 시대에 하늘의 별을 관찰하고 연구하던 시설이었던 오른쪽 문화유산은 무엇인지 쓰시오.

(　　　　　　　　　)

14 탈춤에는 주로 어떤 내용이 담겨 있습니까? (   )

① 백성이 양반을 존경하는 내용
② 남녀 간의 애틋한 사랑이야기
③ 신하가 임금에게 충성한다는 내용
④ 여자들이 남자들의 허세를 비웃는 내용
⑤ 가난한 백성이 못된 양반을 혼내거나 비웃는 내용

15 다음 행사를 통해 얻는 것은 무엇입니까? (   )

> • 화랑도 체험 활동   • 경주 세계 문화 엑스포

① 경주가 발전해 가는 모습을 알 수 있다.
② 우리 조상들이 얼마나 축제를 좋아하는지 알 수 있다.
③ 사람들이 어느 나라의 문화유산을 좋아하는지 알 수 있다.
④ 조상들의 지혜를 배우고 우리 문화유산의 소중함을 알 수 있다.
⑤ 유형 문화유산과 무형 문화유산을 구분하는 기준을 자세히 알 수 있다.

16 다음 조사 방법을 설명한 것을 찾아 기호를 쓰시오.

> ㉠ 조사할 대상이 있는 현장에 직접 가서 조사한다.
> ㉡ 서로 만나서 이야기하거나 의견을 나눈다.

(1) 면담: (   )   (2) 답사: (   )

17 우리 고장의 문화유산을 찾는 방법으로 알맞은 것은 어느 것입니까? (   )

① 박물관 방문하기   ② 대사관 방문하기
③ 놀이공원 방문하기   ④ 친구에게 물어보기
⑤ 마을 지도 활용하기

※ 다음 답사 계획서를 보고, 물음에 답하시오. [18~19]

답사 목적	우리 고장의 대표적인 문화유산 알아보기
답사 장소	석굴암(경상북도 경주시 불국로 873-243)
답사할 사람	민찬, 은지, 현민, 한나, 은지 어머니(보호자)
답사 내용	• 석굴암은 얼마나 클까? • 석굴암의 실제 모습은 어떠할까? • 사람들은 석굴암을 어떻게 생각하고 있을까?
답사 방법	관찰하기, 설명 듣기, 면담하기, 사진 찍기, 그림 그리기
준비물	필기도구, 사진기, 휴대 전화, 기록장

18 위 답사 계획서는 어느 곳을 답사하기 위한 계획서입니까? (   )

① 경주 천문대   ② 경주 석굴암
③ 경주 천마총   ④ 경주 동궁과 월지
⑤ 경주 불국사 다보탑

19 위 답사 계획서에 더 들어갈 내용으로 알맞지 않은 것은 어느 것입니까? (   )

① 준비물   ② 답사 날짜
③ 주의할 점   ④ 부모님의 이름
⑤ 역할 나누기

20 문화유산을 답사할 때 주의할 점으로 바르지 않은 것은 어느 것입니까? (   )

① 질문할 내용을 미리 정해 둔다.
② 중요한 내용은 기록장에 적는다.
③ 설명을 들을 때에는 집중을 한다.
④ 문화유산을 함부로 만지지 않는다.
⑤ 설명하는 도중에 궁금한 점이 있으면 바로 물어본다.

포스트잇(Post-it)의 발명

포스트잇은 붙였다 떼었다를 할 수 있는 종이로 주로 보이는 곳에 간단한 메모를 써 붙일 때에 사용합니다. 책의 시험 범위나 중요한 부분을 구분할 때 포스트잇을 사용하면 아주 편리합니다. 이제는 색깔과 모양, 그리고 크기가 다양한 제품들이 많습니다.

포스트잇은 간단하게 붙일 수 있고, 떼어내도 흔적이 남지 않는다는 장점이 있습니다. 그런데 이렇게 유용한 포스트잇이 사실 처음에는 실패작이었습니다.

1970년대 3M사에서 일하던 '스펜서 실버'는 너무 강하게 붙지 않는 새로운 접착제를 만들었지만 접착력이 너무 약해 결국 버리게 되었습니다. 그런데 같은 회사에 다니던 '아트 프라이'라는 사람은 '책 위에 글씨를 직접 쓰지 않고 표시할 수 있는 방법이 없을까?'라고 고민하고 있었습니다. 책 위에 직접 글씨를 쓰고 싶진 않았고 그렇다고 종이를 끼우면 책을 펼칠 때마다 종이가 자꾸 떨어져서 불편했기 때문이었습니다. 그래서 '프라이'는 그 버려진 접착제를 종이에 묻혀서 사용했고 이것이 포스트잇의 시초가 되었습니다.

포스트잇은 상품화되기까지 많은 어려움이 있었습니다. 3M사의 일부 사람들은 '직접 접착이 가능한 종이'라는 아이디어에 거부감을 표시했다고 합니다. 그래도 포스트잇의 기능을 믿었던 사람들이 포기하지 않고 노력한 결과 오늘날 많은 사람들이 편리하게 사용하는 포스트잇이 만들어졌습니다.

❶ 교통수단의 발달과 생활 모습의 변화 (1)

▶ 교과서 96~103쪽

1 옛날 사람들이 교통수단을 이용했던 모습

① 옛날 사람들의 교통수단 자료 ❶
↳옛날에는 하늘에서 이용한 교통수단은 없었습니다.

땅에서 이용한 교통수단	• 사람이 이동할 때 이용한 교통수단: 말, 당나귀, 가마 등 • 물건을 옮길 때 이용한 교통수단: 뗏목, 소달구지 등
물에서 이용한 교통수단	뗏목, 돛단배 등

② 기계를 힘을 이용한 초기의 교통수단 자료 ❷

종류	전차, 증기선, 비행기 등 ┐→수증기의 힘을 이용하는 증기 기관을 이용해 앞으로 나아가는 배입니다.
특징	• 수증기나 전기의 힘을 이용함. • 기계의 힘을 이용해 하늘을 날음.
공통점	사람이나 동물의 힘을 이용하지 않고 기계의 힘을 이용해서 움직임.

③ 전차, 증기선, 비행기 등을 이용해 더 쉽고 빠르게 먼 곳으로 갈 수 있게
되었습니다. →여러 명이 함께 타고 갈 수 있습니다.

2 오늘날 사람들이 교통수단을 이용하는 모습 자료 ❸

① 고장 사람들이 교통수단을 이용하는 모습 •과학 기술이 발달했기 때문입니다.

• 기차를 타고 할머니를 뵈러 갑니다.
• 비행기를 타고 해외로 출장을 갑니다.
• 승용차를 타고 손자와 손녀들을 만나러 갑니다. →승용차는 일요일에 놀이공원이나 친척 집에 갈 때 이용합니다.
• 버스를 타고 친구들과 함께 현장 체험 학습을 갑니다.
  ↳버스는 자동차 없이 멀리 갈 때 이용합니다.
• 전철을 타고 회사에 출근합니다.
• 트럭으로 이삿짐을 나릅니다.
• 배를 타고 섬으로 여행을 갑니다.
• 자전거를 타고 친구와 공원에 갑니다.

② 오늘날 교통수단의 연료: 석유, 가스, 전기 등

③ 오늘날 교통수단의 공통점

• 속도가 빠르며, 멀리 갈 수 있습니다.
• 여러 사람들이 함께 타고 다닙니다.

3 교통수단의 발달로 달라진 사람들의 생활 모습

① 교통수단별 소요 시간(예 서울에서 부산까지)

• 걸어가면 30일 정도 걸립니다.
• 증기 기관차로는 17시간이 걸립니다.
• 고속버스로는 4시간 30분이 걸립니다.
• 고속 열차로는 2시간 40분이 걸립니다.
• 비행기로는 1시간이 걸립니다.

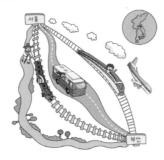

자료 ❶ 옛날의 교통수단

• 땅에서 이용한 교통수단

▲ 가마   ▲ 소달구지

• 물에서 이용한 교통수단

▲ 뗏목   ▲ 돛단배

자료 ❷ 기계를 이용한 교통수단

▲ 전차   ▲ 증기선

▲ 비행기

자료 ❸ 교통수단을 이용하는 모습

• 서울에서 제주까지 교통수단을 이용하는 모습 예

버스를 타고 지하철역으로 감.	➡	지하철을 타고 공항으로 감.

공항에서 비행기를 탄 후 약 한 시간 후에 제주도 공항에 도착함.	➡	공항 주차장에서 승용차를 타고 제주도의 이곳저곳을 돌아봄.

➡ 배를 타고 마라도에 들어감.

옛날 교통수단의 특징

• 사람이나 가축의 힘을 이용했습니다.
• 옛날 교통수단의 좋은 점과 불편한 점

좋은 점	• 나무와 식물 줄기 등 자연에서 쉽게 구할 수 있는 재료를 사용함. • 환경을 오염시키지 않음.
불편한 점	• 힘이 많이 들고, 시간이 오래 걸림. • 여러 사람이 함께 이용하기 어려움. • 많은 물건을 한 번에 옮기기 어려움. • 환경의 영향을 많이 받음.

오늘날 사람들이 이용하는 교통수단의 특징

▲ 승용차

▲ 비행기

▲ 기차

▲ 배

• 먼 곳까지 갈 수 있습니다.
• 빠르고 편하게 이동할 수 있습니다.
• 많은 사람과 물건을 실어 나를 수 있습니다.
• 교통수단이 다양해졌고, 기계의 힘을 이용합니다.
• 과학 기술의 발달과 관계가 있습니다.

용어 풀이

❶ 교통수단(交 사귈 교 通 통할 통 手 손 수 段 구분 단) 사람이 이동하거나 물건을 옮기는 데 쓰는 수단
❷ 가마 사람들을 태워 앞뒤에서 들어 나르던 여러 가지 탈것을 통틀어 일컫는 말
❸ 증기(蒸 찔 증 氣 기운 기) 액체나 고체가 증발 또는 승화하여 생긴 기체

1 말, 당나귀, 가마 등은 옛날 사람들이 ☐☐에서 이동할 때 이용했던 교통수단입니다.

2 옛날 사람들이 물에서 이용한 교통수단에는 뗏목, ☐☐☐ 등이 있습니다.

3 옛날의 교통수단은 사람이나 ☐☐, 자연의 힘을 이용하였습니다.

4 ☐☐☐은 수증기의 힘을 이용하는 증기 기관을 이용해 앞으로 나아가는 배입니다.

5 공항에서 제주도까지는 ☐☐☐를 타고 이동합니다.

6 오늘날 교통수단은 석유, 가스, ☐☐ 등을 연료로 사용합니다.

7 오늘날과 같이 교통수단이 발달하게 된 이유는 ☐☐☐☐이 발달했기 때문입니다.

8 이삿짐을 나르기 위해서는 ☐☐을 이용해야 합니다.

9 ☐☐☐☐를 타고 가면 서울에서 부산까지 2시간 40분이면 도착할 수 있습니다.

10 옛날에는 서울에서 부산까지 걸어가면 ☐일 정도 걸렸습니다.

3
단원

① 교통수단의 발달과 생활 모습의 변화 (2)

▶ 교과서 104~113쪽

② 교통수단의 발달로 달라진 사람들의 생활 모습 **자료 4**

• 교통 관련 시설: 횡단보도, 신호등, 교통 표지판, 버스 정류장 등
• 자동차를 타고 다니면서 이용하는 시설: 주유소, 가스 충전소, 고속 도로 휴게소와 졸음 쉼터, 도로, 큰 다리, 터널, 주차장 등 **자료 5**
• 교통수단을 이용하여 물건을 배송 받을 수 있습니다. 예 택배, 음식 배달 등
• 교통수단이 발달하면서 관련된 시설을 이용할 수 있습니다. **자료 6**

철도와 관련된 시설	철길, 지하철역, 기차역 등
배와 관련된 시설	선착장, 여객선 터미널, 컨테이너 부두 등
비행기를 이용하기 위해 필요한 시설	공항, 공항 버스, 공항 철도, 관제탑 등

4 고장의 환경에 따라 사람들이 교통수단을 이용하는 모습

① 고장의 환경에 따라 사람들이 이용하는 교통수단은 다릅니다.

모노레일	가파른 길을 오르내리거나 농작물을 수확해 운반할 때 이용함.
지프 택시	길이 가파르고 겨울에 눈이 많이 오는 지역에서는 눈길을 잘 다니고 안전한 지프 택시를 이용함. →울릉도는 산이 많고 지대가 높습니다.
경운기	농촌 지역에서 주로 사용하며, 무거운 농사 도구나 농산물을 운반할 때 사용함. →밭갈기, 약 뿌리기 등의 일을 할 때 사용합니다.
케이블카	사람들이 산이나 높은 곳을 쉽고 빠르게 오르내릴 때 이용함.
갯배	바다를 사이에 두고 떨어진 두 마을을 오갈 때 이용함.
카페리	사람과 함께 자동차를 배에 실어 섬이나 육지로 운반해 줌.

▲ 모노레일

▲ 지프 택시

▲ 케이블카

▲ 카페리

② 관광이나 구조를 위해 특별히 만든 교통수단을 이용하기도 합니다.
• 관광할 때 이용하는 교통수단: 시내 관광버스, 관광 열차, 관광 유람선 등
• 구조할 때 이용하는 교통수단: 해상 구조 보트, 산악 구조 헬리콥터 등

5 교통수단의 발달로 달라질 미래의 생활 모습

① 미래의 교통수단: 전기 자동차, 자율 주행 자동차, 하늘을 나는 자동차, 모양이 바뀌거나 접히는 자동차, 태양열이나 그 밖의 에너지로 움직이는 교통 수단을 이용하게 될 것입니다.

② 교통수단이 발달로 달라질 미래의 생활 모습
• 지금보다 안전하게 목적지까지 이동할 수 있습니다.
• 화석 연료의 사용이 줄어들게 되어 환경 오염이 줄어들 것입니다.
• 몸이 불편한 사람도 자유롭게 이동할 수 있습니다.

자료 4 달라진 생활 모습

• 사람들이 먼 곳으로 빠르고 편리하게 갈 수 있습니다.
• 무거운 짐을 한 번에 먼 곳까지 옮길 수 있습니다.
• 예전에는 가기 어려웠던 곳도 편리하게 갈 수 있습니다.
• 교통 수단이 발달하면서 사람들이 하는 일이 다양해졌습니다.

자료 5 많이 이용하는 교통수단

우리나라 국민의 절반 이상 "이동할 때 승용차 이용"

승용차 55%
버스 20%
철도 지하철 12%
택시 12%
비행기·배 1%

• 우리나라 사람들이 가장 많이 이용하는 교통수단은 승용차입니다.
• 다음으로 버스와 철도, 지하철, 택시 등을 많이 이용하고 있습니다.
• 승용차, 버스, 택시 등을 주로 이용하는 이유는 우리나라 땅 곳곳이 도로로 연결되어 있기 때문입니다.

자료 6 교통수단과 관련된 시설

▲ 자동차와 관련된 시설물

▲ 비행기와 관련된 시설물

▲ 배와 관련된 시설물

▲ 철도와 관련된 시설물

🌵 교통이 발달하면서 변화한 고장의 모습
- 사람이 점점 많아집니다.
- 가게, 터미널 등 다양한 시설이 들어섭니다.
- 다른 지역으로 갈 수 있는 길이 많아집니다.
- 큰 도시로 발달합니다.
- 여러 가지 새로운 직업들이 생겨납니다.

🌵 교통수단이 발달하면서 물건을 나를 때 달라진 점
- 무거운 물건을 한 번에 나를 수 있습니다.
- 외국의 물건들을 쉽게 구할 수 있습니다.
- 먼 지역과 우편이나 물건을 보내고 받을 수 있습니다.

🌵 관광, 구조할 때 이용하는 교통수단

▲ 관광 유람선

▲ 시내 관광버스

▲ 해상 구조 보트

▲ 산악 구조 헬리콥터

🌵 미래의 교통수단
- 전기 자동차: 석유와 같은 화석 연료 대신 전기의 힘으로 움직이는 자동차
- 자율 주행 자동차: 인공 지능을 갖춘 자동차가 스스로 운전해 목적지까지 이동
- 하늘을 나는 자동차: 땅에서는 자동차처럼 도로를 달리고 넓은 곳에서는 비행기처럼 하늘을 남.

📎 **용어 풀이**

❹ 배송(配 나눌 배 送 보낼 송) 물자를 여러 곳에 나누어 보내 줌.

❺ 유람선(遊 놀 유 覽 볼 람 船 배 선) 구경하는 손님을 태우고 다니는 배.

❻ 산악(山 뫼 산 嶽 큰산 악) 높고 험준하게 솟은 산들.

11 자동차에 기름을 넣기 위해서는 ☐☐☐에 가야 합니다.

12 고속 도로에서 잠시 쉬어가기 위한 시설에는 ☐☐☐와 졸음 쉼터가 있습니다.

13 비행기를 이용하기 위해서는 ☐☐에 가야 합니다.

14 비행기를 이용하기 위해 필요한 시설에는 비행기들의 교통을 정리하는 ☐☐☐이 있습니다.

3
단원

15 ☐☐☐은 많은 양의 원유를 먼 나라까지 실어 나르기 위한 교통수단입니다.

16 선착장, 여객선 터미널, 컨테이너 부두 등은 ☐와 관련된 시설물입니다.

17 길이 가파르고 겨울에 눈이 많이 오는 지역은 힘이 세고 안전한 ☐☐☐☐를 이용합니다.

18 ☐☐☐☐☐를 이용하면 쉽게 산에 오를 수 있고, 몸이 불편한 사람도 산에 올라갈 수 있습니다.

19 시내 관광버스, 관광 열차, 관광 유람선 등은 ☐☐할 때 이용하는 교통수단입니다.

20 사람들의 ☐☐를 위해서 해상 구조 보트, 산악 구조 헬리콥터 등의 교통수단이 필요합니다.

핵심 1 옛날 사람들이 교통수단을 이용했던 모습

✱ **옛날 사람들이 이용한 교통수단**

땅에서 이용한 교통수단	• 말, 가마, 당나귀 등 • 수레, 소달구지 등
물에서 이용한 교통수단	뗏목, 돛단배 등

✱ **옛날 교통수단의 좋은 점과 불편한 점**

좋은 점	• 자연에서 쉽게 구할 수 있는 재료를 사용함. • 환경을 오염시키지 않음.
불편한 점	• 힘이 많이 들고, 시간이 많이 걸림. • 여러 사람이 함께 이용할 수 없음. • 많은 물건을 한 번에 옮기기 어려움. • 환경의 영향을 많이 받음.

1 옛날 사람들이 이용한 다음 교통수단을 종류에 맞게 구분하여 쓰시오.

> 가마, 돛단배, 당나귀, 뗏목, 말

(1) 땅에서 사람이 이동할 때 이용한 교통수단
(   )

(2) 물에서 이용한 교통수단
(   )

2 옛날 사람들이 이용한 교통수단의 특징으로 알맞지 않은 것은 어느 것입니까? (   )

① 환경을 오염시키지 않는다.
② 여러 사람이 함께 이용할 수 없다.
③ 많은 물건을 한 번에 옮기기 어렵다.
④ 환경의 영향을 받지 않고 이용할 수 있다.
⑤ 자연에서 쉽게 구할 수 있는 재료를 사용하였다.

핵심 2 오늘날 사람들이 이용하는 교통수단

✱ **오늘날 교통수단을 이용하는 모습** 예

기차	기차를 타고 할머니를 뵈러 간다.
비행기	비행기를 타고 해외로 출장을 간다.
승용차	승용차를 타고 손자와 손녀들을 만나러 간다.
버스	버스를 타고 친구들과 함께 현장 체험 학습을 간다.
트럭	트럭으로 이삿짐을 나른다.
자전거	자전거를 타고 친구와 공원에 간다.
전철	전철을 타고 회사에 출근한다.
배	배를 타고 섬으로 여행을 간다.

✱ **오늘날 교통수단의 특징**

• 먼 곳까지 갈 수 있습니다.
• 빠르고 편하게 이동할 수 있습니다.
• 많은 사람과 물건을 실어 나를 수 있습니다.
• 교통수단이 다양해졌고, 기계의 힘을 이용합니다.
• 과학 기술의 발달과 관계가 있습니다.

3 해외로 출장을 가시는 아버지께서 이용할 교통수단으로 가장 알맞은 것은 어느 것입니까? (   )

① 버스   ② 기차   ③ 트럭
④ 승용차   ⑤ 비행기

4 오늘날 사람들이 교통수단을 이용하는 모습을 잘못 설명한 것은 어느 것입니까? (   )

① 빠르고 편하게 이동한다.
② 다양한 교통수단을 이용한다.
③ 교통수단을 이용하여 먼 곳까지 간다.
④ 교통수단은 대부분 자연의 힘으로 움직인다.
⑤ 많은 사람들이 함께 탈 수 있는 교통수단을 이용한다.

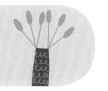

핵심 3 │ 교통수단의 발달로 달라진 생활 모습

✳ 서울에서 부산까지 교통수단별 소요 시간

걷기	30일 정도 걸림
증기 기관차	17시간이 걸림
고속버스	4시간 30분이 걸림
고속 열차	2시간 40분이 걸림
비행기	1시간이 걸림

✳ 교통수단의 발달로 달라진 사람들의 생활 모습

- 횡단보도, 신호등, 교통 표지판 등 교통 관련 시설을 볼 수 있습니다.
- 교통수단을 이용하여 무거운 물건을 먼 곳으로 배달합니다.
- 사람들은 터미널, 공항, 휴게소, 주유소, 정류장 등을 만들고 이용합니다.
- 예전에는 가기 어려웠던 곳에도 편리하게 갈 수 있습니다.

5 서울에서 부산까지 갈 때에 이용하는 교통수단 중 가장 오래 걸리는 것은 어느 것입니까? (   )

① 걷기   ② 비행기
③ 고속버스   ④ 고속 열차
⑤ 증기 기관차

6 오늘날 사람들이 교통수단을 이용하는 모습으로 알맞지 <u>않은</u> 것은 어느 것입니까? (   )

① 공항에는 해외로 가려는 사람들로 붐빈다.
② 어제 주문한 식료품을 오늘 택배로 받았다.
③ 우리 가족은 증기 기관차를 타고 여행을 하였다.
④ 시골 할머니 댁에 가는 도중에 주유소에 들러 자동차에 기름을 넣었다.
⑤ 고속 열차를 타고 서울에서 부산에 도착했는데 2시간 40분밖에 걸리지 않았다.

핵심 4 │ 환경에 따라 사람들이 이용하는 교통수단

✳ 고장의 환경에 따라 사람들이 이용하는 교통수단 이용 모습

모노레일	가파른 길을 오르내리거나 농작물을 수확해 운반할 때 이용함.
지프 택시	길이 가파르고 겨울에 눈이 많이 오는 지역에서 안전을 위해 이용함.
경운기	농촌 지역에서 주로 사용하며 무거운 농사 도구나 농산물을 운반할 때 이용함.
케이블카	사람들이 산이나 높은 곳을 쉽고 빠르게 오르내릴 때 이용함.
갯배	바다를 사이에 두고 떨어진 두 마을을 오갈 때 이용함.
카페리	사람과 함께 자동차를 배에 실어 섬이나 육지로 운반할 때 이용함.

✳ 관광, 구조할 때 이용하는 교통수단

관광을 위한 교통수단	시내 관광버스, 관광 열차, 관광 유람선, 레일 자전거 등
구조를 위한 교통수단	구조용 특수 소방차, 해상 구조 보트, 산악 구조 헬리콥터 등

7 지프 택시가 필요한 환경으로 가장 알맞은 것은 어느 것입니까? (   )

① 숲이 우거진 지역
② 평야가 많은 지역
③ 평균 기온이 높은 지역
④ 비가 많이 내리는 지역
⑤ 길이 가파르고 겨울에 눈이 많이 오는 지역

8 관련있는 교통수단을 선으로 연결하시오.

(1) 관광을 위한 교통수단	• • ㉠	해상 구조 보트, 산악 구조 헬리콥터
(2) 구조를 위한 교통수단	• • ㉡	시내 관광버스, 관광 열차

1 옛날 사람들이 이용한 교통수단이 <u>아닌</u> 것은 어느 것입니까? (　　　)

① 가마　　　② 뗏목　　　③ 돛단배
④ 자전거　　　⑤ 소달구지

2 오른쪽의 교통수단은 어떤 경우에 이용하였습니까?
(　　　)

▲ 소달구지

① 장에 갈 때
② 강을 건너갈 때
③ 물건을 옮길 때
④ 사람이 이동할 때
⑤ 먼 곳을 여행할 때

3 다음 교통수단의 공통점을 바르게 말한 것은 어느 것입니까? (　　　)

> 말, 당나귀, 가마

① 물건을 옮길 때 이용한다.
② 사람이 이동할 때 이용한다.
③ 먼 곳을 여행할 때 이용한다.
④ 오늘날에 이용하는 교통수단이다.
⑤ 빠른 이동에 이용된 교통수단이다.

4 옛날 사람들이 이용한 교통수단의 좋은 점으로 알맞은 것은 어느 것입니까? (　　　)

① 많은 물건들을 옮길 수 있다.
② 원하는 곳에 빨리 이동할 수 있다.
③ 안전하게 원하는 곳에 갈 수 있다.
④ 이용료를 내지 않고 사용할 수 있다.
⑤ 자연에서 쉽게 구할 수 있는 재료를 사용한다.

5 다음은 옛날 사람들이 여행을 하면서 겪은 일은 쓴 일기입니다. 잘못 설명된 곳에 밑줄을 긋고 그 이유는 무엇인지 쓰시오.

> 　말을 타고 가니 처음에는 시원하고 좋았지만 조금 지나자 말이 힘들어하고, 말에게 먹이를 줘야 해서 중간에 여러 번 멈춰야 했다. 그리고 가는 도중에 말에서 떨어져 다칠 뻔했다. 또한 인천에 도착할 때쯤에 비가 내리기 시작하였다. 그래서 말을 인근에 묶어 두고 기차로 갈아탔다.

6 다음 교통수단의 공통점은 무엇입니까? (　　　)

▲ 증기선

▲ 비행기

① 사람의 힘을 이용하여 이동한다.
② 동물의 힘을 이용하여 이동한다.
③ 자연의 힘을 이용한 교통수단이다.
④ 오늘날에 많이 이용하는 교통수단이다.
⑤ 기계의 힘을 이용한 초기의 교통수단이다.

7 다음 빈칸에 들어갈 교통수단은 무엇입니까? (　　　)

김포 공항 ➡ ＿＿＿＿ ➡ 제주 공항

① 여객선　　② 비행기　　③ 자전거
④ 승용차　　⑤ 고속 열차

 서술형

8 고장 사람들이 교통수단을 이용하는 모습을 쓰시오.

_____

_____

9 승용차를 이용하는 경우로 알맞지 <u>않은</u> 것은 어느 것입니까? (   )

① 친척 집에 갈 때
② 직장으로 출근할 때
③ 해외로 출장을 갈 때
④ 마트에 장을 보러 갈 때
⑤ 일요일에 놀이공원에 갈 때

중요

10 옛날과 비교했을 때 오늘날 교통수단의 특징으로 알맞은 것은 어느 것입니까? (   )

① 힘이 많이 든다.
② 자연의 힘을 이용한다.
③ 사람의 힘을 이용한다.
④ 교통수단이 다양해졌다.
⑤ 환경의 영향을 많이 받는다.

다음 일기를 읽고, 물음에 답하시오. [11~12]

20△△년 △△월 △△일 △요일

할머니 생신

오늘은 부산에 계시는 할머니의 생신 잔치가 있는 날이다. 그래서 우리 가족은 서울역에서 아침 9시에 출발하는 고속 열차를 타고 부산으로 갔다.

12시에 친척들이 모두 모여 할머니 생신을 축하해 드리고 점심을 먹었다. 할머니께서는 나에게 "할머니가 어렸을 때에는 서울에서 부산까지 오는 데 하루가 걸렸는데 요즘은 빨리 오는구나."라고 말씀하셨다. 나는 할머니의 말씀이 잘 이해되지 않았다. 그때 옆에 계신 어머니께서 "옛날에는 고속 열차도 없고, 도로도 좋지 않아서 먼 곳으로 이동하려면 시간이 오래 걸렸단다. 그래서 하루 전에 출발하기도 했었지." 라고 말씀하셨다.
---

11 앞 글쓴이의 가족은 할머니가 계신 부산에 어떤 교통수단을 이용하여 다녀왔습니까? (   )

① 배   ② 버스   ③ 승용차
④ 비행기   ⑤ 고속 열차

12 할머니의 말씀을 듣고 예상할 수 있는 과거의 모습으로 알맞은 것은 어느 것입니까? (   )

① 서울에서 부산에 다녀오는 데 1박 2일이 걸렸다.
② 고속도로가 잘 발달되어 있어 전국이 1일 생활권이었다.
③ 대부분의 사람들은 자신의 승용차로 친척집에 다녀왔다.
④ 아침에 서울에서 출발하면 부산에서 점심을 먹을 수 있었다.
⑤ 사람들은 서울에서 부산으로 갈 때에 주로 배를 이용하였다.

13 길을 가다가 볼 수 있는 교통 관련 시설과 거리가 <u>먼</u> 것은 어느 것입니까? (   )

① 횡단보도   ② 교통 표지판
③ 버스 정류장   ④ 옥외 광고판
⑤ 고속버스 터미널

14 비행기로 물건을 나르면 어떤 점이 좋습니까? (   )

① 물건을 나르는 비용이 싸다.
② 물건을 집집마다 실어 나를 수 있다.
③ 물건을 먼 나라로 빠르게 실어 나를 수 있다.
④ 연료를 사용하지 않고도 물건을 나를 수 있다.
⑤ 좋지 않은 날씨에도 물건을 실어 나를 수 있다.

3 단원

중요

15 교통수단의 발달로 달라진 사람들이 생활 모습으로 알맞지 <u>않은</u> 것은 어느 것입니까? (　　)

① 사람들의 활동 범위가 좁아졌다.
② 사람들이 먼 곳까지 빠르게 갈 수 있다.
③ 무거운 물건을 빠르게 먼 곳으로 보낼 수 있다.
④ 예전에는 가기 어려웠던 곳에도 편리하게 갈 수 있다.
⑤ 여러 가지 시설이 만들어지고 새로운 직업들이 생겨났다.

16 다음과 같은 교통수단을 주로 이용하는 곳은 어디입니까? (　　)

▲ 경운기

① 바다　　② 농촌　　③ 대도시
④ 군사 지역　　⑤ 놀이공원

17 순영이 할아버지께서 농작물을 수확해 운반하기 위해서 이용할 교통수단으로 가장 적절한 어느 것입니까? (　　)

　순영이 할아버지께서는 경사가 가파른 밭을 일구어 농사를 짓고 계신다. 경사가 너무 가파라서 농작물을 사람이 직접 날라야 하는 어려움이 있다.

① 갯배　　② 경운기
③ 케이블카　　④ 모노레일
⑤ 지프 택시

주의

18 지프 택시는 울릉도의 어떤 특성 때문에 필요한 교통수단입니까? (　　)

① 안개가 자주 끼기 때문이다.
② 겨울에 눈이 많이 오기 때문이다.
③ 주변에 갯벌 지역이 넓기 때문이다.
④ 평야가 넓게 펼쳐져 있기 때문이다.
⑤ 먼 곳을 빠르게 가야 하기 때문이다.

19 관광이나 구조할 때 이용하는 교통수단이 <u>아닌</u> 것은 어느 것입니까? (　　)

① 갯배　　　　② 관광 열차
③ 레일 자전거　　④ 산악 구조 헬리콥터
⑤ 해상 구조 보트

20 자율 주행 자동차가 우리 생활에 줄 편리한 점은 무엇입니까? (　　)

① 환경 오염을 줄일 수 있다.
② 도로가 없는 곳에서도 이용할 수 있다.
③ 자동차에 사용할 연료비를 아낄 수 있다.
④ 막히는 도로에 관계없이 빠르게 이동할 수 있다.
⑤ 운전 미숙이나 졸음운전으로 인한 사고를 예방할 수 있다.

1 옛날 사람들이 이용한 교통수단은 어느 것입니까?
(   )

① 버스　　　　② 가마　　　　③ 비행기
④ 자동차　　　⑤ 쾌속선

2 옛날 사람들이 교통수단으로 이용한 동물로 알맞은 것은 어느 것입니까? (   )

① 말　　　　　② 사슴　　　　③ 돼지
④ 토끼　　　　⑤ 호랑이

서술형

3 옛날 사람들이 이용한 다음 교통수단의 좋은 점은 무엇인지 쓰시오.

▲ 소달구지

▲ 뗏목

_____

_____

4 기계의 힘을 이용한 초기의 교통수단은 어느 것입니까? (   )

① 돛단배　　　　　② 쾌속선
③ 증기선　　　　　④ 고속 열차
⑤ 제트 비행기

5 다음 교통수단에 대한 설명으로 알맞지 <u>않은</u> 것은 어느 것입니까? (   )

▲ 전차

① 전기를 이용하여 움직인다.
② 여러 명이 함께 타고 갈 수 있다.
③ 기계의 힘을 이용한 교통수단이다.
④ 일제 강점기 때 서울에서 운행하였다.
⑤ 지금도 대도시에서는 버스처럼 운행하고 있다.

중요

6 교통수단이 다음과 같이 발달하면서 생긴 우리 생활의 변화를 바르게 말한 것은 어느 것입니까? (   )

| ・말 ・가마 ・소달구지 | | ・전차 ・증기선 ・비행기 |

① 시간이 많이 걸린다.
② 연료비가 많이 든다.
③ 환경의 영향을 많이 받는다.
④ 여러 사람들이 같이 이용할 수 없다.
⑤ 더 쉽고 빠르게 먼 곳으로 갈 수 있게 되었다.

7 도윤이네 가족이 제주도에 여행을 와서 마라도에 가려면 어떤 교통수단을 이용해야 합니까? (   )

① 배　　　　　② 기차　　　　③ 자전거
④ 비행기　　　⑤ 자동차

8 고장 사람들이 교통수단을 이용하는 모습을 잘못 말한 친구는 누구인지 쓰시오.

> • **상수**: 어제 기차를 타고 할머니 댁에 갔었어.
> • **혜인**: 옆집에 사시는 삼촌께서는 매일 복잡한 전철을 타고 출근을 하셔.
> • **승기**: 우리 아빠는 지하철역까지 자전거를 타고 가셔.
> • **정순**: 택배 기사 아저씨는 매일 택시에 물건을 싣고 물건을 배송하셔.

( )

9 오늘날 교통수단에 사용되는 연료를 바르게 고른 것은 어느 것입니까? ( )

> ㉠ 석유 ㉡ 가스 ㉢ 석탄 ㉣ 전기

① ㉠, ㉢
② ㉡, ㉢
③ ㉢, ㉣
④ ㉠, ㉡, ㉣
⑤ ㉠, ㉡, ㉢, ㉣

10 오늘날과 같이 교통수단이 발달하게 된 까닭은 무엇입니까? ( )

① 환경이 많이 오염되었기 때문이다.
② 온난화 현상이 심해졌기 때문이다.
③ 과학 기술이 발달하였기 때문이다.
④ 사람들의 놀이 문화가 발전하였기 때문이다.
⑤ 자연의 힘을 이용할 수 없게 되었기 때문이다.

11 서울에서 부산까지 가는데 걸리는 시간을 교통수단별로 잘못 나타낸 것은 어느 것입니까? ( )

① 걸어가면 30일
② 비행기로는 3시간
③ 증기 기관차로는 17시간
④ 고속버스로는 4시간 30분
⑤ 고속 열차로는 2시간 40분

12 자동차를 타고 고속 도로를 지나다가 잠시 쉬어 갈 수 있는 곳은 어디인지 쓰시오.

( )

13 비행기를 이용하기 위해 필요한 시설로 볼 수 없는 것은 어느 것입니까? ( )

① 공항
② 관제탑
③ 공항 버스
④ 공항 철도
⑤ 고속 도로

14 다음의 교통수단은 어떤 경우에 이용하면 좋습니까? ( )

① 해외에 출장을 갈 때
② 응급 환자를 이송할 때
③ 사람들이 여행을 떠날 때
④ 많은 사람들을 이동시킬 때
⑤ 무거운 물건이나 많은 짐을 운반할 때

15 오른쪽 사진의 지프 택시는 어떤 환경을 가진 고장에서 이용하는 교통수단인지 쓰시오.

_____

16 다음에서 설명하는 교통수단은 무엇입니까?

(   )

농촌 지역에서 주로 사용하며, 무거운 농사 도구나 농산물을 운반할 때 이용한다.

① 갯배   ② 자전거
③ 경운기   ④ 레일 자전거
⑤ 모노레일

17 다음 교통수단의 특징을 보기 에서 찾아 기호를 쓰시오.

(가)    (나)

(   )   (   )

보기
㉠ 강을 쉽게 건널 수 있다.
㉡ 높은 산을 쉽게 오를 수 있다.
㉢ 섬에 자동차를 가지고 갈 수 있다.
㉣ 많은 사람이 한 번에 이용할 수 없다.
㉤ 철길을 이용하여 빠르게 이동할 수 있다.

18 다음은 어떤 상황에서 필요한 교통수단입니까?

(   )

① 무거운 짐을 옮길 때
② 사람들이 관광을 할 때
③ 사람들이 여가를 즐길 때
④ 가파른 산이나 높은 지대를 오를 때
⑤ 위험한 상황에서 사람들을 구조할 때

19 미래의 교통수단으로 볼 수 <u>없는</u> 것은 어느 것입니까? (   )

① 전기 자동차
② 자율 주행 자동차
③ 하늘을 나는 자동차
④ 석유로 움직이는 자동차
⑤ 모양이 바뀌거나 접히는 자동차

20 교통수단의 발달로 달라질 미래의 생활 모습을 <u>잘못</u> 설명한 것은 어느 것입니까? (   )

① 환경 오염이 훨씬 줄어들 것이다.
② 먼 곳까지 안전하고 빠르게 이동할 수 있을 것이다.
③ 몸이 불편한 사람도 자유롭게 이동할 수 있을 것이다.
④ 새로운 교통수단이 등장하여 교통사고가 더욱 늘어날 것이다.
⑤ 인공 지능의 발달로 자동차가 스스로 운전해 안전하게 목적지까지 갈 수 있을 것이다.

3

단원

1 다음 옛날 사람들이 이용한 교통수단을 보고, 물음에 답하시오.

▲ 말

▲ 가마

▲ 뗏목

▲ 소달구지

▲ 돛단배

▲ 당나귀

(1) 위 교통수단의 공통점을 쓰시오.

_____

(2) 위 교통수단을 이용할 때의 불편한 점을 쓰시오.

_____

2 다음 교통수단을 보고, 물음에 답하시오.

▲ 전차

▲ 증기선

(1) 위 교통수단은 옛날의 교통수단과 비교하였을 때 어떤 차이점이 있는지 쓰시오.

_____

(2) 옛날의 교통수단을 이용했을 때와 위 교통수단을 이용했을 때의 사람들의 생활 모습은 어떻게 달라졌는지 쓰시오.

_____

관련 핵심 개념

옛날 사람들이 이용한 교통수단

옛날 사람들이 이용한 교통수단이 어떤 재료로 만들어졌고, 그것을 이용할 때에 사용하는 동력은 무엇인지를 생각해 봅니다.

관련 핵심 개념

기계의 힘을 이용한 초기의 교통수단

전차와 증기선이 무엇을 이용하여 움직이는지 생각해 봅니다. 그리고 이 교통수단을 이용할 때의 편리한 점을 생각해 봅니다.

3 서울에 사는 도윤이네 가족이 제주도로 여행을 갈 때에 교통수단을 이용한 모습을 보고, 물음에 답하시오.

관련 핵심 개념
교통수단을 이용하는 모습

제주도까지 가는 데 어떤 교통수단을 이용해야 하는지 생각해 봅니다.

| 버스를 타고 지하철역으로 감. | → | 지하철을 타고 공항으로 감. | → | 공항에서 비행기를 탄 후 약 한 시간 후에 제주 공항에 도착함. |

| 배를 타고 마라도로 들어감. | ← | 공항 주차장에서 승용차를 타고 제주도의 이곳저곳을 돌아봄. |

(1) 도윤이네 가족이 제주도까지 가는데 이용한 교통수단을 쓰시오.

_____

(2) 위 모습을 참고하여 내가 친척 집을 방문하기 위해 교통수단을 이용한 모습을 간단히 쓰시오.

_____

_____

4 다음 교통수단을 보고, 물음에 답하시오.

관련 핵심 개념
교통수단을 이용하는 모습과 발달한 이유

각 교통수단별로 이용 목적이 다르다는 것을 생각합니다. 그리고 교통수단의 발달과 과학 기술의 관계를 생각해 봅니다.

ㄱ

▲ 버스

ㄴ

▲ 트럭

(1) 위 ㄱ, ㄴ의 교통수단은 어떤 경우에 이용하는지 각각 쓰시오.

ㄱ: _____

ㄴ: _____

(2) 위와 같은 교통수단이 발달하게 된 까닭은 무엇인지 쓰시오.

_____

탐구 서술형 평가 2회

1 도윤이가 쓴 다음 일기를 읽고, 물음에 답하시오.

> 20△△년 △△월 △△일 △요일
>
> **할머니 생신**
>
> 오늘은 부산에 계시는 할머니의 생신 잔치가 있는 날이다. 그래서 우리 가족은 서울역에서 아침 9시에 출발하는 고속 열차를 타고 부산으로 갔다.
>
> 12시에 친척들이 모두 모여 할머니 생신을 축하해 드리고 점심을 먹었다. 할머니께서는 나에게 "할머니가 어렸을 때에는 서울에서 부산까지 오는 데 하루가 걸렸는데 요즘은 빨리 오는구나."라고 말씀하셨다. 나는 할머니의 말씀이 잘 이해되지 않았다. 고속 열차를 타고 집으로 돌아는 길에 교통 수단이 발달하면서 사람들의 생활 모습이 어떻게 달라졌는지 궁금해졌다.

(1) 오늘날에는 흔히 전국을 1일 생활권이라고 합니다. 도윤이가 부산에 다녀온 일과 관련하여 그렇게 말하는 이유를 쓰시오.

_____

_____

(2) 만약에 고속 열차가 없는 옛날이었다면 도윤이의 가족은 부산에 가기 위해서 어떻게 하였을지 쓰시오. (할머니의 어린 시절을 상상해 쓰세요.)

_____

_____

관련 핵심 개념

교통수단의 발달이 생활에 미친 영향

도윤이가 부산에 다녀오는 데 걸린 시간을 생각합니다. 그리고 고속 열차가 없었던 과거의 교통수단과 그것을 이용하였을 때 부산까지 가는 시간을 생각해 봅니다.

2 다음 교통수단을 보고, 물음에 답하시오.

▲ 승용차

▲ 고속 열차

(1) 위 ㉠, ㉡를 타고 다니면서 이용하는 시설물을 쓰시오.

㉠: (   )   ㉡: (   )

(2) 위와 같이 교통수단이 발달하면 고장의 모습은 어떻게 변화할지 쓰시오.

_____

관련 핵심 개념

교통수단과 관련된 시설과 고장의 변화

길을 가다가 볼 수 있는 교통 관련 시설들을 생각해 봅니다. 그리고 교통이 발달했을 때 과거에 비해서 우리 고장에 어떤 변화가 있었는지 생각해 봅니다.

3 고장의 환경에 따라 이용하는 교통수단을 나타낸 다음 사진을 보고, 물음에 답하시오.

관련 핵심 개념

고장의 환경에 따라 이용하는 교통수단

고장의 환경에 따라 그 교통수단이 어떤 지역에서 이용되고 있는지 생각해 봅니다.

     ⊙   ⓒ   ⓒ   ⓔ

(1) 위 ⊙~ⓔ의 교통수단의 이름을 쓰시오.

  ⊙: (   ) ⓒ: (   )

  ⓒ: (   ) ⓔ: (   )

(2) 위 ⊙~ⓔ의 교통수단은 어떤 경우에 이용하는지 각각 쓰시오.

  ⊙: _____

  ⓒ: _____

  ⓒ: _____

  ⓔ: _____

4 다음 교통수단을 보고, 물음에 답하시오.

관련 핵심 개념

상황에 따라 이용하는 교통수단

평소에 사진이나 주위에서 본 교통수단입니다. 이런 것들이 어떤 경우에 이용되는지 생각해 봅니다.

         ⊙   ⓒ

▲ 시내 관광버스   ▲ 관광 유람선   ▲ 산악 구조 헬리콥터   ▲ 해상 구조 보트

(1) 위 ⊙, ⓒ의 교통수단은 쓰임새면에서 어떤 차이점이 있는지 쓰시오.

_____

_____

(2) 위 ⊙, ⓒ의 교통수단과 비슷한 쓰임새로 이용되는 교통수단을 각각 쓰시오.

  ⊙: (   ) ⓒ: (   )

❷ 통신 수단의 발달과 생활 모습의 변화 (1)

▶ 교과서 114~121쪽

❶ 옛날 사람들이 통신 수단을 이용했던 모습 자료 ❶

① 평소에 이용하던 통신수단
- 사람이 직접 가서 소식을 알렸습니다.
- 편지를 보내 소식을 알렸습니다.
- 많은 사람들이 볼 수 있도록 글을 써서 벽에 붙였습니다. → 글을 써서 붙이는 것을 '방을 붙인다.'라고 합니다.
② 적이 쳐들어오거나 위급한 상황이 발생했을 때는 봉수, 신호 연이나 새, 북 등을 이용하였습니다. 자료 ❷

▲ 파발　　　　　▲ 봉수　　　　　▲ 신호 연

❷ 오늘날 사람들이 통신 수단을 이용하는 모습

① 오늘날 이용하는 통신 수단: 휴대 전화, 모바일 메신저, 인터넷 등
② 오늘날 사람들이 통신 수단을 이용하는 모습 예 → 오늘날 사람들은 일상생활에서 다양한 통신 수단을 이용합니다.
- 편지로 소식을 전합니다.
- 휴대 전화로 약속을 정합니다.
- 텔레비전으로 운동 경기를 시청합니다.
- 차를 운전하면서 길도우미(내비게이션)로 길을 찾습니다.

▲ 편지　　　　▲ 휴대 전화　　　　▲ 텔레비전　　　　▲ 길도우미

③ 통신 수단이 발달한 이유: 과학 기술의 발달로 사람들은 통신 수단을 이용해 다양한 정보나 소식을 서로 주고받습니다. → 휴대 전화로 인터넷을 할 수 있습니다.

❸ 통신 수단의 발달로 달라진 사람들의 생활 모습 자료 ❸

① 화재가 난 것을 알려 주는 통신 수단에는 화재 경보기, 전화기가 있습니다.
- 우리가 더 안전한 환경에서 살 수 있습니다.
- 위험한 상황을 미리 알려 주어서 피해를 줄입니다. → 사람들에게 위급한 상황을 빨리 알릴 수 있습니다.
② 전화의 발달: 교환원이 있는 전화에서부터 유선 전화, 무선 전화, 스마트폰으로 발달해 왔습니다.

▲ 교환원이 있는 전화　　▲ 유선 전화　　▲ 무선 전화　　▲ 스마트폰

자료 ❶ 옛날의 통신 수단

- 옛날 사람들은 편지를 보내거나 직접 찾아가서 소식을 전하였습니다.
- 봉수는 전국의 주요 산 정상에 봉수대를 설치했으며 횃불이나 연기의 개수에 따라 위급한 정도를 알렸습니다.
- 파발은 조선 시대에 변방으로 가는 공문서나 긴급한 군사 정보를 신속하게 전달하기 위해 만든 통신 수단입니다.

▲ 서찰　　　　　▲ 방

자료 ❷ 전쟁시 이용한 통신 수단

▲ 봉수　　　　　▲ 북

- 북: 큰 소리를 내면 많은 사람이 들을 수 있기 때문입니다.
- 연기: 먼 곳에서도 확인할 수 있기 때문입니다.
- 연: 무늬로 암호를 정하면 적이 알지 못하기 때문입니다.
- 새: 새는 날 수 있어서 사람보다 더 빨리 소식을 전할 수 있기 때문입니다.

자료 ❸ 전화의 발달 과정

- 유선 전화: 교환원이 없어도 상대방에게 직접 전화할 수 있음.
- 무선 전화: 이동하면서 전화할 수 있음.
- 스마트폰: 얼굴을 보면서 전화할 수 있음.

오늘날 사람들이 이용하는 통신 수단의 특징
- 여러 사람에게 정보를 실시간으로 전달할 수 있습니다.
- 한 번에 정보를 많이 주고받을 수 있습니다.
- 여러 사람과 동시에 연락할 수 있습니다.
- 통신 기계 하나로 다양한 통신 방법을 이용할 수 있습니다.

우리 생활에서 통신 수단을 이용해 달라진 생활 모습
- 은행에 가지 않아도 휴대 전화를 이용해 돈을 보낼 수 있습니다.
- 인터넷으로 영화를 예매할 수 있습니다.
- 스마트폰으로 실시간 운동 경기 중계를 볼 수 있습니다.
- 스마트폰 배달 애플리케이션을 이용해 음식을 주문할 수 있습니다.
- 누리 소통망 서비스(SNS)를 이용해 친구들의 생활 모습을 사진으로 볼 수 있고 내 소식을 알릴 수 있습니다.

무선 호출기(삐삐)

무선 호출기는 호출한 사람의 전화 번호를 소리나 진동으로 알려 주는 통신 수단입니다. 또한 상대방의 번호로 전화를 걸어 자신의 전화번호를 남기거나 간단한 음성 메시지를 남길 수도 있습니다.

용어 풀이

❶ **통신 수단**(通 통할 통 信 믿을 신 手 손 수 段 구분 단) 정보를 전달하기 위해 사용하는 방법이나 도구를 말함.

❷ **길도우미**(내비게이션) 지도를 보여주거나 지름길을 찾아 주어 자동차 운전을 도와주는 장치나 프로그램을 말함.

❸ **교환원**(交 사귈 교 換 바꿀 환 員 인원 원) 전화를 연결해 주는 일을 맡아보는 사람.

1 정보를 전달하기 위해 사용하는 방법이나 도구를 □□□□이라고 말합니다.

2 옛날 사람들은 소식을 알리기 위해 사람이 직접 가거나 □□를 보냈습니다.

3 옛날 사람들은 적이 쳐들어오거나 위급한 상황이 발생했을 때 봉수, 새, 신호 연, □□ 등을 이용해 소식을 전했습니다.

4 □□은 조선 시대에 변방으로 가는 공문서나 긴급한 군사 정보를 신속하게 전달하기 위해 만든 통신 수단입니다.

5 오늘날에는 차를 운전하면서 □□□□를 사용해 길을 찾습니다.

6 오늘날에는 컴퓨터로 학급 □□□ 등에 알림장을 올리는 경우가 많아졌습니다.

7 오늘날에는 □□□으로 한 번에 많은 정보를 보내고 받을 수 있습니다.

8 오늘날 사람들은 □□□□의 발달로 휴대 전화 등의 통신 수단을 이용해 다양한 정보나 소식을 주고 받습니다.

9 화재가 난 것을 알려주는 통신 수단에는 □□□□□, 전화기가 있습니다.

10 교환원이 있는 전화에서부터 유선 전화, □□□□, 스마프폰으로 발달해 왔습니다.

3단원

❷ 통신 수단의 발달과 생활 모습의 변화 (2)

▶ 교과서 122~131쪽

③ 오늘날 사람들은 집, 직장, 학교에서 다양한 모습으로 통신 수단을 이용하고 있습니다. 자료 ④
└ 컴퓨터, 휴대 전화, 태블릿 PC, 화상 통화 등이 통신 수단을 이용합니다.

학교	• 친구들과 직접 만나지 않고도 모둠 과제를 의논할 수 있음. • 텔레비전으로 아침 방송 조회를 볼 수 있음. • 인터폰으로 선생님들이 급한 연락을 주고받음. • 방송 스피커를 이용해 수업 시작 시간과 쉬는 시간을 알려 줌.
가정	• 휴대 전화를 이용해 가게에 직접 가지 않아도 물건을 살 수 있음. • 통신 수단을 이용해 다양한 여가 생활을 할 수 있음. • 아파트에서 중요한 내용을 방송으로 알려 줌.
회사	• 컴퓨터로 많은 정보를 처리할 수 있어서 일을 빨리 끝낼 수 있음. • 회사 사람들과 연락을 쉽게 할 수 있음. • 먼 곳에 있는 사람과 함께 일할 수 있음.

└ 통신 수단을 이용해 언제 어디서나 다양한 정보를 빠르고 편리하게 주고받을 수 있습니다.

❹ 장소나 하는 일에 따라 달라지는 통신 수단의 이용 모습 자료 ⑤

① 사람들의 생활 장소나 하는 일에 따라 통신 수단을 이용하는 모습이 다릅니다.

물 속	서로 자유롭게 생각을 표현하기 어렵기 때문에 간단한 수신 호를 사용하여 생각을 전함. → 잠수부
농촌의 주택	집이 모여 있지 않고 사람들이 논밭으로 농사를 지으러 가기 때문에 마을 방송을 사용하여 연락을 함. └ 할머니와 할아버지들이 논밭으로 농사를 지으러 가기 때문입니다.
도시의 아파트	한 건물에 여러 집이 있기 때문에 인터폰을 사용해 빠르고 편리하게 연락을 함.

② 사람들이 하는 일에 따라 통신 수단을 이용하는 모습이 다릅니다.
• 경찰관들끼리 무전기를 가지고 출동해야 할 곳을 알려 줍니다.
• 할인점 직원은 무선 마이크를 이용해 물건을 팔면서 상품을 설명합니다.
• 택시 기사는 휴대 전화로 손님의 부름 요청을 받습니다.
• 선생님은 컴퓨터 쪽지창으로 공지 사항을 알립니다.

❺ 통신 수단의 발달로 달라질 미래의 생활 모습 자료 ⑥

① 건강을 관리해 주는 특별한 통신 수단
• 손목에 차고 있는 기계가 가족과 의사 선생님에게 환자의 건강 상태를 알려 줍니다.
• 몸이 아플 때 빠르게 대처할 수 있습니다. → 위급한 상황을 빨리 해결할 수 있을 것입니다.

② 통신 수단이 발달로 달라질 미래의 생활 모습
• 무선 인터넷이 다양한 사물에 적용되어서 사람들의 생활을 더욱 편리하게 만들어 줄 것입니다.
• 통신 기술이 발달해 많은 사람이 스마트 카를 탈 것입니다.

자료 ④ 통신 수단의 이용 모습

학교에서
• 통신 수단: 컴퓨터, 스피커, 인터폰 등
• 이용 모습: 책에서 얻지 못하는 정보들을 컴퓨터로 볼 수 있음.

집에서
• 통신 수단: 컴퓨터, 휴대 전화, 라디오 등
• 이용 모습: 휴대 전화로 동영상을 보거나 인터넷 쇼핑을 함.

회사에서
• 통신 수단: 컴퓨터, 화상 통화 등
• 이용 모습: 회사에서 메신저를 사용해 일을 하고 화상 회의를 함.

자료 ⑤ 하는 일에 따른 통신 수단

• 사람들이 일을 더욱 빠르고 편리하게 처리하기 위해 하는 일에 맞는 통신 수단을 활용합니다.
• 아파트나 관공서에서는 인터폰을 사용합니다.
• 경찰관이나 소방관은 무전기를 사용합니다.
• 잠수부나 경매사는 수신호를 사용합니다.

▲ 경찰관

▲ 할인점 직원

▲ 택시 기사

▲ 선생님

자료 ⑥ 사물 인터넷

사물 인터넷이란 사람, 사물, 공간, 데이터 등 모든 것이 인터넷으로 서로 연결되어 정보가 생성·수집·공유·활용되는 초연결 인터넷을 말합니다.

현재는 가전제품, 전자 기기뿐만 아니라 건강 관리, 원격 검침, 스마트 홈, 스마트 카 등 다양한 분야에서 활용되고 있습니다.

개념을 확인해요

🌵 장소에 따른 통신 수단

• 수신호를 사용해 생각을 전함.

▲ 잠수부

▲ 경매사

• 농촌 주택과 도시 아파트의 통신 수단

▲ 마을 방송

▲ 인터폰

🌵 통신 수단이 발달하면 달라질 생활 모습

• 더욱 쉽고 빠르게 정보를 전할 수 있습니다.
• 더욱 편리하게 생활할 수 있습니다.

🌵 교통수단과 통신 수단이 결합된 스마트 카의 기능

• 인터넷 접속이 가능한 자동차 가상 화면: 자동차 유리창에 인터넷 화면이 떠서 운전하면서 정보를 편리하게 찾을 수 있습니다.
• 음성 인식으로 자율 주행: 목적지를 말하면 내가 운전을 하지 않아도 자동으로 데려다줍니다.
• 비상시 자동 위치 알림과 긴급 출동: 사고가 발생했을 때는 사고 발생 위치를 자동으로 사고를 처리하는 곳으로 보내줍니다.

📎 용어 풀이

❹ **수신호**(手 손 수 信 믿을 신 號 이름 호) 손으로 하는 신호.

❺ **무전기**(無 없을 무 電 번개 전 機 틀 기) 무선 전신이나 무선 전화를 하는 데 쓰는 기계.

❻ **화상 통화**(畵 그림 화 像 형상 상 通 통할 통 話 말씀 화) 상대방과 통화를 할 때 화면으로 서로의 얼굴을 보면서 통화하는 것.

---

11 우리가 통신 수단을 이용하는 곳은 ☐☐, 집, 직장, 길거리 등입니다.

12 ☐☐☐☐로 먼 곳에 있는 사람과 회의를 할 수 있습니다.

13 물속에서는 서로 자유롭게 생각을 표현하기 어렵기 때문에 ☐☐☐를 사용하여 생각을 전합니다.

14 농촌은 집이 모여 있지 않고 사람들이 논밭으로 농사를 지으러 가기 때문에 ☐☐☐☐을 사용해 연락을 합니다.

15 아파트에서는 한 건물에 여러 집이 있기 때문에 ☐☐☐을 사용해 빠르고 편리하게 연락을 합니다.

16 경찰관들끼리 ☐☐☐를 가지고 출동해야 할 곳을 알려 줍니다.

17 선생님은 ☐☐☐을 사용해 학교 일을 처리합니다.

18 택시 기사는 ☐☐☐☐로 손님의 부름 요청을 받습니다.

19 미래에는 통신 기술과 자동차 성능도 발달해 많은 사람들이 ☐☐☐ 카를 탈 것입니다.

20 ☐☐☐☐☐이란 사람, 사물, 공간, 데이터 등 모든 것이 인터넷으로 서로 연결되어 정보가 활용되는 초연결 인터넷을 말합니다.

핵심 1 옛날 사람들이 통신 수단을 이용했던 모습

❋ **옛날 사람들이 소식을 전하는 방법**
• 직접 찾아가서 말로 전했습니다.
• 사람을 시켜 편지를 보냈습니다.
• 많은 사람이 볼 수 있도록 글을 써서 붙였습니다.

❋ **옛날 사람들이 위급한 상황에서 소식을 전하는 방법**

북	북을 크게 쳐서 알렸음.
봉수	연기를 피워서 알렸음.
신호 연	연을 띄워서 작전이 바뀐 것을 알렸음.
새	새의 다리에 쪽지를 달아 정해진 곳으로 전달하도록 하였음.

1 휴대 전화나 편지와 같이 다른 사람에게 정보를 전달하는 데 사용하는 방법이나 도구를 통틀어 무엇이라고 하는지 쓰시오.

( )

2 옛날 사람들이 소식을 전하는 모습으로 바른 것은 어느 것입니까? ( )

① 지하철에서 운동 경기 중계를 본다.
② 휴대 전화로 친구에게 문자를 보낸다.
③ 컴퓨터로 친구들과 자료를 주고받는다.
④ 먼 곳에 있는 사람과 화상 회의를 한다.
⑤ 많은 사람들이 볼 수 있도록 글을 써서 붙인다.

3 옛날 사람들이 위급한 상황에서 소식을 전하기 위해서 사용한 통신 수단이 아닌 것은 어느 것입니까?

( )

① 북 　　② 새 　　③ 무전기
④ 봉수 　　⑤ 신호 연

핵심 2 오늘날 사람들이 이용하는 통신 수단

❋ **오늘날 사람들이 통신 수단을 이용하는 모습**

편지	편지로 소식을 전함.
휴대 전화	휴대 전화로 약속을 정함.
텔레비전	텔레비전으로 운동 경기를 시청함.
길도우미	길도우미로 길을 찾음.

❋ **오늘날 사람들이 많이 이용하는 통신 수단의 특징**
• 여러 사람에게 정보를 실시간으로 전달할 수 있습니다.
• 한 번에 정보를 많이 주고받을 수 있습니다.
• 여러 사람과 동시에 연락할 수 있습니다.
• 통신 기계 하나로 다양한 통신 방법을 이용할 수 있습니다.

4 오늘날 사람들이 통신 수단을 이용하는 모습으로 알맞은 것을 두 가지 고르시오. (,)

① 새의 다리에 편지를 묶어 소식을 전한다.
② 먼 곳까지 직접 가서 결혼 소식을 전한다.
③ 길도우미를 이용해 막히지 않는 길을 찾아간다.
④ 높은 산에서 연기를 피워 먼 지역에 소식을 전한다.
⑤ 휴대 전화로 전화를 걸어 친구와 약속 시간을 정한다.

5 오늘날 사람들이 많이 이용하는 통신 수단의 특징으로 알맞지 않은 것은 어느 것입니까? ( )

① 여러 사람과 동시에 연락할 수 있다.
② 정보를 실시간으로 전달할 수 있다.
③ 한 번에 정보를 많이 주고받을 수 있다.
④ 기계를 사용하지 않고 사람끼리 직접 소식을 전한다.
⑤ 통신 기계 하나로 다양한 통신 방법을 이용할 수 있다.

✳ **통신 수단을 사용하는 사람들의 모습**

학교	• 책에서 얻지 못하는 정보들을 컴퓨터로 볼 수 있음. • 친구들과 직접 만나지 않고도 모둠 과제를 의논함.
집	• 휴대 전화로 동영상을 볼 수 있음. • 휴대 전화를 이용해 물건을 살 수 있음.
회사	• 화상 통화로 먼 곳의 사람과 회의를 함. • 컴퓨터를 이용해 자료를 주고받을 수 있음.

✳ **통신 수단을 이용해 달라진 생활 모습**

• 은행에 가지 않아도 휴대 전화를 이용해 돈을 보낼 수 있습니다.
• 인터넷으로 영화를 예매할 수 있습니다.
• 스마트폰으로 실시간 운동 경기 중계를 봅니다.
• 스마트폰 배달 애플리케이션을 이용해 음식을 주문할 수 있습니다.

6 통신 수단의 발달로 변화한 오늘날의 학교 생활 모습으로 볼 수 없는 것은 어느 것입니까? (　　　)

① 텔레비전으로 아침 방송 조회를 본다.
② 선생님께서 칠판에 적으면서 수업을 한다.
③ 인터폰으로 선생님들이 급한 연락을 주고받는다.
④ 방송 스피커로 수업 시간과 쉬는 시간을 알려 준다.
⑤ 친구들과 직접 만나지 않고도 모둠 과제를 의논한다.

7 다음과 같은 일을 가능하게 한 통신 수단은 무엇인지 쓰시오.

> • 은행에 가지 않고도 돈을 보낼 수 있다.
> • 실시간으로 운동 경기 중계를 볼 수 있다.

(　　　　　　)

✳ **장소에 따라 달라지는 통신 수단 이용**

물속	서로 자유롭게 생각을 표현하기 어렵기 때문에 수신호를 사용하여 생각을 전함.
농촌의 주택	집이 모여 있지 않고 사람들이 논밭으로 농사를 지으러 가기 때문에 마을 방송을 사용해 연락을 함.
도시의 아파트	한 건물에 여러 집이 있기 때문에 인터폰을 사용해 빠르고 편리하게 연락을 함.

✳ **하는 일에 따라 달라지는 통신 수단 이용**

경찰관	경찰관들끼리 무전기를 가지고 출동해야 할 곳을 알려 줌.
할인점 직원	할인점 직원은 무선 마이크를 이용해 물건을 팔면서 상품 선전을 함.
택시 기사	택시 기사는 휴대 전화로 손님의 부름 요청을 받음.
선생님	선생님은 각 반에 쪽지창으로 공지 사항을 알림.

8 다음 장소에 따라 사용할 통신 수단으로 알맞은 것을 찾아 선으로 이으시오.

(1)	물속	•	• ㉠	마을 방송
(2)	농촌의 주택	•	• ㉡	수신호
(3)	아파트	•	• ㉢	인터폰

9 경찰관들끼리 출동할 곳을 알려 주기 위해서 주로 사용하는 통신 수단은 무엇인지 쓰시오.

(　　　　　　)

3단원

1 다음에서 설명하는 것은 무엇인지 쓰시오.

> 사람들의 생각이나 소식 등 각종 정보를 전달하는 데 사용하는 방법이나 도구를 일컫는 말이다.

(   )

2 옛날 사람들은 결혼 소식을 어떤 방법으로 알렸습니까? (   )

① 전보를 쳐서 전했다.
② 전화를 걸어서 전했다.
③ 직접 찾아가서 말로 전했다.
④ 문자 메시지를 보내서 전했다.
⑤ 편지를 써서 우편으로 부치면 집배원이 전했다.

3 다음 밑줄 친 통신 수단은 무엇입니까? (   )

> 옛날 사람들은 소식을 알리려고 먼 곳까지 직접 가거나 편지를 보냈다. 그리고 많은 사람들이 볼 수 있도록 글을 써서 벽에 붙이기도 하였다.

① 알림장 쓰기
② 파발 띄우기
③ 서찰 보내기
④ 편지 부치기
⑤ 방 붙여 알리기

4 다음은 어떤 통신 수단에 대한 설명입니까? (   )

> 조선 시대에 변방으로 가는 공문서나 긴급한 군사 정보를 신속하게 전달하기 위해 만든 통신 수단이다. 기발과 보발로 나뉘는데, 기발은 말을 타고 가서 전하는 것이고 보발은 사람이 직접 걸어가서 전하는 것이다.

① 새
② 파발
③ 서찰
④ 봉수
⑤ 신호 연

5 오늘날 사람들이 통신 수단을 이용하는 모습으로 바르지 않은 것은 어느 것입니까? (   )

① 편지로 소식을 전한다.
② 휴대 전화로 약속을 정한다.
③ 텔레비전으로 운동 경기를 시청한다.
④ 차를 운전하면서 길도우미를 사용한다.
⑤ 봉수대에 연기를 피워서 소식을 전한다.

6 옛날과 오늘날에도 모두 사용하고 있는 통신 수단은 무엇입니까? (   )

① 편지로 소식을 전한다.
② 텔레비전으로 뉴스를 본다.
③ 휴대 전화로 영화를 예매한다.
④ 휴대 전화로 알림장 내용을 알아본다.
⑤ 차를 운전하면서 길도우미로 길을 찾는다.

7 오늘날 통신 수단의 특징을 설명한 것으로 거리가 먼 것은 어느 것입니까? (   )

① 소식을 빠르게 전할 수 있다.
② 정보를 실시간으로 전달할 수 있다.
③ 한 번에 정보를 많이 주고받을 수 있다.
④ 휴대 전화로는 음성 통화만을 할 수 있다.
⑤ 하나의 기계로 여러 사람과 동시에 연락할 수 있다.

8 수민이가 오늘 하루 동안 통신 수단을 이용한 모습을 잘못 설명한 것은 어느 것입니까? (　　)

① 집에서 텔레비전으로 뉴스를 보았다.
② 파발로 온 학교의 주간 소식을 받아 보았다.
③ 과학 시간에 디지털 교과서로 수업을 하였다.
④ 휴대 전화로 등교 문자 알림 서비스를 이용했다.
⑤ 학교 오는 길에 버스를 타면서 버스 도착 시간 안내표를 보았다.

9 화재가 발생한 상황을 알려 주는 통신 수단에는 어떤 것이 있는지 쓰시오.

(　　　　　　　　　　)

10 다음은 전화의 발달 과정을 나타낸 것입니다. ㉠에 들어갈 알맞은 말은 무엇입니까? (　　)

| 교환원이 있는 전화 | ➡ | 유선 전화 |

| 스마트폰 | ⬅ | ㉠ |

① 무전기　　　　② 인터폰
③ 공중전화　　　④ 무선 전화
⑤ 인터넷 전화

11 전화의 발달로 변화된 사람들의 달라진 생활 모습으로 알맞지 <u>않은</u> 것은 어느 것입니까? (　　)

① 문자로 소식을 전할 수 있다.
② 밖에서 이동하면서 전화할 수 있다.
③ 요금을 내지 않고 전화를 할 수 있다.
④ 상대방의 얼굴을 보면서 전화할 수 있다.
⑤ 교환원이 없이도 상대방에게 직접 전화를 할 수 있다.

12 통신 수단의 발달로 달라진 사람들의 생활 모습으로 알맞지 <u>않은</u> 것은 어느 것입니까? (　　)

① 인터넷으로 영화를 예매할 수 있다.
② 회사에서 메신저를 사용해 업무를 처리한다.
③ 시장이나 가게에 직접 가야만 물건을 살 수 있다.
④ 친구들과 직접 만나지 않고도 모둠 과제를 의논할 수 있다.
⑤ 스마트폰 배달 애플리케이션을 이용해 음식을 주문할 수 있다.

🌸 다음 신문을 읽고, 물음에 답하시오. [13~14]

| ○○일보　　　　　　　19△△년 △△월 △△일 |

삐삐(무선 호출기)를 가진 대학생들이 늘어나면서 여러 가지 문제점이 나타나고 있다. 최근 들어 방과 후, 점심시간, 심지어 쉬는 시간까지 학교 안팎의 공중전화 박스 앞은 삐삐를 치려는 학생들로 긴 줄이 늘어서 있는 경우가 많다.

13 위 글의 밑줄 친 부분처럼 삐삐를 치려는 사람들이 공중전화 박스에 줄을 서는 까닭은 무엇입니까? (　　)

① 공중전화 요금이 싸기 때문이다.
② 삐삐로 전화를 걸거나 메시지를 보낼 수 없기 때문이다.
③ 공중전화 박스 안이 조용해서 통화하기 좋기 때문이다.
④ 공중전화 박스 옆에서만 삐삐로 메시지를 보낼 수 있기 때문이다.
⑤ 공중전화 박스 안에 삐삐로 호출한 전화번호를 볼 수 있는 장치가 있기 때문이다.

14 앞에서 이러한 통신 수단을 오늘날에는 사용하지 않게 된 까닭은 무엇 때문입니까? (　　　)

① 삐삐를 사용하는 요금이 너무 비싸졌기 때문에
② 개인이 가지고 다니기에는 너무 불편하였기 때문에
③ 삐삐로부터 나오는 전자파가 사람의 몸에 해롭기 때문에
④ 상대방에게 직접 문자나 전화를 할 수 있는 휴대 전화가 생겼기 때문에
⑤ 삐삐로 인해 학교에서 발생하는 부작용이 많아 나라에서 사용을 금지시켰기 때문에

15 수족관과 같은 물속에서 일하는 사람들은 어떤 방법으로 서로의 생각을 전합니까? (　　　)

① 직접 말로 생각을 전한다.
② 텔레파시로 생각을 전한다.
③ 인터폰으로 생각을 전한다.
④ 휴대 전화로 생각을 전한다.
⑤ 수신호를 정하여 생각을 전한다.

16 농촌의 주택에서는 어떤 통신 수단을 이용하여 연락하는 것이 편리합니까? (　　　)

① 인터넷　　　② 인터폰
③ 수신호　　　④ 마을 방송
⑤ 무전기

서술형

17 농촌 주택과 달리 도시의 아파트에서는 인터폰과 같은 통신 수단을 사용하는 이유를 쓰시오.

_____

_____

18 다음과 같은 일을 하는 사람들은 주로 어떤 통신 수단을 사용합니까? (　　　)

▲ 경찰관

▲ 소방관

① 라디오　　　② 수신호
③ 무전기　　　④ 인터폰
⑤ 무선 호출기

서술형

19 갑자기 몸이 아프거나 사고가 났을 때 전화기에 어떤 기능이 있으면 더 좋을지 통신 수단의 발달과 관련지어 쓰시오.

_____

_____

20 무선 인터넷이 연결된 스마트 카의 모습으로 알맞지 않은 것은 어느 것입니까? (　　　)

① 연료를 넣지 않아도 움직인다.
② 빠른 길을 실시간으로 알려 준다.
③ 교통 정보를 실시간으로 알려 준다.
④ 자동차가 차선을 벗어나면 경고음을 울린다.
⑤ 사고가 나면 처리해 주는 곳으로 자동으로 신호를 보내 준다.

서술형

1 옛날 사람들은 결혼 소식을 전하기 위해서 어떻게 하였는지 쓰시오.

_____

🌷 다음 사진을 보고, 물음에 답하시오. [2~3]

▲ 봉수

▲ 북

2 위의 사진은 옛날 사람들이 이용했던 통신 수단입니다. 공통적으로 어떤 경우에 소식을 전하는 모습입니까? (   )

① 결혼 소식을 전할 때
② 합격자를 알리려고 할 때
③ 임금이 신하를 부르려고 할 때
④ 아랫사람이 윗사람에게 안부를 전할 때
⑤ 적이 쳐들어오거나 위급한 상황이 발생했을 때

주의

3 옛날 사람들이 이용했던 위와 같은 통신 수단과 성격이 다른 것은 어느 것입니까? (   )

① 새   ② 연   ③ 서찰
④ 인터넷   ⑤ 파발

4 오늘날 사람들이 통신 수단을 이용하는 모습으로 바르지 않은 것은 어느 것입니까? (   )

① 파발   ② 길도우미   ③ 인터넷
④ 휴대 전화   ⑤ 모바일 메신저

5 다음 빈칸에 들어갈 알맞은 말은 어느 것입니까?
(   )

> 오늘날 사람들은 [   ]의 발달로 휴대 전화, 텔레비전, 길도우미 등 여러 가지 통신 수단을 이용한다.

① 신체   ② 정신   ③ 문화
④ 교통   ⑤ 과학 기술

중요

6 오늘날 통신 수단의 특징으로 가장 바른 것은 어느 것입니까? (   )

① 특별한 기계를 사용하지 않는다.
② 정보를 전달하는 데 시간이 오래 걸린다.
③ 소식을 실시간으로 빠르게 전할 수 있다.
④ 한 번에 한 가지의 정보만을 보낼 수 있다.
⑤ 많은 사람이 한 곳에 모여서 소식을 전한다.

7 다음 ㉠~㉢에 자신이 이동한 장소에서 사용한 통신 수단을 쓰시오.

이동한 장소	집	거리	학교
사용한 통신 수단	(㉠)	(㉡)	(㉢)

㉠: (   )

㉡: (   )

㉢: (   )

3 단원

8 통신 수단의 발달로 달라진 학교 생활의 모습으로 바르지 <u>않은</u> 것은 어느 것입니까? (　　　)

① 텔레비전으로 아침 방송 조회를 한다.
② 화상 통화로 먼 곳의 사람과 회의를 할 수 있다.
③ 인터폰으로 선생님들이 급한 연락을 주고받는다.
④ 친구들과 직접 만나지 않고도 모둠 과제를 의논할 수 있다.
⑤ 방송 스피커를 통해 수업 시간과 쉬는 시간에 종소리가 울린다.

9 오늘날 가정에서 주로 활용하고 있는 통신 수단과 거리가 <u>먼</u> 것은 어느 것입니까? (　　　)

① 컴퓨터　　　　　② 텔레비전
③ 휴대 전화　　　　④ 태블릿 피시(PC)
⑤ 무선 호출기(삐삐)

10 통신 수단이 발달해 가정에서는 어떤 점이 편리해졌는지 두 가지 고르시오. (　　 , 　　)

① 다양한 나라의 음식을 맛볼 수 있다.
② 빠른 시간에 약속 장소에 갈 수 있다.
③ 화상 통화로 먼 곳의 사람과 회의를 할 수 있다.
④ 통신 수단을 이용해 다양한 여가 생활을 할 수 있다.
⑤ 휴대 전화를 이용해 가게에 직접 가지 않아도 물건을 살 수 있다.

11 회사에서 통신 수단을 활용해 일하는 모습과 거리가 <u>먼</u> 것은 어느 것입니까? (　　　)

① 컴퓨터로 서류를 결재한다.
② 외국에 있는 사람과 통화를 한다.
③ 여름에 시원한 사무실에서 일을 한다.
④ 먼 곳에 있는 사람과 화상 회의를 한다.
⑤ 메신저를 이용해 일과 관련된 대화를 한다.

12 다음과 같은 통신 수단은 무엇입니까? (　　　)

> 상대방의 번호로 전화를 걸어 자신의 전화번호를 남기거나 간단한 음성 메시지를 남길 수도 있다.

① 인터폰　　　　　② 무전기
③ 스마트폰　　　　④ 무선 전화기
⑤ 무선 호출기(삐삐)

13 농촌의 주택에서 연락을 할 때 마을 방송을 사용하는 까닭은 무엇입니까? (　　　)

① 집이 모두 크기 때문에
② 집이 모여 있지 않기 때문에
③ 한 건물에 여러 집이 있기 때문에
④ 농촌의 집에는 통신 기기를 설치할 수 없기 때문에
⑤ 농촌에는 노인들이 많아 통신 수단을 잘 사용할 줄 모르기 때문에

14 아파트에서 주민들에게 연락을 할 때 인터폰을 사용하는 이유를 바르게 말한 친구는 누구입니까?

- 진우: 한 건물에 여러 집이 있기 때문이야.
- 종훈: 집이 모여 있지 않고 주민들이 논밭으로 농사를 지으러 가기 때문이야.
- 용덕: 서로의 생각을 자유롭게 표현하기 어렵기 때문이야.

( )

15 아파트나 높은 건물을 짓는 건설 현장에서 사람들은 어떤 통신 수단을 이용합니까? ( )

① 전보　　　　② 수신호
③ 마을 방송　　④ 무전기
⑤ 무선 호출기(삐삐)

16 다음 사진에서 이용하고 있는 통신 수단은 무엇인지 쓰시오.

(1)

고객님께 알려 드립니다. 지금부터 수박을 싸게 판매합니다.

(2)

지하철역에서 시청까지 가려는 손님이 있습니다.

( )　　( )

서술형

17 사람들이 하는 일에 따라 이용하는 통신 수단이 다른 까닭을 쓰시오.

_____

_____

다음 글을 읽고, 물음에 답하시오. [18~19]

　　　　　은 우리 주변의 사물을 인터넷으로 연결하여 정보를 수집하고 공유할 수 있는 것을 말한다. 가전제품, 전자 기기뿐만 아니라 건강 관리, 원격 검침, 스마트 홈, 스마트 카 등 다양한 분야에서 활용되고 있다.

18 위의 빈칸에 들어갈 알맞은 말은 무엇인지 쓰시오.

( )

19 위 글에서 설명하는 기술이 발달하면서 달라질 생활 모습으로 바르지 <u>않은</u> 것은 어느 것입니까? ( )

① 돛단배를 타고 먼 바다로 나간다.
② 밖에서 스마트폰으로 집의 전등을 켤 수 있다.
③ 인터넷이 연결된 스마트 카를 타고 여행을 간다.
④ 병원에 가지 않아도 의사에게 진료를 받을 수 있다.
⑤ 냉장고에 있는 음식이 떨어지면 알아서 알려준다.

20 다음과 같이 인터넷으로 연결되어 자율 주행 등 다양한 기능을 가진 자동차는 무엇인지 쓰시오.

- 자동차 유리창에 인터넷 화면이 떠서 운전하면서 정보를 편리하게 찾을 수 있다.
- 목적지를 말하면 내가 운전을 하지 않아도 자동으로 데려다준다.

( )

1 다음 옛날 사람들이 평소에 이용하던 통신 수단을 보고, 물음에 답하시오.

▲ 서찰

▲ 파발

▲ 방

(1) 옛날 사람들은 평소에 어떤 방법으로 소식을 전하였는지 쓰시오.

_____

(2) 옛날 사람들이 위의 통신 수단을 이용한 까닭은 무엇인지 쓰시오.

_____

관련 핵심 개념

옛날 사람들이 이용한 통신 수단

사람이 직접 찾아가 편지를 전하거나 말을 타고 편지를 전하는 모습, 그리고 방을 붙여 놓은 것을 볼 수 있습니다. 이를 참고하여 답을 쓰도록 합니다.

2 다음 사진을 보고, 물음에 답하시오.

ㄱ

ㄴ

ㄷ

ㄹ

(1) 위 ㉠~㉣은 어떤 통신 수단을 이용하는 모습인지 쓰시오.

㉠: (   ) ㉡: (   )

㉢: (   ) ㉣: (   )

(2) 위 ㉠~㉣에 나타난 통신 수단은 어떤 경우에 이용하는지 쓰시오.

㉠: _____

㉡: _____

㉢: _____

㉣: _____

관련 핵심 개념

오늘날 사람들이 이용하는 통신 수단

오늘날 우리가 생활에서 통신 수단을 이용하는 모습입니다. 이 통신 수단을 무엇이라고 하는지 생각해 봅니다.

3 다음 사진을 보고, 물음에 답하시오.

ㄱ
▲ 가정에서의 통신 수단

ㄴ
▲ 회사에서의 통신 수단

(1) 위 ㄱ과 ㄴ은 통신 수단을 어떻게 활용하는 모습인지 쓰시오.

ㄱ: _____

ㄴ: _____

(2) 위와 같이 우리 생활에서 통신 수단이 발달하면 어떤 좋은 점이 있는지 쓰시오.

_____

_____

관련 핵심 개념

통신 수단의 발달이 우리 생활에 미친 영향

휴대 전화는 전화 기능 뿐만 아니라 다양하게 활용될 수 있습니다. 회사에서는 직접 만나지 않고도 발달된 통신 수단을 활용하여 회의를 진행합니다.

3 단원

4 다음 사진을 보고, 물음에 답하시오.

ㄱ 오늘 저녁 7시에 마을 회관에서 회의가 있습니다. 꼭 참석해 주시기 바랍니다.

ㄴ 1604호죠? 경비실에 우편물이 도착해 있습니다. 찾아가세요.

(1) ㄱ의 농촌의 주택과 ㄴ의 도시의 아파트를 비교하여 각각 어떤 특징이 있는 생활 장소인지 쓰시오.

_____

(2) ㄱ의 농촌의 주택과 ㄴ의 도시의 아파트에서는 어떤 통신 수단을 이용하고 있는지 쓰시오.

ㄱ: _____

ㄴ: _____

관련 핵심 개념

장소에 따라 달라지는 통신 수단

집이 어떻게 분포하고 있는지를 생각해 보고 그 차이점을 쓰도록 합니다. 그리고 어떤 통신 수단이 효율적으로 이용될 수 있는지 생각해 봅니다.

1 옛날 사람들이 이용한 교통수단 중에서 땅에서 이용한 교통수단과 물에서 이용한 교통 수단을 쓰시오.

(1) 땅에서 이용한 교통수단

( )

(2) 물에서 이용한 교통수단

( )

2 오른쪽과 같은 동물은 언제 이용한 옛날의 교통수단입니까?

( )

① 논을 갈 때
② 장에 갈 때
③ 씨를 뿌릴 때
④ 물고기를 잡을 때
⑤ 많은 물건을 한 번에 옮길 때

3 옛날 사람들이 이용한 교통수단의 좋은 점을 두 가지 고르시오. (,)

① 힘이 많이 들지 않는다.
② 환경을 오염시키지 않는다.
③ 환경의 영향을 받지 않았다.
④ 여러 사람이 함께 이용할 수 있다.
⑤ 자연에서 쉽게 구할 수 있는 재료를 사용한다.

서술형

4 다음 두 교통수단의 공통점은 무엇인지 쓰시오.

▲ 증기선   ▲ 전차

_____

_____

5 제주도에서 관광을 할 때 이용하기 어려운 교통수단은 어느 것입니까? ( )

① 택시   ② 기차   ③ 자전거
④ 버스   ⑤ 자동차

6 오늘날 사람들이 교통수단을 이용하는 모습으로 바르지 <u>않은</u> 것은 어느 것입니까? ( )

① 회사에 출근할 때
② 해외로 출장을 갈 때
③ 현장 체험 학습을 갈 때
④ 할머니께 안부를 전할 때
⑤ 시골에 계신 할머니 댁에 갈 때

7 우리 고장에서 이용하는 교통수단에는 무엇이 있는지 쓰시오.

( )

다음 일기를 읽고, 물음에 답하시오. [8~9]

20△△년 △△월 △△일 △요일

할머니 생신

오늘은 부산에 계시는 할머니의 생신 잔치가 있는 날이다. 그래서 우리 가족은 서울역에서 아침 9시에 출발하는 고속 열차를 타고 부산으로 갔다.

12시에 친척들이 모두 모여 할머니 생신을 축하해 드리고 점심을 먹었다. 할머니께서는 나에게 "할머니가 어렸을 때에는 서울에서 부산까지 오는 데 하루가 걸렸는데 요즘은 빨리 오는구나."라고 말씀하셨다. 나는 할머니의 말씀이 잘 이해되지 않았다. 그때 옆에 계신 어머니께서 "옛날에는 고속 열차도 없고, 도로도 좋지 않아서 먼 곳으로 이동하려면 시간이 오래 걸렸단다. 그래서 하루 전에 출발하기도 했었지."라고 말씀하셨다.

고속 열차를 타고 집으로 돌아오는 길에 교통수단이 발달하면서 사람들의 생활 모습이 어떻게 달라졌는지 궁금해졌다.

---

8 위 가족이 부산에 가기 위해 이용할 수 있는 다른 교통수단으로 알맞은 것은 어느 것입니까? (   )

① 지하철   ② 자전거
③ 고속버스   ④ 마을 버스
⑤ 오토바이

9 글쓴이의 가족이 부산에 가기 위해 고속 열차를 이용한 까닭으로 알맞은 것은 무엇입니까? (   )

① 빠르기 때문에
② 이용료가 싸기 때문에
③ 좌석이 넓고 안락하기 때문에
④ 친구들에게 자랑할 수 있기 때문에
⑤ 부산에 가는 교통수단이 고속 열차밖에 없기 때문에

10 자동차를 타고 가다가 이용하는 시설이 <u>아닌</u> 것은 어느 것입니까? (   )

① 주유소   ② 휴게소   ③ 관제탑
④ 주차장   ⑤ 가스 충전소

---

11 교통이 발달하면서 변화한 고장의 모습으로 알맞지 <u>않은</u> 것은 어느 것입니까? (   )

① 큰 도시로 발달하였다.
② 사람이 점점 많아졌다.
③ 사람들의 활동 범위가 좁아졌다.
④ 가게, 터미널 등 다양한 시설이 들어섰다.
⑤ 다른 지역으로 갈 수 있는 길이 많아졌다.

다음 그래프를 보고, 물음에 답하시오. [12~13]

12 위 그래프에서 우리나라 사람들이 가장 많이 이용하는 교통수단은 무엇인지 쓰시오.

(   )

13 위 그래프와 같이 우리나라 사람들이 승용차나 버스, 택시 등이 교통수단을 주로 이용하는 까닭으로 알맞은 것은 어느 것입니까? (   )

㉠ 이용하는 비용이 적게 들기 때문이다.
㉡ 한 번에 많은 물건을 나를 수 있기 때문이다.
㉢ 우리나라 땅 곳곳이 도로로 연결되어 있기 때문이다.
㉣ 다른 교통수단에 비해 이동 속도가 가장 빠르기 때문이다.
㉤ 멀리까지 가지 않고 집 근처나 회사 근처에서도 쉽게 이용할 수 있기 때문이다.

---

① ㉠, ㉡   ② ㉡, ㉣   ③ ㉠, ㉢, ㉤
④ ㉡, ㉢, ㉣   ⑤ ㉢, ㉣, ㉤

14 농촌 지역에서 사용하는 다음 교통수단은 무엇인지 쓰시오.

> • 밭을 간다.
> • 약을 뿌린다.
> • 무거운 농사 도구나 농산물을 운반할 때 이용한다.

(   )

15 옛날 사람들이 소식을 전하는 방법으로 알맞지 않은 것은 어느 것입니까? (   )

① 편지를 보내어 소식을 전했다.
② 사람이 직접 가서 말로 소식을 전했다.
③ 글을 써서 붙여 사람들이 보게 하였다.
④ 누리 소통망 서비스를 통해 소식을 전했다.
⑤ 위급한 상황이 발생했을 때에는 새, 신호 연, 봉수, 북 등을 이용해 소식을 전했다.

16 다음에서 설명하는 통신 수단은 무엇인지 쓰시오.

> • 낮에는 연기로 밤에는 횃불로 먼 곳까지 정보를 전달하였다.
> • 횃불이나 연기의 개수에 따라 위급한 정도를 알렸다.

(   )

17 알림장을 학교에 두고 왔을 때 준비물을 알아보는 가장 손쉬운 방법은 어느 것입니까? (   )

① 친구에게 편지를 써서 알아본다.
② 선생님 댁에 찾아가 여쭈어본다.
③ 친구에게 전화를 해서 물어본다.
④ 친구 집에 찾아가 친구에게 물어본다.
⑤ 학교에 가서 알림장을 찾아와서 확인한다.

서술형

18 다음은 통신 수단의 발달로 달라진 우리의 생활 모습을 정리한 것입니다. ㉠에 들어갈 내용을 쓰시오.

장소	생활 모습
집	• 휴대 전화를 이용해 필요한 물건을 산다. • 친구들과 문자로 모둠 과제에 대해 의논한다.
직장	• _____㉠_____ • 화상 통화로 먼 곳에 있는 사람들과 회의를 한다.
학교	• 직접 관찰하기 어려운 것들을 컴퓨터 영상 자료로 본다. • 텔레비전으로 아침 방송 조회를 볼 수 있다.

19 농촌의 주택과 도시의 아파트에서 활용하면 편리한 통신 수단을 찾아 선으로 이으시오.

(1) 농촌의 주택 •   • ㉠ 인터폰

(2) 아파트 •   • ㉡ 마을 방송

20 통신 수단의 발달이 우리 생활에 미치는 영향으로 바른 것은 어느 것입니까? (   )

① 정보의 양이 줄어든다.
② 생활이 더욱 불편해진다.
③ 더욱 쉽고 빠르게 정보를 전한다.
④ 사람 간의 의사소통이 불편해진다.
⑤ 소식을 전할 때 날씨의 영향을 많이 받는다.

1 옛날 사람들이 물에서 이용한 교통수단은 어느 것입니까? (　　)

① 말　　　② 가마　　　③ 소달구지
④ 돛단배　　⑤ 인력거

2 옛날의 교통수단 중에서 주로 물건을 옮길 때 사용한 것은 어느 것입니까? (　　)

① 말　　　② 당나귀　　③ 인력거
④ 가마　　⑤ 소달구지

3 옛날 사람들이 이용한 교통수단의 불편한 점이 <u>아닌</u> 것은 어느 것입니까? (　　)

① 힘이 많이 든다.
② 시간이 많이 걸린다.
③ 연료비가 많이 든다.
④ 환경의 영향을 많이 받는다.
⑤ 여러 사람들이 함께 이용할 수 없다.

다음 교통수단을 보고, 물음에 답하시오. [4~5]

▲ 전차　　　▲ 증기선　　　▲ 비행기

4 위 교통수단들은 공통적으로 어떤 힘을 이용하여 움직였습니까? (　　)

① 동물　　② 바람　　③ 사람
④ 기계　　⑤ 수증기

서술형

5 앞과 같은 새로운 교통수단을 이용하면서 사람들의 생활 모습은 어떻게 달라졌는지 쓰시오.

_____

6 서울에 사는 영호네 가족이 제주도에 갈 때 이용한 교통수단으로 바른 것은 어느 것입니까? (　　)

① 버스　　　② 승용차　　③ 지하철
④ 자전거　　⑤ 비행기

7 옛날과 비교했을 때 오늘날 교통수단의 특징으로 알맞지 <u>않은</u> 것은 어느 것입니까? (　　)

① 먼 곳까지 갈 수 있다.
② 자연의 힘을 이용한다.
③ 빠르고 편안하게 이동할 수 있다.
④ 과학 기술의 발달과 관계가 있다.
⑤ 많은 사람과 물건을 실어 나를 수 있다.

8 오늘날 사람들이 여행을 할 때 이용하는 교통수단으로 알맞지 <u>않은</u> 것은 어느 것입니까? (　　)

① 승용차　　　② 비행기
③ 당나귀　　　④ 고속버스
⑤ 고속 열차

서술형

9 여러분이 서울에서 부산으로 여행을 간다면 어떤 교통수단을 이용할지 쓰고, 그 교통수단을 선택한 까닭을 쓰시오.

_____

_____

_____

10 오늘날 우리가 이용하는 교통수단의 좋은 점과 거리가 먼 것은 어느 것입니까? (   )

① 시간 약속을 지킬 수 있다.
② 힘들지 않고 목적지까지 갈 수 있다.
③ 빠르고 안전하게 목적지까지 갈 수 있다.
④ 길을 헤매지 않고 약속 장소에 정확히 갈 수 있다.
⑤ 집 현관문을 지남과 동시에 곧바로 이용할 수 있다.

11 교통수단의 이용과 관련된 다음 시설물에 대한 설명으로 바른 것은 어느 것입니까? (   )

① 교통을 정리하는 관제탑이 있다.
② 공항, 공항 버스, 공항 철도 등이 있다.
③ 잠시 쉴 수 있는 휴게소와 졸음 쉼터가 있다.
④ 역 주변에는 상점이 많고 항상 사람들이 많다.
⑤ 많은 짐을 실을 수 있는 컨테이너 부두가 있다.

12 교통수단의 발달로 달라진 사람들의 생활 모습이 아닌 것은 어느 것입니까? (   )

① 사람들의 활동 범위가 좁아졌다.
② 사람들이 멀리까지 빠르게 갈 수 있다.
③ 무거운 물건을 빠르게 먼 곳까지 보낼 수 있다.
④ 예전에 가기 어려웠던 곳도 편리하게 갈 수 있다.
⑤ 여러 가지 시설이 만들어지고 새로운 직업들이 생겨났다.

13 다음 사진의 교통수단을 이용하는 것은 울릉도의 어떤 특성과 관련이 있습니까? (   )

① 강이 많다.
② 눈이 많이 내린다.
③ 도로가 발달하였다.
④ 바다로 둘러싸인 섬이다.
⑤ 안개가 자주 끼기 때문이다.

14 사람들을 구조할 때 이용하는 교통수단으로 알맞지 않은 것은 어느 것입니까? (   )

① 소방차   ② 119 구급차
③ 시내 관광버스   ④ 해상 구조 보트
⑤ 산악 구조 헬리콥터

서술형

15 다음과 같은 전기 자동차를 많이 이용하게 된다면 우리 생활은 어떻게 달라질지 쓰시오.

---

16 옛날 사람들이 소식을 주고받을 때 이용했던 통신 수단으로 알맞은 것은 어느 것입니까? (　　　)

① 전화를 이용하였다.
② 인터폰을 이용하였다.
③ 인터넷을 이용하였다
④ 화상 통화를 이용하였다.
⑤ 사람이 직접 가서 말로 전했다.

17 옛날 사람들이 위급한 상황이 발생했을 때 이용한 통신 수단을 <u>잘못</u> 설명한 친구는 누구인지 쓰시오.

> • 병수: 연기를 피워서 위급한 상황을 알렸어.
> • 상수: 무전을 쳐서 적의 상황을 알렸어.
> • 상미: 북을 크게 쳐서 위급한 상황을 알렸어.
> • 민지: 연을 띄워서 작전이 바뀐 것을 알렸어.

（　　　　　　　）

서술형

18 전화가 발달하면서 사람들의 생활이 어떻게 달라졌는지 다음 빈칸에 들어갈 내용을 쓰시오.

> • 교환원 없이도 상대방에게 직접 전화할 수 있다.
>
> • 이동하면서도 전화할 수 있다.
>
> • ＿＿＿＿＿＿＿＿＿＿＿＿＿＿＿＿

---

19 다음과 같은 직업을 가진 사람들이 주로 이용하는 통신 수단은 무엇입니까? (　　　)

　▲ 경호원　　　▲ 소방관　　　▲ 경찰관

① 수신호　　　　　② 무전기
③ 메신저　　　　　④ 인터폰
⑤ 휴대 전화

20 무선 인터넷이 연결된 스마트 카의 특징을 두 가지 고르시오. (　　,　　)

① 연료를 넣지 않고 움직인다.
② 빠른 길을 실시간으로 알려 준다.
③ 자동차 안에서 즐거운 음악을 들을 수 있다.
④ 사고가 나면 처리하는 곳으로 자동으로 신호를 보내 준다.
⑤ 냉방 장치가 있어서 여름에는 시원하게 운전을 할 수 있다.

3
단원

응용

1 옛날 사람들이 교통수단을 이용한 모습으로 바르지 <u>않은</u> 것은 어느 것입니까? (   )

① 당나귀를 타고 장에 갔다.
② 돛단배를 이용해 강을 건넜다.
③ 소달구지를 이용해서 땔감을 날랐다.
④ 뗏목을 이용해 무거운 물건을 옮겼다.
⑤ 비행기를 타고 외국으로 여행을 하였다.

2 오른쪽의 교통수단에 대한 설명으로 바른 것은 어느 것입니까? (   )

▲ 전차

① 말이 끌어서 움직인다.
② 여러 명이 함께 탈 수 있다.
③ 오늘날에도 많은 사람들이 이용하고 있다.
④ 서울에서 부산까지 가는 데 7시간이 걸린다.
⑤ 많은 짐을 옮길 때 주로 이용하는 교통수단이다.

3 도윤이네 가족이 제주도에서 마라도에 가려면 어떤 교통수단을 이용해야 합니까? (   )

① 배   ② 기차   ③ 비행기
④ 지하철   ⑤ 고속버스

서술형

4 사람들이 이용하는 교통수단 중 버스는 주로 언제 이용하는지 쓰시오.

_____

5 다음 교통수단의 공통점으로 바르지 <u>않은</u> 것은 어느 것입니까? (   )

▲ 고속 열차   ▲ 비행기   ▲ 고속버스

① 속도가 빠르다.
② 먼 곳까지 갈 수 있다.
③ 자연의 힘을 이용하여 움직인다.
④ 여러 사람들이 같이 타고 다닌다.
⑤ 많은 사람과 물건을 실어 나를 수 있다.

6 서울에서 부산까지 교통수단별로 소요되는 시간을 바르게 말한 학생은 누구입니까? (   )

① 수민: 걸어서 일주일 걸려.
② 정은: 비행기를 타고 가면 2시간이면 돼.
③ 민지: 고속버스로는 2시간 40분밖에 안 걸려.
④ 상호: 증기 기관차로는 17시간이 걸린다고 해.
⑤ 태음: 고속 열차를 타면 4시간 30분이면 부산에 도착해.

7 부산항에서 일본의 대마도로 여행을 갈 때 부산항에서 볼 수 있는 교통수단과 관련 있는 시설물에는 무엇이 있는지 쓰시오.

(   )

8 다음 그래프를 보고, 잘못 설명한 것은 어느 것입니까? (　　　)

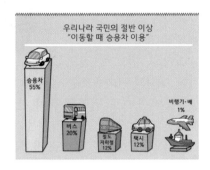

① 사람들은 승용차를 가장 많이 이용한다.
② 택시를 이용하는 사람의 비율도 12%가 된다.
③ 대부분의 직장인은 승용차를 이용하여 출퇴근을 한다.
④ 버스는 우리나라 사람들이 두 번째로 많이 이용하는 교통수단이다.
⑤ 비행기나 배를 이용하는 사람들의 비율은 다른 교통수단에 비해 많이 낮은 편이다.

9 농작물을 수확해 운반할 때 주로 이용하는 교통수단을 두 가지 고르시오. (　　,　　)

① 경운기
② 카페리
③ 케이블카
④ 지프 택시
⑤ 모노레일

10 다음 교통수단들의 쓰임새로 알맞은 것은 어느 것입니까? (　　　)

▲ 자전거

▲ 패러글라이딩

① 이동
② 통신
③ 화물 수송
④ 여가 활동
⑤ 인명 구조

11 다음과 같이 사람들이 위험에 처했을 때 구조를 위해 이용하는 교통수단으로 알맞지 않은 것은 어느 것입니까? (　　　)

① 구급차
② 레일 자전거
③ 해상 구조 보트
④ 구조용 특수 소방차
⑤ 산악 구조 헬리콥터

12 미래에 많은 사람들이 전기 자동차를 타고 다니게 되었을 때에 우리 생활에 어떤 변화가 생길지 바르게 설명한 어린이를 모두 쓰시오.

- 상수: 곳곳에 전기 충전소가 있을 거야.
- 노호: 자동차가 매연을 뿜는 광경은 볼 수 없을 거야.
- 수정: 주유소에서 기름을 넣으려는 사람들이 길게 줄을 설 거야.
- 미선: 환경 오염 물질을 배출하지 않아 깨끗한 공기 속에서 생활할 수 있어.

(　　　　　　　　)

13 미래의 교통수단으로 가장 알맞은 어느 것입니까? (　　　)

① 침대칸이 마련된 관광 열차
② 유람선보다 빨리 달리는 쾌속선
③ 스마트폰으로 호출할 수 있는 택시
④ 인공 지능을 갖춘 자율 주행 자동차
⑤ 많은 물건을 싣고 바다를 향해하는 화물선

응용

14 옛날 사람들은 시험에 합격한 사람을 알리기 위해 어떤 통신 수단을 이용했습니까? (　　　)

① 연을 띄워서 알렸다.
② 파발로 서찰을 보냈다.
③ 방을 붙여서 보게 하였다.
④ 합격자에게 편지를 부쳤다.
⑤ 봉수대에 연기를 피워서 알렸다.

15 오늘날 통신 수단의 특징을 바르게 설명한 것은 어느 것입니까? (　　　)

① 한 번에 정보를 많이 주고받을 수 있다.
② 손으로 신호를 정해서 의사소통을 한다.
③ 사람과 사람이 직접 만나서 소식을 전한다.
④ 많은 사람들이 알 수 있도록 큰 소리를 낸다.
⑤ 정보를 보내는 것은 가능하지만 받지는 못한다.

서술형

16 오늘날 사람들이 통신 수단을 이용하는 모습을 예를 들어 쓰시오.

_____

17 아버지께서 회사에서 발달된 통신 수단을 이용하여 하는 일을 정리한 것입니다. 빈칸에 들어갈 내용으로 알맞은 것은 어느 것입니까? (　　　)

> • 화상 통화로 먼 곳에 있는 사람과 회의를 한다.
> • _____
> • 컴퓨터를 이용해 자료를 주고받는다.

① 손님에게 녹차를 타서 대접한다.
② 복사기로 많은 서류들을 복사한다.
③ 메신저로 회사 사람과 연락을 주고받는다.
④ 인근 식당 홍보책자를 보며 점심 메뉴를 정한다.
⑤ 팀장에게 찾아가 오늘 지불해야 할 비용을 결재 맡는다.

18 오른쪽 사진의 통신 수단에 대해 잘못 설명한 것은 어느 것입니까? (　　　)

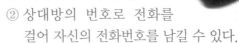

① '삐삐'라고도 부른다.
② 상대방의 번호로 전화를 걸어 자신의 전화번호를 남길 수 있다.
③ 상대방의 번호로 전화를 걸어 간단한 음성 메시지를 남길 수 있다.
④ 호출이 오면 호출한 번호로 전화를 해야 서로 통화를 할 수 있다.
⑤ 휴대 전화가 생겨나면서 더욱 인기를 끌어 많은 사람들이 사용하고 있다.

19 물속에서 사람들이 수신호를 사용하는 까닭은 무엇입니까? (　　　)

① 생각을 자유롭게 표현하기 어렵기 때문에
② 물속에서는 소음을 내지 말아야 하기 때문에
③ 물속에서는 상대방의 모습이 잘 보이지 않기 때문에
④ 수신호를 하는 것이 상대방에게 더 친절하게 보이기 때문에
⑤ 물속에서 통신 기계를 사용하는 것이 법으로 금지되어 있기 때문에

20 무선 인터넷이 연결된 스마트 카의 모습으로 바르지 않은 것은 어느 것입니까? (　　　)

① 한 번에 많은 사람들을 태운다.
② 사고가 나면 처리하는 곳으로 자동으로 신호를 보내 준다.
③ 실시간으로 교통 상황을 판단해 막히지 않는 길을 안내해 준다.
④ 사람이 직접 운전하지 않아도 목적지까지 안전하게 데려다 준다.
⑤ 자동차 유리창에 인터넷 화면이 떠서 정보를 편리하게 찾을 수 있다.

알을 품는 아빠 펭귄

남극에만 서식하는 '황제펭귄'은 남극의 겨울 동안에 알을 낳는 유일한 동물입니다. 이들은 알을 낳기 위해 남극의 내륙 지방으로 120km나 되는 거리를 걸어서 이동합니다. 이 거리는 서울에서 천안까지 가는 거리와 비슷합니다.

엄마 펭귄들은 알을 낳은 뒤 쇠약해진 몸을 이끌고 먹이를 먹으러 다시 120km를 이동합니다. 엄마 펭귄들은 먹이를 잔뜩 챙겨서 새끼가 태어날 때쯤 돌아옵니다. 그럼 엄마 펭귄들이 없는 동안 누가 알을 지키고 품을까요? 바로 아빠 펭귄들입니다.

남극의 겨울은 최대 영하 60도까지 떨어지기도 하는데 아빠 펭귄들은 이런 추위 속에서 4개월 동안 아무것도 먹지 않고 알을 발등에 올려놓고 품습니다.

추위를 막기 위해 아빠 펭귄들은 모여 있습니다. 바깥쪽에 있는 펭귄이 제일 추우니까 공평하게 안에서 밖으로, 다시 밖에서 안으로 서로 교대하면서 알을 품습니다.

그리고 마침내 아기 펭귄이 태어나면 아빠 펭귄들은 4개월 전부터 위 속에 간직했던 물고기를 아기 펭귄에게 먹입니다. 4달 동안 자신들은 아무것도 먹지 못했지만 새끼에게 먹이를 주려고 기다렸던 것입니다. 사람이나 동물이나 부모님의 사랑은 감히 헤아릴 수 없는 것 같습니다.

100점
예상문제

사회 3-1

3~4
학년군

1 다음 빈칸에 공통적으로 들어갈 알맞은 말은 무엇입니까? (   )

> • 대호: 우리 [   ]에는 학교, 도서관 등 다양한 장소가 있어.
>
> • 성범: 우리 [   ]의 장소를 찾아볼 때는 사진첩이나 일기장 등을 살펴보면 좋아.
>
> • 노용: 우리 [   ]에 대한 생각은 서로 다를 수 있어.

① 병원　　　　② 고장　　　　③ 구청
④ 중심지　　　⑤ 문화유산

2 오른쪽 사진의 장소에 대한 설명으로 바른 것은 어느 것입니까? (   )

① 아픈 사람들이 치료를 받는 곳이다.
② 우리 생활에 필요한 물건을 사고파는 곳이다.
③ 사람들이 다른 고장으로 이동할 수 있는 곳이다.
④ 우리 가족이 산책이나 운동을 하러 가는 곳이다.
⑤ 친구와 놀이 기구를 타면서 재미있게 노는 곳이다.

3 고장의 모습을 나타낼 장소로 알맞지 않은 곳은 어디입니까? (   )

① 숨기고 싶은 장소
② 내가 좋아하는 장소
③ 새롭게 달라진 장소
④ 내가 자주 가는 장소
⑤ 다른 사람에게 알리고 싶은 장소

4 다음 빈칸에 들어갈 알맞은 말은 무엇입니까?
(   )

> [   ]에 관한 생각이나 느낌을 표정이나 행동의 이모티콘, 색깔 등 다양한 방법으로 심상 지도에 나타낼 수 있다.

① 이름　　　　② 장소　　　　③ 백지도
④ 문화유산　　⑤ 터미널

다음 서윤이와 형석이가 그린 고장의 그림을 보고, 물음에 답하시오. [5~6]

▲ 서윤이가 그린 고장의 모습　　　▲ 형석이가 그린 고장의 모습

5 서윤이와 형석이의 그림에서 모두 볼 수 있는 것을 두 가지 고르시오. (,   )

① 희망산　　　② 모수천　　　③ 미용실
④ 도서관　　　⑤ 주민 센터

서술형

6 서윤이와 형석이가 그린 고장의 모습이 다른 이유를 쓰시오.

_____

_____

7 다음과 같은 특징을 가진 것은 무엇인지 쓰시오.

> • 다양한 크기의 면적을 볼 수 있다.
> • 고장을 자세히 볼 수도 있고 폭넓게 볼 수도 있다.
> • 매우 높은 곳에서 찍었기 때문에 같은 위치에서 고장을 살펴보는 것처럼 볼 수 있다.

(   )

다음 디지털 영상 지도를 보고, 물음에 답하시오. [8~9]

8 위 디지털 영상 지도를 이용했을 때의 좋은 점이 <u>아닌</u> 것은 어느 것입니까? (   )

① 우리 고장의 자세한 모습을 볼 수 있다.
② 우리 고장의 모습을 생생하게 볼 수 있다.
③ 우리 고장의 전체적인 모습을 볼 수 있다.
④ 높은 곳에서 우리 고장의 모습을 볼 수 있다.
⑤ 사람들이 생각하는 우리 고장의 모습을 다 볼 수 있다.

9 위 디지털 영상 지도에서 이용할 수 있는 기능으로 알맞지 <u>않은</u> 것은 어느 것입니까? (   )

① 게임 기능   ② 위치 찾기 기능
③ 증강 현실 기능   ④ 지도로의 변환 기능
⑤ 확대와 축소 기능

10 우리 고장을 처음 방문한 친구와 약속 장소를 정할 때에는 디지털 영상 지도의 어떤 기능을 이용해야 하는지 쓰시오.

(   )

11 다음 주제와 관계 깊은 우리 고장의 장소는 어디입니까? (   )

> 다른 고장으로 이동할 수 있는 곳이다.

① 시청   ② 도청   ③ 향교
④ 시장   ⑤ 기차역

12 다음 지도처럼 산, 강, 큰길 등의 밑그림만 그려진 지도를 무엇이라 합니까? (   )

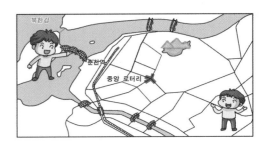

① 약도   ② 게시판   ③ 안내도
④ 백지도   ⑤ 영상 지도

13 우리 고장의 자랑할 만한 장소가 되기 위한 조건으로 알맞지 <u>않은</u> 것은 어느 것입니까? (   )

① 경치가 아름다운 곳
② 고장 사람들이 좋아하는 곳
③ 우리 고장 사람들만 알고 있는 곳
④ 역사적으로 중요한 사건과 관련된 곳
⑤ 다른 고장 사람도 인정할 만한 특징이 있는 곳

14 용인시에서 '포은'이라는 이름을 많이 쓰는 까닭으로 바른 것은 어느 것입니까? (   )

① 다른 고장의 나쁜 점을 알리기 위해서
② 옛날 사람들이 생활 모습을 알리기 위해서
③ 고장에서 사람들이 하는 일을 알리기 위해서
④ 고장의 아름다운 자연환경을 널리 알리기 위해서
⑤ 포은 정몽주 선생의 업적을 본받고 널리 알리기 위해서

15 옛이야기의 중요성에 대해 잘못 이야기한 어린이는 누구인지 쓰시오.

> • 경문: 고장에 있는 문화유산을 알 수 있어.
> • 중일: 옛이야기를 통해 고장의 특징과 유래를 알 수 있지.
> • 원우: 고장에서 자주 사용되는 이름의 유래를 알 수 있지.
> • 기태: 옛이야기를 통해 고장의 현재 생활 모습을 알 수 있어.

(   )

16 다음 빈칸에 들어갈 내용으로 바르지 <u>않은</u> 것은 어느 것입니까? (   )

> 고장의 이름을 지을 때에는 고장의 생김새나 고장에 있었던 일로 이름을 짓는다. 따라서 □□□을 알면 고장의 특징을 알 수 있다.

① 땅의 이름
② 고장의 옛이야기
③ 고장의 자연환경
④ 고장의 소득 수준
⑤ 사람들의 생활 모습

17 다음 지명을 통해 알 수 있는 사실은 무엇인지 쓰시오.

> '탄천'이 흐르는 지역에는 검은색 돌이 많아 강이 검은색으로 보였다는 이야기도 있다.

🌸 다음 사진을 보고, 물음에 답하시오. [18~19]

▲ 두물머리

▲ 말죽거리

▲ 기와말

▲ 얼음골

18 위 ㉠~㉣ 중에서 자연환경을 알 수 있는 지명의 기호를 쓰시오. (   )

19 위 ㉡에 대한 설명으로 바른 것은 어느 것입니까? (   )

① 두 물줄기가 만나는 곳이다.
② 말에게 죽을 끓여 먹였던 곳이다.
③ 한여름에도 얼음이 생기는 곳이다.
④ 기와를 굽던 큰 가마터가 있던 곳이다.
⑤ 섬 전체가 바위로 이루어져 있는 곳이다.

20 다음은 우리 고장의 옛이야기를 어떻게 소개하는 방법인지 쓰시오.

> 신문과 잡지에서 고장의 옛이야기가 나온 자료나 사진 등을 찾아서 오려 붙이고 친구들에게 소개한다.

(   )

1 우리 고장의 여러 장소에 관한 경험을 떠올리기 위해 살펴볼 자료로 알맞은 것은 어느 것입니까?

( )

① 지구본　　② 게임기　　③ 동화책
④ 사진첩　　⑤ 교과서

2 다음과 같이 친구들이 경험한 우리 고장의 장소는 어디입니까? ( )

> • 희동: 맛있는 음식이 많이 있었어.
> • 민우: 이곳에서 이것저것 많은 물건을 사왔어.
> • 창민: 생활에 필요한 물건을 사왔어.
>

① 역　　　　② 공원　　　③ 시장
④ 도서관　　⑤ 놀이터

3 우리 고장의 장소 알림판을 만드는 방법에 맞게 순서대로 기호를 쓰시오.

> ㉠ 우리 고장의 장소 카드 만들기
> ㉡ 우리 고장의 장소 알림판에 장소 카드 붙이기
> ㉢ 우리 고장의 여러 장소 떠올리기
> ㉣ 머릿속에 떠오른 장소에 대한 경험이나 느낌을 발표하기

( )

4 우리 고장의 장소 카드 ㉠에 들어갈 알맞은 장소는 어디입니까? ( )

> ㉠
>
> • 친구와 놀이 기구를 타고 술래잡기를 하는 곳이다.

① 공원　　　② 시장　　　③ 학교
④ 놀이터　　⑤ 터미널

서술형

5 다음과 같이 머릿속에 떠오르는 우리 고장의 모습을 그릴 때 주의할 점을 쓰시오.

_____

_____

6 우리 고장의 대한 생각과 느낌을 이야기할 때 바르지 <u>않은</u> 태도는 어느 것입니까? ( )

① 친구가 좋아하는 곳을 찾아본다.
② 고장의 대한 생각과 느낌은 모두 같다.
③ 친구가 잘 아는 곳이 어디인지 살펴본다.
④ 고장에 대한 서로 다른 생각과 느낌을 존중한다.
⑤ 특별하게 소개하고 싶은 곳이 있는지 친구에게 물어본다.

100점 예상문제

7 다음은 무엇의 특징을 설명한 것입니까? ( )

> 매우 높은 곳에서 찍었기 때문에 같은 위치에서 고장을 살펴보는 것처럼 일정한 크기로 보인다.

① 사진첩 ② 그림책 ③ 사진기
④ 백지도 ⑤ 인공위성 사진

8 디지털 영상 지도를 이용할 때의 좋은 점을 이야기하지 않은 친구는 누구인지 쓰시오.

> • 희동: 높은 곳에서 우리 고장을 살펴 볼 수 있지.
> • 민우: 우리 고장의 모습을 생생하게 볼 수 있어.
> • 창민: 우리 고장의 자세한 모습만 볼 수 있어.

( )

9 디지털 영상 지도의 기능에 대한 설명으로 바르지 않은 것은 어느 것입니까? ( )

① 확대와 축소 기능: 지도를 확대, 축소시킬 수 있다.
② 이동 기능: 지도 밖의 원하는 위치로 갈 수 있다.
③ 증강 현실 기능: 실제 그 장소에 있는 것처럼 주위를 둘러볼 수 있다.
④ 위치 찾기 기능: 검색창에 찾고자 하는 곳을 입력하면 지도에서 위치를 찾을 수 있다.
⑤ 지도로의 변환 기능: 영상 지도, 백지도, 일반(지도) 등으로 지도의 종류를 바꿀 수 있다.

10 디지털 영상 지도를 이용할 수 없는 것은 어느 것입니까? ( )

① 컴퓨터 ② 스마트폰
③ 길도우미 ④ 태블릿 피시(PC)
⑤ 사회과 부도

11 우리 고장의 주요 장소를 백지도에 나타내는 순서대로 기호를 쓰시오.

> ㉠ 우리 고장의 주요 장소들을 백지도에 표시한다.
> ㉡ 선택한 장소들의 위치를 디지털 영상 지도에서 찾아본다.
> ㉢ 우리 고장의 여러 장소 중에 백지도에 나타내고 싶은 장소를 먼저 정한다.
> ㉣ 주요 장소에 대한 생각과 느낌을 다양한 방법으로 표현해 백지도를 완성한다.

( )

12 우리 고장의 자랑할 만한 장소를 조사하는 방법으로 알맞지 않은 것은 어느 것입니까? ( )

① 외국인에게 물어본다.
② 주변 어른들께 여쭈어본다.
③ 시청 누리집에서 찾아본다.
④ 고장 안내 책자에서 찾아본다.
⑤ 고장 관광 누리집에서 찾아본다.

13 다음에서 설명하는 지도는 무엇인지 쓰시오.

> 우리 고장의 전체적인 모습과 특징 및 자랑할 만한 장소를 한눈에 살펴볼 수 있다.

( )

14 다음에서 설명하는 고장의 이름이 붙여진 곳은 어디입니까? (   )

> 옛날 이곳에 얼음을 저장하는 창고인 빙고가 있어서 붙여진 이름이다.

① 포은   ② 용인   ③ 얼음골
④ 서빙고동   ⑤ 두물머리

15 고장에 전해 내려오는 옛이야기가 중요한 이유를 쓰시오.

_____

 다음 이야기를 읽고, 물음에 답하시오. [16~17]

> 능소는 경상도에서 아버지와 함께 서울로 가다가 [   ] 삼거리에 정착하게 되었다. 몇 년 후 전라도에 사는 박현수가 과거 시험을 보러 서울로 가던 중 이곳에서 능소를 만나 결혼을 약속했다. 그 이후에 박현수가 과거에 급제해 이곳으로 능소를 만나러 오자 능소는 매우 기뻐 [   ] 삼거리 노래를 불렀다고 한다.

16 위 빈칸에 들어갈 지역의 이름을 쓰시오.

(   )

17 위 이야기에서 알 수 있는 내용으로 바르지 <u>않은</u> 것은 어느 것입니까? (   )

① 능소는 경상도에서 올라왔다.
② 박현수는 전라도에서 올라왔다.
③ 천안은 서울로 올라가는 길목에 있다.
④ 천안 삼거리 노래는 능소가 박현수를 다시 만나게 되어서 기뻐 불렀던 노래이다.
⑤ 옛날 사람들은 서울에서 전라도나 경상도로 갈 때는 천안이 아닌 다른 지역을 통해서 갔다.

18 다음은 무엇에 대한 설명인지 쓰시오.

▲ 얼음골   ▲ 기와말

> • 지역에 붙여진 이름이다.
> • 우리 고장의 자연환경과 생활 모습을 알 수 있다.

(   )

19 말죽거리라는 지명을 통해 알 수 있는 옛날 사람들의 생활 모습은 어느 것입니까? (   )

① 한여름에도 얼음이 어는 곳이다.
② 옛날에 유기를 만들었던 곳이다.
③ 큰 강의 두 물줄기가 만나는 곳이다.
④ 기와를 굽던 큰 가마터가 있던 곳이다.
⑤ 서울을 오가는 사람들이 말에게 죽을 끓여 먹인 곳이다.

20 오른쪽 사진과 같은 것을 많이 볼 수 있는 고장의 지명으로 가장 어울리는 것은 어느 것입니까? (   )

① 피맛골   ② 밤나무골
③ 말죽거리   ④ 장승마을
⑤ 고탑마을

1 다음과 같이 우리 조상들이 남긴 것을 통틀어 무엇이라 하는지 쓰시오.

▲ 불국사

▲ 탈춤

(   )

다음 사진을 보고, 물음에 답하시오. [2~3]

㉠ ▲ 전통장

㉡ ▲ 가야금 병창

㉢ ▲ 경주 동궁과 월지

㉣ ▲ 성덕 대왕 신종

2 다음에서 설명하는 것을 위에서 찾아 기호를 쓰시오.

> 노래나 춤, 기술처럼 일정한 모양이 없는 무형 문화유산을 뜻한다.

(   )

3 위 ㉠에 대한 설명으로 바른 것은 어느 것입니까?

(   )

① 신라의 왕자가 머물던 곳이다.
② 지방의 교육을 담당하던 곳이다.
③ 하늘의 별을 관측하고 연구했다.
④ 탈을 쓰고 춤추며 노래하는 연극이다.
⑤ 한지, 나무, 가죽 등을 이용해서 화살을 담는 긴 통을 만드는 기술이 있는 사람이다.

4 우리 고장의 문화유산을 찾아 조사하는 방법을 잘못 말한 친구는 누구입니까? (   )

① 태균: 문화재청 누리집에서 조사하면 돼.
② 현진: 직접 문화유산을 찾아가 조사할 거야.
③ 희영: 우리 고장의 문화유산 안내도를 조사할 거야.
④ 원준: 우리 고장의 문화원을 방문하여 이야기를 들을 거야 .
⑤ 예지: 외국인에게 우리 고장의 문화유산에 대해 물어볼 거야.

5 다음 답사 계획서에 들어갈 내용으로 바르지 않은 것은 어느 것입니까? (   )

답사 목적	우리 고장의 대표적인 문화유산 알아보기
답사 장소	석굴암(경주시 불국로 873-243)
답사할 사람	민찬, 은지, 현민, 한나, 은지 어머니 (보호자)
답사 내용	• 석굴암은 얼마나 클까? • 석굴암의 실제 모습은 어떠할까? • 사람들은 석굴암을 어떻게 생각하고 있을까?
답사 방법	관찰하기, 설명 듣기, 면담하기, 사진 찍기, 그림 그리기

① 준비물
② 각자의 역할
③ 주의할 점
④ 답사에 필요한 비용
⑤ 답사 날짜와 장소

6 우리 고장의 문화유산을 찰흙으로 모형을 만들어 소개하는 것은 무엇입니까? (   )

① 그림 그리기
② 책자 만들기
③ 모형 만들기
④ 신문 만들기
⑤ 도서관 사진 찍기

다음 사진을 보고, 물음에 답하시오. [7~9]

▲ 돛단배

▲ 증기선

7 위 사진에서 사람이나 동물, 자연의 힘을 이용한 교통수단을 쓰시오.

(   )

8 위 증기선에 대한 설명으로 바르지 <u>않은</u> 것은 어느 것입니까? (   )

① 수증기의 힘으로 움직인다.
② 기계의 힘을 이용해서 움직인다.
③ 사람이나 동물의 힘을 이용해서 움직인다.
④ 바다를 건널 때에 이용하는 교통수단이다.
⑤ 돛단배보다 더 쉽고 빠르게 먼 곳으로 이동할 수 있다.

서술형

9 위 돛단배에서 증기선으로 교통수단이 발달하면서 달라진 모습을 쓰시오.

_____

_____

10 오늘날 교통수단을 이용하는 모습으로 바르지 <u>않은</u> 것은 어느 것입니까? (   )

① 트럭으로 이삿짐을 나른다.
② 전철을 타고 회사에 출근한다.
③ 비행기를 타고 미국으로 여행을 간다.
④ 기차를 타고 시골에 있는 할머니를 뵈러 간다.
⑤ 과거를 보기 위해 부산에서 서울까지 걸어간다.

11 자동차를 타고 다니면서 이용할 수 있는 시설로 바르지 <u>않은</u> 것은 어느 것입니까? (   )

① 주유소   ② 관제탑   ③ 휴게소
④ 고속도로   ⑤ 가스 충전소

12 오른쪽 사진의 교통수단에 대한 설명으로 바른 것은 어느 것입니까? (   )

① 응급 환자를 수송하기 위해 사용한다.
② 농촌 지역에서 물건을 나르는데 사용한다.
③ 높은 곳을 쉽고 빠르게 오르기 위해 사용한다.
④ 눈이 많이 내리는 울릉도에서 사용하는 교통수단이다.
⑤ 가파른 길을 오르내리거나 농작물을 수확해 운반할 때 사용한다.

13 다음 중 관광할 때 이용하는 교통수단은 어느 것입니까? (   )

① 갯배   ② 경운기   ③ 유람선
④ 모노레일   ⑤ 해상 구조 보트

14 옛날 사람들이 소식을 전하는 모습으로 바르지 <u>않은</u> 것은 어느 것입니까? (   )

① 먼 곳까지 직접 걸어가 소식을 알렸다.
② 전자 우편으로 친구에게 소식을 전했다.
③ 봉수대를 이용하여 급한 소식을 알렸다.
④ 전쟁 중에 연을 이용하여 명령을 내렸다.
⑤ 많은 사람들이 볼 수 있도록 글을 써서 붙였다.

100점 예상 문제

15 옛날 사람들이 이용했던 다음 사진의 통신 수단은 무엇입니까? (   )

① 북   ② 봉수   ③ 파발
④ 무전기   ⑤ 신호 연

16 오늘날의 통신 수단을 이용하는 모습을 바르지 않게 이야기한 친구는 누구입니까? (   )

① 해지: 선생님께 전자 우편을 보냈어.
② 수정: 엄마가 휴대 전화로 고속 버스표를 예매하셨어.
③ 재원: 영상 통화로 외국이 있는 사촌동생과 이야기 했어.
④ 민우: 지하철 안에서 실시간으로 운동 경기 중계를 볼 수 있어 .
⑤ 자욱: 말을 타고 직접 가서 생일 잔치 초대장을 친구에게 전했어.

서술형

17 오늘날 사람들이 많이 이용하는 통신 수단의 특징을 쓰시오.

_____

18 친구들의 다음 대화를 통해 알 수 있는 사실은 무엇입니까? (   )

> • 재훈: 잠수부들은 물속에서는 목소리를 낼 수 없어서 수신호로 대화를 해.
> • 경현: 농촌에서는 논밭으로 농사를 지으러 가는 사람이 많아서 마을 방송을 사용해 연락을 해.
> • 찬호: 아파트는 한 건물에 여러 집이 있어서 인터폰을 사용해서 연락을 해.

① 컴퓨터를 이용해서 빠르게 소통할 수 있다.
② 하나의 기계로 여러 사람이 연락할 수 있다.
③ 잠수부들은 전자기기를 이용하여 물속에서 소통한다.
④ 사람들이 하는 일에 따라 사용하는 통신 수단은 같다.
⑤ 생활 장소에 따라 통신 수단을 이용하는 모습이 다르다.

19 다음과 같은 곳에서 일하는 사람들은 어떤 통신 수단을 이용하는지 쓰시오.

▲ 잠수부   ▲ 경매사

(   )

20 통신 수단의 발달로 달라질 미래의 생활 모습과 관련이 없는 것은 어느 것입니까? (   )

① 전화교환원이 필요 없는 자동식 전화기
② 목적지를 말하면 자동으로 운전해 주는 자동차
③ 인터넷 접속이 가능한 가상 스크린이 있는 자동차
④ 몸이 아프면 자동으로 119나 112에 전화를 걸어 주는 전화기
⑤ 사고가 발생하면 자동으로 사고 처리를 해 주는 곳에 연락해 주는 자동차

1 오른쪽 지폐에 그려진 문화유산은 무엇입니까? ( )

Bank of Korea 10000 won

① 석굴암
② 다보탑
③ 혼천의
④ 석가탑
⑤ 오죽헌

2 다음에서 설명하는 내용과 관계가 <u>없는</u> 것은 어느 것입니까? ( )

> 조상 대대로 내려온 문화 중에서 다음 세대에 물려줄 만한 가치가 있는 문화적 전통을 말한다.

① 전통장
② 게임기
③ 첨성대
④ 성덕 대왕 신종
⑤ 가야금 병창

🌸 다음 사진을 보고, 물음에 답하시오. [3~4]

▲ 탈춤

▲ 전통장

3 위의 탈춤을 통해 알 수 있는 사실은 무엇입니까?
( )

① 옛날에도 별을 관측했다는 것을 알 수 있다.
② 조상의 제사를 중시하고 교육을 중요하게 생각했다.
③ 튼튼하고 따뜻한 옷을 만들어 입었다는 것을 알 수 있다.
④ 부모님께 효도하는 마음을 중요하게 생각했음을 알 수 있다.
⑤ 못된 양반을 혼내거나 비웃는 모습을 보면서 가슴속에 맺힌 불만을 표현했다.

4 앞의 문화유산의 공통점으로 바른 것은 어느 것입니까? ( )

① 유형 문화유산이다.
② 무형 문화유산이다.
③ 옛날 신라의 왕자가 머물던 곳이다.
④ 비슷한 문화유산으로 첨성대가 있다.
⑤ 다음 세대에 물려줄 만한 가치가 없다.

5 다음과 같은 고장의 행사를 통해 우리가 알 수 있는 점이 <u>아닌</u> 것은 어느 것입니까? ( )

> • 화랑도 체험 활동　　• 경주 세계 문화 엑스포

① 조상들의 지혜
② 조상들의 용맹함
③ 문화유산의 가격
④ 우리 문화유산의 소중함
⑤ 우리나라의 훌륭한 문화와 세계 문화의 다양성

6 우리 고장의 문화유산을 답사하는 과정입니다. 순서대로 기호를 쓰시오.

> ㉠ 답사의 목적을 정한다.
> ㉡ 답사할 장소와 날짜를 정한다.
> ㉢ 답사 방법과 준비물을 정한다.
> ㉣ 답사 장소에서 조사할 내용을 정한다.
> ㉤ 답사를 하고 결과를 정리해 발표 자료를 만든다.

( )

100점
예상
문제

7 사람이나 동물, 자연의 힘을 이용한 옛날의 교통수단이 <u>아닌</u> 것은 어느 것입니까? (   )

① 가마　　　　② 전차　　　　③ 뗏목
④ 돛단배　　　⑤ 소달구지

다음 글을 읽고, 물음에 답하시오. [8~10]

도윤이네 가족은 제주도에 가려고 집을 나섰다. 먼저 버스를 타고 지하철역으로 가서 지하철을 타고 공항까지 가서 비행기를 탄 후 약 한 시간 후에 제주 공항에 도착했다. 제주도에서 승용차를 타고 제주도의 이곳저곳을 돌아본 후 배를 타고 마라도에 들어갔다.

8 위 글에서 도윤이네 가족이 교통수단을 이용하여 여행한 곳은 어디인지 쓰시오.

(   )

9 도윤이네 가족이 이용한 교통수단이 <u>아닌</u> 것은 어느 것입니까? (   )

① 배　　　　② 버스　　　　③ 자전거
④ 비행기　　⑤ 승용차

10 도윤이네 가족이 교통수단을 이용한 까닭으로 알맞은 것은 어느 것입니까? (   )

① 출근하기 위해서이다.
② 학교에 가기 위해서이다.
③ 물건을 사기 위해서이다.
④ 여행을 하기 위해서이다.
⑤ 친척을 방문하기 위해서이다.

11 다음과 같이 지역에 따라 서로 다른 교통 수단을 이용하는 까닭은 무엇입니까? (   )

▲ 지프 택시　　　　▲ 모노레일

① 교통 시설이 부족하기 때문이다.
② 사람들의 생각이 다르기 때문이다.
③ 지역의 자연환경이 다르기 때문이다.
④ 지역마다 사람들의 재산이 다르기 때문이다.
⑤ 지역에 따라 사람들의 생활수준이 다르기 때문이다.

서술형

12 다음 교통수단의 공통점은 무엇인지 쓰시오.

▲ 해상 구조 보트　　　　▲ 산악 구조 헬리콥터

13 미래에 사용할 새로운 교통수단으로 바르지 <u>않은</u> 것은 어느 것입니까? (   )

① 소달구지
② 전기 자동차
③ 태양광 자동차
④ 하늘을 나는 자동차
⑤ 모양이 바뀌거나 접히는 자동차

14 옛날 사람들이 소식을 전하기 위해 이용한 통신 수단이 <u>아닌</u> 것은 어느 것입니까? (   )

① 새   ② 봉수   ③ 파발
④ 신호 연   ⑤ 스마트폰

15 옛날 사람들의 이용한 다음 통신 수단은 어느 것입니까? (   )

> 조선 시대에 변방으로 가는 공문서나 긴급한 군사 정보를 신속하게 전달하기 위해 만든 통신 수단이다.

① 방   ② 북   ③ 파발
④ 봉수   ⑤ 신호 연

16 오늘날 사람들이 많이 이용하는 통신 수단의 특징으로 바르지 <u>않은</u> 것은 어느 것입니까? (   )

① 불이나 연기로 소식을 전한다.
② 여러 사람과 동시에 연락할 수 있다.
③ 정보를 실시간으로 빠르게 전달할 수 있다.
④ 한 번에 많은 양의 정보를 주고받을 수 있다.
⑤ 하나의 기계로 여러 통신 수단을 이용할 수 있다.

🔔 전화의 발달 과정을 보고, 물음에 답하시오. [17~19]

ⓒ  ➡ ⓛ

⬇

ⓒ  ➡ ⓔ

17 앞에서 다음과 같은 기능을 가진 전화를 찾아 기호를 쓰시오.

> 다른 사람에게 전화를 걸기 위해서는 교환원이 연결을 해줘야 한다.

(   )

18 앞 전화기의 발달 과정에서 알 수 있는 사실은 무엇입니까? (   )

① 크기가 커졌다.
② 기능이 단순해졌다.
③ 점점 더 무거워졌다.
④ 다양한 기능이 생겼다.
⑤ 통화 기능이 점점 사라졌다.

100점
예상
문제

19 전화기가 ⓔ의 형태로 발달하면서 달라진 생활 모습으로 바르지 <u>않은</u> 것은 어느 것입니까? (   )

① 이동하면서도 전화할 수 있다.
② 얼굴을 보면서 전화할 수 있다.
③ 스마트폰으로 돈을 보낼 수 있다.
④ 공중전화 근처에서만 전화를 받을 수 있다.
⑤ 교환원이 없어도 상대방에게 직접 전화할 수 있다.

20 오른쪽 사진과 같이 농촌에서 마을의 중요한 일을 사람들에게 한 번에 알릴 때 이용하는 통신 수단은 무엇입니까? (   )

① 무전기   ② 스마트폰   ③ 팩시밀리
④ 전자우편   ⑤ 마을 방송

1 다음은 어느 장소에 대한 생각을 설명한 것입니까?
( )

> 매일매일 선생님, 친구들과 함께 즐거운 시간을 보내서 즐거운 곳이다.

① 시장   ② 공원   ③ 학교
④ 도서관   ⑤ 놀이터

2 고장의 장소 카드에 들어갈 내용으로 바르지 <u>않은</u> 것은 어느 것입니까? ( )

① 장소의 가격
② 장소의 이름
③ 장소에 대한 설명
④ 장소의 그림이나 사진
⑤ 장소에 대한 생각이나 느낌

서술형

3 서윤이와 형석이가 그린 우리 고장의 모습이 다른 이유를 쓰시오.

▲ 서윤이가 그린 우리 고장의 모습

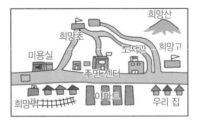

▲ 형석이가 그린 우리 고장의 모습

_____

_____

4 디지털 영상 지도에 대해 잘못 이야기한 친구는 누구인지 쓰시오.

> • 하성: 컴퓨터나 스마트폰에서 디지털 영상 지도를 볼 수 있어
> • 민선: 우리 고장의 모습을 생생하게 볼 수 있어서 좋아
> • 재영: 우리 고장의 전체적인 모습만 볼 수 있어.

( )

5 디지털 영상 지도로 우리 고장의 주요 장소를 살펴 볼 때 다음 장소에 맞는 주제는 무엇입니까? ( )

① 물건을 사고파는 곳이다.
② 자연과 관련이 있는 곳이다.
③ 문화유산이나 유명한 관광지이다.
④ 다른 고장으로 이동할 수 있는 곳이다.
⑤ 사람들의 생활을 편리하게 도와주는 곳이다.

6 다음 장소들이 고장의 자랑할 만한 장소가 된 이유로 바른 것은 어느 것입니까? ( )

▲ 보신각   ▲ 첨성대

① 풍경이 아름다운 곳이기 때문이다.
② 역사적으로 중요한 곳이기 때문이다.
③ 사람들이 가면 안되는 장소이기 때문이다.
④ 어느 곳에서나 흔하게 볼 수 있기 때문이다.
⑤ 고장 사람들만 알고 있는 장소이기 때문이다.

7 서빙고동의 유래에 대한 설명을 읽고, 알 수 있는 내용으로 바르지 <u>않은</u> 것은 어느 것입니까? (　　)

> 서울특별시 용산구에는 '서빙고동'이라는 곳이 있다. 빙고는 옛날에 얼음을 저장했던 창고이다. 옛날에는 냉장고가 없어서 겨울철에 강이 얼면 얼음을 잘라 창고에 저장했다가 여름에 꺼내 사용했다. '서빙고'는 '서쪽의 얼음 창고'라는 뜻이다.

① 빙고는 얼음을 저장하는 창고다.
② 조상들의 생활 모습은 알 수 없다.
③ 서빙고동 이름의 유래를 알 수 있다.
④ 빙고에 저장된 얼음은 여름에 사용하였다.
⑤ 겨울철 강가에서 얼음을 잘라 빙고에 보관했다.

8 고장의 자연환경을 알 수 있는 지명은 어느 것입니까?
（　　）

① 포은　　　　　　② 피맛골
③ 기와말　　　　　④ 말죽거리
⑤ 두물머리

9 우리 고장의 옛이야기를 조사하는 방법으로 바르지 <u>않은</u> 것은 어느 것입니까? (　　)

① 고장의 문화원을 방문한다.
② 고장의 어른께 여쭈어본다.
③ 옛이야기와 관련 있는 장소를 방문한다.
④ 고장의 안내도나 도로의 안내판을 찾아본다.
⑤ 고장의 시·구청을 방문하거나 누리집을 검색한다.

10 다음에서 설명하는 곳은 어디입니까? (　　)

> 고장의 문화를 홍보하고 보존하는 역할을 하는 곳으로 옛이야기를 조사하기에 좋은 곳이다.

① 궁궐　　　② 향교　　　③ 문화원
④ 도서관　　⑤ 생태 공원

11 다음에서 설명하는 문화유산으로 알맞은 것은 어느 것입니까? (　　)

> 하늘의 별을 관측하고 연구하던 문화유산이다.

① 향교　　　　　　② 첨성대
③ 다보탑　　　　　④ 가야금 병창
⑤ 성덕 대왕 신종

12 다음 문화유산과 관련 있는 인물은 누구입니까?
（　　）

▲ 불국사　　　　　　　▲ 석굴암

① 이이　　　② 김유신　　　③ 김문량
④ 김대성　　⑤ 정몽주

서술형

13 고장에 있는 문화유산이 소중한 까닭을 쓰시오.

_____

_____

14 옛날 사람들이 이용한 교통수단이 <u>아닌</u> 것은 어느 것입니까? (　　　)

① 뗏목　　　② 가마　　　③ 비행기
④ 돛단배　　⑤ 소달구지

🌷 다음 사진을 보고, 물음에 답하시오. [15~16]

ㄱ
▲ 승용차

ㄴ
▲ 소달구지

15 위 ㄱ의 교통수단에 사용하는 연료를 세 가지 고르시오. (　,　,　)

① 석유　　　② 석탄　　　③ 전기
④ 바람　　　⑤ 가스

16 위 ㄴ과 같은 교통수단의 특징으로 바른 것은 어느 것입니까? (　　　)

① 더 먼 곳까지 이동할 수 있다.
② 빠르고 편하게 이동할 수 있다.
③ 기계의 힘을 이용해서 움직인다.
④ 사람이나 동물의 힘을 이용한다.
⑤ 과학 기술의 발달과 관계가 있다.

서술형

17 옛날 사람들이 봉수, 새, 신호 연, 북 등의 통신 수단을 이용해 소식을 전한 이유는 무엇인지 쓰시오.

18 옛날 사람들이 통신 수단을 이용하는 모습을 <u>잘못</u> 이야기한 친구는 누구인지 쓰시오.

> • 수홍: 많은 사람들이 볼 수 있도록 방을 붙였어.
> • 선빈: 먼 곳은 전자 우편을 통해 소식을 전했어.
> • 범호: 위급한 상황에서는 신호 연을 날려 소식을 전했어.

(　　　　　　)

19 사람들이 생활하는 장소나 하는 일에 따라 통신 수단을 이용하는 모습으로 알맞지 <u>않은</u> 것은 어느 것입니까? (　　　)

① 아파트나 관공서에서는 인터폰을 사용한다.
② 소방관은 수신호를 사용하여 생각을 전한다.
③ 선생님은 메신저를 사용해 학교 일을 처리한다.
④ 택시 기사는 휴대 전화로 손님의 부름을 받는다.
⑤ 경찰관들끼리 무전기를 가지고 출동해야 할 곳을 알려 준다.

20 통신 수단의 발달이 우리 생활에 미친 영향으로 알맞은 것을 두 가지 고르시오. (　,　)

① 정보의 양이 줄어들었다.
② 사람 간의 의사소통이 불편해졌다.
③ 더욱 편리하게 생활할 수 있게 되었다.
④ 더욱 쉽고 빠르게 정보를 전할 수 있게 되었다.
⑤ 소식을 전할 때 날씨의 영향을 많이 받게 되었다.

1 다음 사진의 장소에서 겪을 수 있는 경험으로 바른 것은 어느 것입니까? (   )

▲ 도서관

① 맛있는 길거리 음식을 먹었다.
② 우리 학교의 역사를 알 수 있다.
③ 친구와 함께 문화 행사에 참여하였다.
④ 친구와 그네를 타며 재미있게 놀았다.
⑤ 다른 고장에서 온 사람들이 많이 있다.

2 고장의 모습을 그리는 방법에 대해 잘못 이야기한 친구는 누구인지 쓰시오.

> • 종현: 우리 고장에 실제로 있는 장소를 그려야해
> • 금강: 내가 잘 아는 장소나 내가 좋아하는 장소를 중심으로 그렸어.
> • 민호: 상상 속의 장소를 중심으로 고장의 모습을 그렸어.

(   )

3 우리 고장의 대한 생각과 느낌을 이야기할 때의 태도로 바른 것은 어느 것입니까? (   )

① 고장에 대한 자신의 생각이 옳다.
② 고장에 대한 생각은 모두가 똑같다.
③ 고장에 대한 친구의 생각을 무조건 따른다.
④ 고장에 대한 다른 친구의 생각과 느낌은 존중할 필요가 없다.
⑤ 고장에 대한 생각은 각자의 경험에 따라 다르기 때문에 존중해야 한다.

서술형

4 다음 사진을 보고, 알 수 있는 사실을 쓰시오.

▲ 아래에서 찍은 사진

▲ 위에서 찍은 사진

▲ 앞에서 찍은 사진

▲ 옆에서 찍은 사진

_____

5 다음 상황에서 이용해야할 디지털 영상 지도의 기능은 무엇입니까? (   )

> 디지털 영상 지도를 보다가 우리 고장의 모습을 백지도로 보고 싶을 때 바꿀 수 있는 기능이다.

① 이동 기능
② 지도 변환 기능
③ 증강 현실 기능
④ 위치 찾기 기능
⑤ 확대와 축소 기능

6 다음과 같이 산, 강, 큰길 등의 밑그림만 그려진 지도를 무엇이라고 하는지 쓰시오.

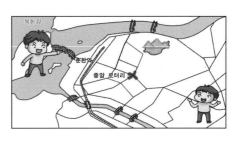

(   )

100점 예상 문제

7 다음에서 설명하는 지명은 어디인지 쓰시오.

> 시각을 알려 주는 종이 있던 종루의 앞길은 종을 뜻하는 '종'에, 길을 뜻하는 '로'를 붙여서 만든 이름으로 오늘날에도 사용되고 있다.

(   )

다음 사진을 보고, 물음에 답하시오. [8~9]

▲ 말죽거리

▲ 두물머리

▲ 기와말

▲ 얼음골

8 위에서 옛날 사람들의 생활 모습을 알 수 있는 지명을 모두 찾아 기호를 쓰시오.

(   )

9 다음에서 설명하는 지명의 기호를 쓰시오.

> 북한강과 남한강의 두 물줄기가 만나는 곳이라 해서 붙여진 이름이다.

(   )

10 우리 고장의 옛이야기를 조사하기 위해 조사 계획서를 만들 때 들어갈 내용으로 알맞지 않은 것은 어느 것입니까? (   )

① 준비물   ② 조사 주제
③ 조사 기간   ④ 조사 방법
⑤ 조사하는데 드는 비용

11 다음 사진을 보고, 유형 문화유산과 무형 문화유산으로 구분하여 쓰시오.

(1)

▲ 불국사

▲ 다보탑

(   )

(2)

▲ 전통장

▲ 가야금 병창

(   )

12 우리 고장의 문화유산을 조사하는 방법으로 바르지 않은 것은 어느 것입니까? (   )

① 문화유산 답사하기
② 문화유산 안내도 활용하기
③ 문화재청 누리집 방문하기
④ 박물관이나 고장의 문화원 방문하기
⑤ 우리나라를 방문한 외국인에게 물어보기

13 오른쪽과 같이 조사할 대상이 있는 현장에 직접 가서 조사하는 것을 무엇이라고 하는지 쓰시오.

(   )

14 다음은 옛날의 교통수단 중 무엇에 대한 설명입니까? ( )

> 한 사람은 안에 타고 나머지 사람이 함께 들고 이동하는 교통수단이다.

① 말 　 ② 가마 　 ③ 뗏목
④ 소달구지 　 ⑤ 돛단배

서술형

15 다음 두 교통수단의 특징은 무엇인지 쓰시오.

▲ 전차

▲ 증기선

_____

16 오늘날 사람들이 이용하는 교통수단이 <u>아닌</u> 것은 어느 것입니까? ( )

① 버스 　 ② 기차 　 ③ 전화기
④ 비행기 　 ⑤ 지하철

17 옛날 사람들이 소식을 전하는 모습으로 알맞지 <u>않은</u> 것은 어느 것입니까? ( )

① 연기를 피워 소식을 알렸다.
② 말을 타고 가서 소식을 전했다.
③ 직접 찾아가서 편지를 전달했다.
④ 우체국에서 편지나 소포를 보냈다.
⑤ 위급한 상황에서는 북을 쳐서 소식을 전했다.

18 다음과 같은 일이 가능해진 까닭으로 바른 것은 어느 것입니까? ( )

> • 휴대 전화를 이용해서 집에서 물건을 살 수 있다.
> • 화상 통화로 먼 곳의 사람과 회의를 할 수 있다.
> • 컴퓨터를 이용해 자료를 주고받을 수 있다.

① 도로의 발달 　 ② 화폐의 발달
③ 교통수단의 발달 　 ④ 인쇄 기술의 발달
⑤ 통신 수단의 발달

19 통신 수단의 발달로 달라질 미래의 생활 모습이 <u>아닌</u> 것은 어느 것입니까? ( )

① 컴퓨터가 되는 안경
② 접을 수 있는 휴대 전화
③ 횃불과 연기를 이용한 봉수
④ 외국어를 자동으로 번역해주는 전화
⑤ 어디서든지 인터넷이 연결되는 자동차

20 무선 인터넷이 연결된 스마트 카의 모습으로 바른 것을 두 가지 고르시오. (,)

① 자동차 안에서 즐거운 음악을 들을 수 있다.
② 휘발유로 움직이며 한 번에 많은 사람들을 태운다.
③ 교통 상황을 판단해 빠른 길을 실시간으로 알려 준다.
④ 사고가 나면 처리해 주는 곳에 자동으로 신호를 보내 준다.
⑤ 냉방 장치가 있어서 여름에는 시원하게 운전을 할 수 있다.

MEMO

선생님이 강력 추천하는

개념+ PLUS
단원평가

11종 검정 교과서

완벽 분석

사회

종합평가

3-1

1 사람들이 모여 사는 곳을 무엇이라고 합니까?

(   )

① 촌락   ② 고장
③ 회사   ④ 도시
⑤ 박물관

[2~3] 다음 그림을 보고 물음에 답하시오.

친구들과 닭강정을 먹으러 가는 시장이야.

부모님과 반찬을 사러 가 보았어.

2 위 그림에서 친구들이 찾은 장소는 어디인지 쓰시오.

(   )

3 위의 그림을 보고 다음 (   ) 안에 들어갈 알맞은 말은 무엇인지 고르시오. (   )

> 고장에 있는 여러 장소에서 사람들은 서로 다른 (   )을 한다. 그래서 같은 장소라도 그 장소에 대한 생각이나 느낌이 사람에 따라 서로 다르다.

① 도전   ② 상상
③ 경험   ④ 생각
⑤ 협동

4 고장의 여러 장소에 관한 경험을 떠올릴 때 찾아보면 좋은 자료를 두 가지 고르시오. (,   )

① 지구본   ② 일기장
③ 사진첩   ④ 광고지
⑤ 국어 사전

5 다음 경험과 관련 있는 고장의 장소는 어디입니까?

(   )

> "책을 읽고 다른 친구들과 함께 소감을 이야기할 수 있어서 재미있었어."

①
▲ 산

②
▲ 학원

③
▲ 우체국

④
▲ 도서관

6 장소 카드에 들어갈 내용으로 알맞지 <u>않은</u> 것은 어느 것입니까? (   )

① 장소 이름
② 장소 모습
③ 장소에 대한 설명
④ 장소에 모인 사람의 수
⑤ 장소에 대한 생각이나 느낌

🔍 관련 교과서 돋보기

장소 카드 만들기
① 장소의 이름을 쓴다.
② 장소의 모습을 그림으로 그리거나 사진으로 찍어 붙인다.
③ 장소에 대한 설명을 쓴다.

7 오른쪽 장소 카드의 빈곳에 들어갈 알맞은 장소는 어디입니까?

(   )

① 은행
② 공원
③ 시장
④ 박물관
⑤ 버스 터미널

나무와 꽃이 많아 좋다. 운동이나 산책을 할 때 자주 가는 곳이다.

8 다음 ㉠, ㉡에 들어갈 말은 무엇인지 쓰시오.

> 장소를 (㉠)로/으로 나타내면 생각이나 느낌을 잘 전달할 수 있고, 장소를 찍은 (㉡)은/는 장소의 모습을 실감 나게 전달할 수 있다.

㉠ (   ), ㉡ (   )

서술형

9 우리 고장의 모습을 그림으로 그릴 때에는 어떤 장소를 중심으로 나타내야 하는지 쓰시오.

_____

_____

10 내가 생각하는 우리 고장의 모습을 자유롭게 그림으로 그리는 방법입니다. 순서대로 기호를 쓰시오.

> ㉠ 우리 고장의 여러 장소 중 어떤 장소들을 그릴지 정한다.
> ㉡ 장소 이름이나 설명을 더해 장소에 대한 느낌을 표현한다.
> ㉢ 자연, 건물, 길 등 내가 생각하는 우리 고장의 모습을 자유롭게 그린다.

(   )

11 우리 고장의 모습을 그림으로 그리는 방법으로 알맞지 **않은** 것은 어느 것입니까? (   )

① 내가 잘 아는 장소를 중심으로 그린다.
② 내가 좋아하는 장소를 중심으로 그린다.
③ 새롭게 달라진 장소를 중심으로 그린다.
④ 다른 사람에게 알리고 싶은 장소를 중심으로 그린다.
⑤ 내가 생각하는 상상 속의 장소를 새롭게 만들어 그린다.

[12~14] 영민이가 고장의 모습을 그린 그림을 보고 물음에 답하시오.

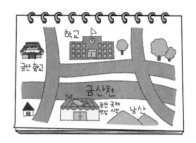

12 위 그림에서 영민이네 고장에 있는 산의 이름은 무엇인지 쓰시오.

(   )

13 위 그림을 통해 알 수 있는 고장의 모습으로 알맞지 **않은** 것은 어느 것입니까? (   )

① 하천이 흐린다.
② 지하철역이 있다.
③ 큰길 옆에 학교가 있다.
④ 문화유산인 향교가 있다.
⑤ 인삼을 파는 시장이 있다.

> **관련 교과서 돋보기**
>
> 고장의 모습 그리기
> ① 고장의 여러 장소 중 어떤 장소들을 그릴지 정한다.
> ② 자연, 건물, 길 등 내가 생각하는 고장의 모습을 자유롭게 그린다.
> ③ 장소 이름이나 설명을 더해 장소에 대한 느낌을 표현한다.

14 영민이가 그린 그림을 바르게 설명한 친구는 누구인지 쓰시오.

(   )

15 다음 ( ) 안에 들어갈 알맞은 말은 무엇입니까?
( )

> 나와 친구들이 그린 ( )의 모습을 비교할 때에는 공통점뿐만 아니라 차이점도 찾아본다.

① 건물　　　　　② 고장
③ 시장　　　　　④ 학교
⑤ 알림판

18 앞의 (가), (나) 그림에서 공통점이 있는 까닭으로 알맞은 것은 어느 것입니까? ( )

① 사람마다 그린 고장의 모습과 방법이 같기 때문이다.
② 고장의 모습에 대한 생각이 서로 다르기 때문이다.
③ 우진이와 하은이가 같은 고장에 살고 있기 때문이다.
④ 우진이와 하은이의 그림 실력이 엇비슷하기 때문이다.
⑤ 사람마다 경험하는 것이 같고 관심 있는 것이 비슷하기 때문이다.

[16~18] 다음 그림을 보고 물음에 답하시오.

(가)　　　　　　　(나)

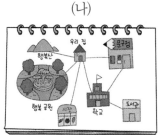

▲ 우진이가 그린 그림　　▲ 하은이가 그린 그림

16 위의 (가), (나) 중에서 건물이나 자연의 모습이 더 자세하게 그려져 있는 그림을 골라 기호를 쓰시오.
( )

🔍 관련 교과서 돋보기

친구들이 그린 고장의 모습이 다른 이유
• 고장에 대한 생각이나 느낌이 다르기 때문이다.
• 중요하게 생각하는 고장의 장소가 다르기 때문이다.
• 좋아하는 장소가 다르기 때문이다.

19 다음 두 친구가 자신의 고장을 소개한 글을 보고, 두 친구가 그린 그림을 찾아 선으로 이으시오.

(1)　　　　　　　(2)

> 우리 고장은 놀이터, 우체국, 문구점 등이 있어 즐겁고 편리하게 생활할 수 있는 곳이다.

> 우리 고장은 경치 좋은 산, 맑은 물이 흐르는 강, 탑 등이 있어서 여행하기 좋은 곳이다.

•　　　　　　　•

•　　　　　　　•

㉠　　　　　　　㉡

17 위의 (가), (나) 그림을 비교하여 알 수 있는 점으로 알맞은 것은 어느 것입니까? ( )

① 두 그림 모두 산을 그렸다.
② 우진이의 그림에만 공원이 있다.
③ 하은이의 그림에만 시장이 있다.
④ 우진이의 그림에만 문구점이 있다.
⑤ 두 그림 모두 고장 한가운데에 우리 집을 그렸다.

20 고장에 대한 사람들의 생각과 느낌이 서로 다른 까닭은 무엇 때문입니까? ( )

① 옷차림이 다르기 때문에
② 취미가 비슷하기 때문에
③ 경험하는 것이 다르기 때문에
④ 관심 있는 것이 비슷하기 때문에
⑤ 자주 사용하는 물건이 다르기 때문에

[1~3] 인천 축구 전용 경기장을 다양한 위치에서 찍은 다음 사진을 보고 물음에 답하시오.

(가)   (나)

(다)   (라)

1 인천 축구 전용 경기장을 앞에서 찍은 사진을 위에서 찾아 기호를 쓰시오.

(   )

2 인천 축구 전용 경기장의 전체적인 모습을 가장 잘 알 수 있는 사진을 위에서 찾아 기호를 쓰시오.

(   )

> 🔍 **관련 교과서 돋보기**
>
> 찍은 위치에 따라 달라 보이는 모습(예 축구 전용 경기장)
> • 앞: 축구 경기장의 잔디와 관중석이 보인다.
> • 옆: 축구 경기장 근처의 도로와 아파트가 보인다.
> • 아래: 경기장 지붕 안쪽과 경기장 내부가 보인다.
> • 위: 축구 경기장의 전체적인 모습과 주변 환경이 보인다.

3 위와 같이 다양한 위치에서 찍은 사진을 비교해 보고 알 수 있는 사실을 바르게 말한 친구는 누구인지 쓰시오.

> • 진우: 사람마다 생각하는 고장의 모습이 똑같아.
> • 준하: 같은 장소라도 사진을 찍는 위치에 따라 그 모습이 달라.
> • 승민: 위에서 찍은 사진보다 아래에서 찍은 사진이 장소의 위치를 쉽게 알 수 있어.

(   )

4 사람들이 우주로 쏘아 올린 비행 물체로, 지구 위를 돌면서 위치나 날씨 등의 정보를 알려 주는 것은 무엇입니까? (   )

① 연
② 비행기
③ 우주선
④ 지구본
⑤ 인공위성

5 디지털 영상 지도에 대한 설명으로 알맞지 <u>않은</u> 것은 어느 것입니까? (   )

① 위성 사진이나 항공 사진을 여러 장 모아서 만든다.
② 고장의 모습을 바다에서 올려다본 것처럼 살펴볼 수 있다.
③ 디지털 영상 지도를 이용하면 고장의 전체적인 모습을 볼 수 있다.
④ 디지털 영상 지도를 이용하면 고장의 실제 모습을 자세히 살펴볼 수 있다.
⑤ 인공위성이나 비행기에서 찍은 사진을 디지털 기기로 이용할 수 있도록 만든 지도이다.

[6~7] 디지털 영상 지도로 고장을 살펴보면 어떤 점이 좋은지 정리한 것입니다. 다음 ◦보기◦의 단어 중 알맞은 것을 골라 (   ) 안에 써넣으시오.

> ◦**보기**◦
>
> 위치,   비교,   스마트폰

6 우리 고장의 (   )을/를 손쉽게 알 수 있다.

7 우리 고장의 모습을 컴퓨터와 (   )(으)로 쉽게 볼 수 있다.

서술형

8 다양한 위치에서 찍은 사진과 위성 사진을 비교했을 때의 차이점은 무엇인지 쓰시오.

_____

_____

_____

9 우리 고장의 자세한 모습을 나타낸 디지털 영상 지도는 무엇인지 기호를 쓰시오.

ⓒ    ⓛ

(   )

10 디지털 영상 지도를 살펴보려고 합니다. 방문하면 좋은 누리집은 어디입니까? (   )

① 통계청 누리집
② 교육부 누리집
③ 우정 박물관 누리집
④ 국립 국어원 누리집
⑤ 국토 지리 정보원 누리집

11 국토 지리 정보원의 디지털 영상 지도를 사용하는 방법에 맞게 순서대로 기호를 쓰시오.

> ⓒ '국토 정보 맵'에서 '통합 지도 검색'을 누른다.
> ⓛ 국토 정보 플랫폼(map.ngii.go.kr)에 접속한다.
> ⓒ 오른쪽 위의 '지도 선택'에서 '영상 지도'를 선택한다.

(   )

[12~14] 다음 디지털 영상 지도를 보고 물음에 답하시오.

12 검색창에 장소 이름을 입력하면 지도에서 그 장소와 주변의 모습을 볼 수 있는 기능을 위에서 찾아 기호를 쓰시오.

(   )

13 위 지도의 (나) 기능에 대한 설명으로 알맞은 것은 어느 것입니까? (   )

① 지도 안에서 원하는 위치로 이동한다.
② 목적지까지 가는 가장 빠른 길을 알려 준다.
③ 장소를 확대하면 주변의 모습을 자세히 볼 수 있다.
④ 원하는 지도를 누르면 지도의 종류를 바꿀 수 있다.
⑤ 검색창에서 찾고자 하는 장소를 입력하면 지도에서 위치를 찾을 수 있다.

14 위 지도의 (라) 기능에 대한 설명입니다. ⓒ, ⓛ에 들어갈 알맞은 말을 쓰시오.

> ⊞ 단추를 눌러 (ⓒ) 기능을, ⊟ 단추를 눌러 (ⓛ) 기능을 이용할 수 있다. 한 곳을 크고 자세하게 보고 싶으면 ⊞ 단추를 누르고, 좀 더 넓은 곳을 보고 싶으면 ⊟ 단추를 누르면 된다.

ⓒ (   ), ⓛ (   )

15 고장의 주요 장소가 되기 위한 조건으로 알맞은 것은 어느 것입니까? (   )

① 고장의 모든 장소
② 나만 알고 있는 장소
③ 몇몇 사람만 아는 곳
④ 사람들이 찾지 않는 곳
⑤ 눈에 잘 띄거나 사람들이 자주 찾는 곳

🔍 관련 교과서 돋보기

고장의 주요 장소
여러 장소 중에서 눈에 잘 띄거나 사람들이 자주 찾는 곳으로, 물건을 사고파는 곳, 다른 고장으로 이동할 때 이용하는 곳, 문화유산이 있는 곳, 사람들의 생활을 편리하게 도와주는 곳, 자연과 관련 있는 곳 등이 대표적이다.

[16~17] 서준이네 반 친구들이 각 주제와 관련된 고장의 주요 장소를 디지털 영상 지도로 찾은 뒤 모둠별로 정리한 다음 표를 보고 물음에 답하시오.

모둠	주제	주요 장소
1모둠	사람들의 생활을 도와주는 곳	㉡
2모둠	자연과 관련이 있는 곳	월미산, 백운산
3모둠	물건을 사고파는 곳	신포 국제 시장, 인천 종합 어시장
4모둠	㉠	인천역, 인천 국제 공항
5모둠	유명한 관광지가 있는 곳	차이나타운, 개항장 역사 문화의 거리

16 위 표의 ㉠에 들어갈 주제로 알맞은 것을 쓰시오.

(   )

17 위 표의 ㉡에 들어갈 장소로 알맞지 <u>않은</u> 것은 어느 것입니까? (   )

① 구청   ② 병원
③ 소방서   ④ 우체국
⑤ 버스 터미널

18 다음 (   ) 안에 공통으로 들어갈 말을 쓰시오.

(   )은/는 산, 강, 큰길 등의 밑그림만 그려진 지도이다. 디지털 영상 지도로 살펴본 우리 고장의 주요 장소를 (   )에 나타내면 장소들의 위치를 한눈에 쉽게 알아볼 수 있다.

(   )

[19~20] 과천시의 주요 장소를 나타낸 다음 지도를 보고 물음에 답하시오.

19 위의 지도에서 과천 저수지 아래에 표시되어 있는 고장의 주요 장소는 무엇입니까? (   )

① 대공원
② 관악산
③ 양재천
④ 과천 시청
⑤ 국립 과천 과학관

20 위의 지도에 나타난 장소를 표현한 방법으로 알맞지 <u>않은</u> 것은 어느 것입니까? (   )

① 과천 저수지는 파란색으로 칠했다.
② 과천역은 세모 모양으로 표시하였다.
③ 국립 과천 과학관에는 우주선을 그렸다.
④ 과천 향교는 옛날 한옥의 모습을 그렸다.
⑤ 대공원은 초록색으로 색칠하고 호랑이를 그렸다.

1 옛날에 있었던 일이라고 전해지거나 있었다고 꾸며서 지어낸 이야기를 무엇이라고 합니까? ( )

① 동시   ② 동요
③ 기사   ④ 역할극
⑤ 옛이야기

[2~3] 다음 글을 읽고 물음에 답하시오.

> 경기도 파주시에는 이름에 '율곡'이라는 말이 들어간 공원이나 도로 등을 볼 수 있다. 이곳에서는 '율곡 문화제'라는 이름의 행사도 열린다. '율곡 문화제'가 열리는 까닭은 율곡 (㉠)이/가 경기도 파주시에서 어린 시절을 보내며 열심히 공부하였다는 옛이야기가 전해지기 때문이다.
> 이와 같이 고장에 전해 내려오는 옛이야기에는 고장의 고유한 특징이 담겨 있어서 (㉡) 등의 이름으로 사용하기도 한다.

2 위 글의 ㉠에 들어갈 알맞은 인물은 누구인지 쓰시오.

( )

3 위 글의 ㉡에 들어갈 말로 알맞지 <u>않은</u> 것은 어느 것입니까? ( )

① 건물   ② 도로
③ 마을   ④ 교과서
⑤ 고장의 행사

🔍 관련 교과서 돋보기

고장의 옛이야기에 담긴 것
고장의 옛 이야기에는 고장의 역사적인 유래나 특징이 담겨 있다. 따라서 마을, 도로, 건물, 행사 등 여러 이름에 옛이야기와 관련된 낱말을 사용하기도 한다.

4 서울특별시 관악구에서 많이 볼 수 있는 '낙성대'라는 이름과 관련 있는 고장의 인물은 누구인지 쓰시오.

( )

[5~6] 다음 민요를 읽고 물음에 답하시오.

> 강강술래   강강술래
> 전라도 우수영은 강강술래
> 우리 ㉠ 장군 대첩지라 강강술래
> 장군의 높은 공은 강강술래
> 천추만대 빛날세라 강강술래

5 위 민요에 담긴 옛이야기와 관련 있는 ㉠의 장군은 누구인지 쓰시오.

( )

6 전라남도 해남군과 진도군에서 전해 내려오는 위 민요의 이름은 무엇인지 쓰시오.

( )

[7~8] 다음 옛이야기를 읽고 물음에 답하시오.

> 옛날에 몸이 아주 크고 힘이 센 설문대 할망이 살고 있었다. 어느 날 설문대 할망이 바다 한가운데의 흙으로 ( )을/를 만들고, 치마폭에 흙을 담아 날라서 한라산을 만들었다.
> 설문대 할망은 한라산이 너무 높아서 윗부분을 꺾어 던졌는데 이때 움푹 파인 곳이 백록담이 되었고, 꺾어 던진 윗부분은 서귀포에 떨어져 산방산이 되었다고 한다.

7 위의 설문대 할망 이야기를 통해 알 수 있는 것은 무엇입니까? ( )

① 고장의 유래
② 고장의 자연환경
③ 고장의 옛날 인구 수
④ 고장 사람들의 생활 모습
⑤ 고장에 사람들이 살기 시작한 때

8 앞 글의 ( ) 안에 들어갈 알맞은 지역은 어디입니까? ( )

① 독도
② 진도
③ 울릉도
④ 제주도
⑤ 강화도

9 고장에 전해 내려오는 옛이야기가 중요한 까닭과 거리가 먼 것은 어느 것입니까? ( )

① 고장의 유래를 알 수 있기 때문이다.
② 당시의 자연환경을 알 수 있기 때문이다.
③ 미래의 고장 모습을 예측할 수 있기 때문이다.
④ 옛날 사람들의 생활 모습을 알 수 있기 때문이다.
⑤ 우리 고장에 있는 문화유산을 알 수 있기 때문이다.

[10~11] 다음 옛이야기를 읽고 물음에 답하시오.

옛날에 박태성이라는 사람이 살았다. 박태성은 날마다 아버지 무덤을 찾아가 인사를 드렸다. 그러던 어느 날 무서운 호랑이를 만났다.

박태성의 효심에 감동한 호랑이는 그 후 매일 박태성을 아버지 무덤까지 태워 주었다. 박태성이 세상을 떠난 뒤 호랑이가 박태성의 무덤 근처에서 죽자, 사람들은 호랑이를 박태성의 무덤 근처에 묻어 주었다. 이후 박태성의 효심이 널리 알려져 나라에서 효자비를 세워 주었다.

10 위의 옛이야기와 관계 깊은 마을 이름은 무엇입니까? ( )

① 안암
② 효자동
③ 기와말
④ 서빙고동
⑤ 밤나무골

서술형

11 앞의 옛이야기를 통해 알 수 있는 당시 사람들의 생활 모습은 무엇인지 쓰시오.

_____

_____

12 다음 ( ) 안에 들어갈 알맞은 지명을 쓰시오.

경기도 양평군의 ( ) 은/는 북한강과 남한강의 두 물줄기가 만나는 곳이라 해서 붙은 이름이다.

( )

13 우리 고장의 옛이야기를 조사하는 방법으로 바르지 않은 것은 어느 것입니까? ( )

① 고장의 문화원을 방문한다.
② 시·군·구청 누리집에 들어가 본다.
③ 우리 고장의 옛이야기를 소개하는 책을 찾아본다.
④ 옛이야기와 관련된 장소에 가서 직접 보고 듣는다.
⑤ 우리 고장에 새롭게 방문한 외국인을 만나서 여쭤본다.

14 다음 ( ) 안에 공통으로 들어갈 말을 쓰시오.

우리 고장의 옛이야기를 조사하려면 먼저 계획을 세워야 한다. ( )을/를 세우고 실천해야 목적에 맞게 정확한 내용을 조사할 수 있다. ( )을/를 세울 때에는 조사할 주제를 먼저 정한 다음, 조사 목적, 기간, 장소, 내용, 방법 등을 자세히 생각해 보아야 한다.

( )

15 고장의 옛이야기를 조사하기 위한 계획을 세울 때 정해야 하는 내용으로 알맞지 <u>않은</u> 것은 어느 것입니까? ( )

① 어떤 방법으로 조사할까?
② 주제는 무엇으로 정할까?
③ 필요한 준비물을 무엇일까?
④ 더 알고 싶은 점은 무엇일까?
⑤ 조사할 때 주의할 점은 무엇일까?

[16~17] 다음 조사 보고서를 보고 물음에 답하시오.

조사 기간	20○○년 □□월 △△일~□□월 △△일
조사 주제	옛이야기로 알아보는 우리 고장의 모습
조사한 사람	하린, 하준, 언서, 아람
조사 방법	누리집 검색하기, 책으로 알아보기, 어른께 여쭈어보기, 옛이야기에 관련된 장소에 직접 가 보기
조사 결과	• (㉠)은/는 종이 있는 거리라는 뜻으로 붙인 이름이다. • '율곡로'는 율곡 이이가 살았던 곳이라는 뜻으로 붙인 이름이다. • '낙산'은 산 모양이 낙타의 등과 같았다는 옛이야기가 전해 내려온다.
새롭게 알게 된 점	• 우리 고장의 여러 (㉡)이/가 생겨난 까닭을 알 수 있었다. • 우리 고장의 옛이야기에서 고장의 자연환경과 고장에 살았던 옛날 사람들의 생활 모습을 알 수 있었다.

16 위의 ㉠에 들어갈 알맞은 지명은 무엇인지 쓰시오.

( )

17 위 조사 보고서의 ㉡에 들어갈 알맞은 말은 무엇입니까? ( )

① 지도   ② 학교
③ 지명   ④ 건물
⑤ 공공 기관

[18~19] 다음 그림을 보고 물음에 답하시오.

18 고장의 옛이야기를 소개하는 방법 중 위와 관계 깊은 것은 무엇입니까? ( )

① 만화 그리기   ② 역할놀이하기
③ 자료 찾아 붙이기   ④ 안내 책자 만들기
⑤ 구연동화 들려주기

🔍 관련 교과서 돋보기

고장의 옛이야기를 소개하는 방법
• 역할놀이하기: 우리 고장의 옛이야기 내용이 드러나도록 역할놀이로 꾸며서 소개한다.
• 구연동화 들려주기: 옛이야기를 동화로 만들어 그림과 함께 실감 나게 읽어 준다.
• 안내 책자 만들기: 옛이야기를 소개하는 사진, 그림, 글 등을 담아 안내 책자로 만들어 소개한다.

서술형

19 위와 같은 방법으로 고장의 옛이야기를 소개했을 때의 좋은 점은 무엇인지 쓰시오.

_____

_____

20 고장의 옛이야기를 소개하는 활동을 평가할 때 평가 항목으로 알맞지 <u>않은</u> 것을 찾아 기호를 쓰시오.

㉠ 우리 고장의 옛이야기를 소개하는 자료를 효과적으로 나타냈나요?
㉡ 우리 고장의 옛이야기를 소개하는 활동에 소극적으로 참여했나요?
㉢ 우리 고장에 친밀감을 느끼고 옛이야기를 소중히 여기는 마음을 가졌나요?

( )

1 옛 사람들의 문화 중에서 후손들에게 물려줄 만한 가치가 있는 것을 통틀어 무엇이라고 하는지 쓰시오.

(   )

🔍 관련 교과서 **돋보기**

문화유산
건축물, 과학 발명품뿐만 아니라 예술 활동, 기술 등과 같이 우리 조상 대대로 전해 내려온 문화 중에서 다음 세대에게 물려줄 만한 가치가 있는 것을 문화유산이라고 합니다.

[2~3] 다음 자료를 보고 물음에 답하시오.

(가)    (나)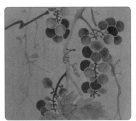

(다)    (라)

2 우리나라 돈에 그려진 문화유산이 아닌 것을 위 자료에서 찾아 기호를 쓰시오.

(   )

3 위 자료의 (가)에 대한 설명으로 알맞은 것은 어느 것입니까? (   )

① 천 원 지폐에 그려져 있다.
② 오늘날에 발명된 도구이다.
③ 시간을 알려 주는 해시계이다.
④ 비가 내린 양을 재는 기구이다.
⑤ 천체의 움직임과 그 위치를 관측하였던 천문 관측 기구이다.

[4~6] 다음 문화유산을 보고 물음에 답하시오.

(가)    (나)

(다)    (라)

4 위의 문화유산 중에서 유형 문화유산을 모두 찾아 기호를 쓰시오.

(   )

5 다음에서 설명하는 문화유산을 위에서 찾아 기호를 쓰시오.

> 소리꾼이 고수의 북장단에 맞추어 노래와 말, 몸짓을 섞어 가며 이야기하는 공연이다.

(   )

6 위 자료의 문화유산에 대한 설명으로 알맞지 <u>않은</u> 것은 어느 것입니까? (   )

① (가)는 무형 문화유산이다.
② (나)는 시각을 알려주는 시계이다.
③ (다)는 경주에 있는 문화유산이다.
④ (라)는 유네스코 인류 무형 문화유산으로 지정되었다.
⑤ (가)~(라) 모두 우리 조상 대대로 전해 내려온 문화이다.

7 오른쪽 문화유산을 통해 알 수 있는 조상들의 생활 모습을 바르게 말한 친구는 누구인지 쓰시오.

- 지애: 제사를 중요하게 생각했어.
- 희순: 기와를 굽던 큰 가마터가 있었어.
- 준형: 옛날에도 별을 관찰하고 연구했다는 것을 알 수 있어.

( )

8 다음 ㉠, ㉡에 들어갈 알맞은 말을 쓰시오.

고장에서 열리는 문화유산 축제나 행사 등을 경험하면 조상들이 얼마나 (㉠)롭고 그 문화유산이 얼마나 (㉡)한지 알 수 있다.

㉠ ( ), ㉡ ( )

9 고장의 문화유산을 조사하는 방법으로 알맞지 않은 것은 어느 것입니까? ( )

① 누리집 찾아보기
② 문화유산 답사하기
③ 고장의 백지도 활용하기
④ 책이나 소개 자료 찾아보기
⑤ 문화 관광 해설사와 면담하기

10 우리 고장의 문화유산을 알아보기에 알맞은 누리집을 두 군데 고르시오. (,)

① 학교 누리집
② 통계청 누리집
③ 소방서 누리집
④ 문화재청 누리집
⑤ 시·군·구청 누리집

서술형

11 다음과 같이 고장의 문화유산을 조사했을 때의 장점은 무엇인지 쓰시오.

12 문화재청을 누리집을 방문하여 우리 고장의 문화유산을 조사하는 방법입니다. 순서대로 기호를 쓰시오.

㉠ '문화재 지역별 검색'을 선택한다.
㉡ 내가 사는 고장을 지도에서 선택한다.
㉢ 문화재청 누리집(www.cha.go.kr)에 방문한다.
㉣ 우리 고장의 유형 문화유산과 무형 문화유산을 확인한다.

( )

[13~15] 다음 답사 계획서를 보고 물음에 답하시오.

㉠	우리 고장의 대표적인 문화유산 알아보기
답사 장소	종묘(서울특별시 종로구 종로157)
답사 날짜	20□□년 ○○월 △△일
힘께할 사람	아람, 연서, 하린, 하준, 쌍둥이 아버지(보호자)
답사할 내용	• 종묘에 가면 무엇을 볼 수 있을까? • (㉡)
답사 방법	관찰하기, 면담하기, 설명 듣기, 사진·동영상 촬영하기, 그림 그리기
준비물	필기도구, 기록장, 사진기, 휴대 전화

13 위 표의 ㉠에 들어갈 알맞은 항목은 무엇인지 쓰시오.

( )

14 앞 표의 ㉡에 들어갈 내용으로 알맞은 것은 어느 것입니까? (   )

① 종묘는 무엇을 하는 곳일까?
② 종묘의 건물 가격은 얼마나 될까?
③ 종묘를 찾아온 관광객은 몇 명일까?
④ 종묘 앞에서 기념 사진을 찍을 수 있을까?
⑤ 종묘 근처에 있는 음식점의 수는 몇 개일까?

15 모둠 친구들이 앞 계획서에 따라 역할을 나누었습니다. 나눈 역할이 알맞지 <u>않은</u> 친구는 누구인지 쓰시오.

> • 연서: 안내판에 적힌 내용 요약하기
> • 하준: 관광객이 구입한 기념품 알아보기
> • 아람: 종묘의 여러 모습을 그림으로 그리기
> • 아린: 종묘의 모습을 사진과 동영상으로 촬영하기

(   )

16 고장의 문화유산을 답사할 때 가장 먼저 해야 할 일은 무엇입니까? (   )

① 답사하기
② 답사 목적 정하기
③ 답사 방법과 준비물 정하기
④ 답사할 장소와 날짜 정하기
⑤ 답사 장소에서 조사할 내용 정하기

17 문화유산을 효과적으로 소개하는 방법으로 알맞은 것에 ○표 하시오.

(1) 다양한 내용을 소개하기 위해서는 모형을 만들어 전시한다. (   )
(2) 공연 모습을 소개하기 위해서는 안내 책자 만들기가 효과적이다. (   )
(3) 실감 나는 소개를 위해서는 문화 관광 해설사가 되어 보기가 적합하다. (   )

[18~19] 다음 자료를 보고 물음에 답하시오.

18 문화유산을 소개하는 방법 중 위 자료와 관계 깊은 것은 어느 것입니까? (   )

① 그림 그리기   ② 모형 만들기
③ 사진 전시하기   ④ 문화유산 신문 만들기
⑤ 문화 관광 해설사가 되어 보기

> 🔍 관련 교과서 돋보기
>
> 문화 관광 해설사
> 문화 유적지나 관광지에 대하여 관광객에게 설명할 수 있는 자격을 가지고 있는 사람으로, 찾아오는 사람들에게 문화유산에 대한 설명을 해 주고 궁금한 점이나 질문에 답해 준다.

〈서술형〉
19 위 자료에서 문화유산을 소개하는 친구가 안내를 잘 하려면 어떻게 해야 하는지 쓰시오.

_____

_____

20 고장의 문화유산을 소개하는 자료를 만들면서 느낀 점을 잘못 말한 친구는 누구입니까? (   )

① 경희: 우리 고장의 문화유산에 관심을 갖게 되었어.
② 지우: 다양한 문화유산이 있는 우리 고장이 부끄러웠어.
③ 서희: 우리 고장에 있는 다양한 문화유산을 알게 되었어.
④ 영민: 우리 고장의 문화유산을 소중히 여겨야겠다는 마음을 가졌어.
⑤ 민준: 친구들의 소개를 듣고 우리 고장의 문화유산을 더 잘 알게 되었어.

1 다음에서 설명하는 것은 무엇인지 쓰시오.

> 사람이 이동하거나 물건을 옮기는 데 사용하는 방법이나 도구를 말한다.

( )

[2~3] 다음 교통수단을 보고 물음에 답하시오.

(가)

(나)

(다)

(라)

2 옛날 사람들이 물에서 이용한 교통수단을 위에서 모두 찾아 기호를 쓰시오.

( )

🔍 관련 교과서 돋보기

옛날 사람들이 이용했던 교통수단의 종류
• 땅에서의 교통수단: 말, 가마, 지게, 달구지 등
• 물에서의 교통수단: 뗏목, 돛단배 등

3 옛날 사람들이 위 (다)의 교통수단을 이용했던 때는 언제입니까? ( )

① 서당에 갈 때
② 강을 건널 때
③ 친척을 만날 때
④ 소식을 전할 때
⑤ 무거운 짐을 싣고 나를 때

4 옛날 사람들이 이용했던 교통 수단의 공통점을 두 가지 고르시오. (,)

① 기계의 힘을 이용했다.
② 수증기의 힘을 이용했다.
③ 사람이나 동물의 힘을 이용했다.
④ 하늘과 땅을 자유롭게 다닐 수 있었다.
⑤ 자연에서 쉽게 구할 수 있는 재료를 이용했다.

5 다음 ( ) 안에 들어갈 알맞은 말을 쓰시오.

> 증기선은 물을 끓일 때 나오는 ( )의 힘으로 움직이는 배이다. 증기선이 생기면서 바람이 불지 않아도 바다를 건널 수 있게 되었다.

( )

6 오늘날에 이용하는 교통수단과 거리가 먼 것은 어느 것입니까? ( )

① 버스
② 가마
③ 승용차
④ 비행기
⑤ 고속 열차

7 다음 친구의 설명과 관련 있는 교통수단을 찾아 ○표 하시오.

기차를 타고 할머니를 뵈러 가요.

(1)

(2)

( ) ( )

8 오늘날 교통수단의 특징으로 옳지 <u>않은</u> 것은 어느 것입니까? (   )

① 먼 곳까지 갈 수 있다.
② 기계의 힘을 이용한다.
③ 빠르고 편리하게 이용할 수 있다.
④ 한 번에 많은 사람과 물건을 이동시킬 수 있다.
⑤ 자연의 힘을 이용해 환경을 오염시키지 않는다.

[9~10] 다음 그림을 보고 물음에 답하시오.

50분이면 갈 수 있어요.

2시간 40분 정도 걸려요.

4시간 30분 정도 걸려요.

17시간 정도 걸려요.

30일 정도 걸려요.

▲ 서울에서 여수까지 가는 데 걸리는 시간

9 위 그림을 보고 서울에서 여수까지 가장 빨리 갈 수 있는 교통수단은 무엇인지 쓰시오.

(   )

10 위 그림에 대한 설명으로 바르지 <u>않은</u> 것은 어느 것입니까? (   )

① 교통수단에 따라 이동 시간이 달라진다.
② 걸어서 여수까지 이동하려면 시간이 많이 걸린다.
③ 비행기를 이용하면 50분이면 서울에서 여수까지 갈 수 있다.
④ 고속 열차를 이용하면 여수까지 빠르고 안전하게 이동할 수 있다.
⑤ 서울에서 여수까지 가장 느리게 갈 수 있는 교통수단은 고속버스이다.

11 교통수단의 발달에 따라 달라진 사람들의 생활 모습으로 알맞지 <u>않은</u> 것은 어느 것입니까? (   )

① 멀리 떨어진 지역까지 빠르게 갈 수 있게 되었다.
② 무거운 짐도 한 번에 옮길 수 있게 되면서 물자의 이동이 활발해졌다.
③ 특별 교통수단의 발달로 교통 약자는 다른 지역으로의 이동이 불편해졌다.
④ 교통수단이 발달하면서 사람들은 여러 가지 시설을 만들어 이용하게 되었다.
⑤ 개인용 이동 수단을 이용하여 출퇴근이나 취미생활을 하는 사람들이 생겨나고 있다.

🔍 관련 교과서 돋보기

특별 교통수단과 교통 약자
• 특별 교통수단: 교통 약자의 이동을 지원하기 위한 교통수단
• 교통 약자: 이동에 불편을 느끼는 사람으로, 신체 장애인, 임산부, 어린이, 노인 등이 대표적이다.

✦ 서술형 ✦

12 일상생활에서 볼 수 있는 다음 시설의 공통점은 무엇인지 쓰시오.

주유소,   휴게소,   터널,   세차장

_____

_____

[13~14] 다양한 교통수단이 발달하면서 생겨난 직업을 정리한 다음 ●보기●를 보고 물음에 답하시오.

┌─ 보기 ─────────────────┐
ㄱ 선장   ㄴ 관제사
ㄷ 택배 기사   ㄹ 버스 운전기사
ㅁ 여객선 승무원   ㅂ 항공기 조종사
└────────────────────────┘

13 비행기가 발달하고 공항이 만들어지면서 새롭게 생겨난 직업을 위 ●보기●에서 모두 찾아 기호를 쓰시오.

(   )

14 다음 시설과 관계 깊은 직업을 앞 •보기•에서 모두 찾아 기호를 쓰시오.

> 선착장, 여객선 터미널

( )

15 높고 경사가 심해 트럭이 다니기 어려운 곳에서 농사 도구나 수확한 농산물 등을 운반하는 다음 교통수단은 무엇인지 쓰시오.

( )

16 사륜 구동형 택시를 이용하는 지역의 특징으로 알맞은 것은 어느 것입니까? ( )

① 미세먼지가 심한 지역
② 겨울에 눈이 많이 오는 지역
③ 넓은 갯벌이 펼쳐져 있는 지역
④ 여름에 비가 많이 내리는 지역
⑤ 여러 가지 문화 행사가 열리는 지역

17 바다가 있는 지역에서 볼 수 있는 특별한 교통수단을 두 가지 고르시오. (,)

① 갯배   ② 카페리
③ 경운기   ④ 케이블카
⑤ 모노레일

🔍 관련 교과서 돋보기

고장의 환경에 따라 다른 교통수단
• 높은 산이 있는 고장: 케이블카, 모노레일, 사륜 구동형 택시 등
• 논밭이 있는 고장: 경운기 등
• 바다가 있는 고장: 갯배, 카페리 등

[18~19] 다음 사진을 보고 물음에 답하시오.

( )은/는 사람이 운전하지 않아도 자동차 스스로 움직여 사람들이 차를 편리하게 이용할 수 있도록 해 줄 것입니다.

18 위의 ( ) 안에 들어갈 미래의 교통수단은 무엇인지 쓰시오.

( )

19 위의 미래 교통수단에 대한 설명으로 알맞지 <u>않은</u> 것은 어느 것입니까? ( )

① 인공 지능을 갖추었다.
② 졸음 운전으로 인한 사고를 막을 수 있다.
③ 사람을 구조할 때 이용하는 교통수단이다.
④ 몸이 불편한 사람도 쉽게 이동할 수 있게 해 준다.
⑤ 운전하는 사람이 없어도 차를 타고 다른 곳으로 이동할 수 있다.

20 교통수단의 발달로 달라질 미래의 생활 모습을 바르게 말한 친구는 누구인지 쓰시오.

몸이 불편한 사람도 자유롭고 편하게 이동할 수 있을 거야.

연료로 석유나 석탄을 많이 사용하게 되어 환경 오염이 심해질 거야.

민준   소정

( )

1 다음에서 설명하는 것을 통틀어 무엇이라고 하는지 쓰시오.

> 사람들이 정보나 소식을 전달하려고 사용하는 방법이나 도구를 말한다.

(   )

2 옛날 사람들이 다른 사람들에게 소식을 전했던 방법을 모두 고르시오. (   )

① 편지를 보내 소식을 전했다.
② 직접 만나 말로 소식을 전했다.
③ 전자 우편을 이용해 소식을 알렸다.
④ 텔레비전을 통해 많은 사람들에게 소식을 알렸다.
⑤ 글을 써서 벽에 붙여 많은 사람들이 볼 수 있게 하였다.

3 오른쪽은 옛날에 소식을 전했던 모습입니다. 관계 깊은 통신수단은 무엇입니까?
(   )

① 방
② 서찰
③ 파발
④ 명단
⑤ 게시판

4 밤에는 횃불, 낮에는 연기를 피워 위급한 상황이 생겼음을 알렸던 옛날의 통신수단은 무엇인지 쓰시오.
(   )

5 옛날 사람들이 다음과 같은 통신수단을 사용했던 때는 언제입니까? (   )

> 북, 파발, 신호 연, 비둘기

① 농사를 지을 때
② 적이 쳐들어왔을 때
③ 결혼 소식을 전할 때
④ 과거 시험에 합격했을 때
⑤ 나라에 큰 경사가 있을 때

🔍 **관련 교과서 돋보기**

옛날의 통신수단을 이용했던 까닭
• 북: 멀리 있어도 소리를 들을 수 있기 때문이다.
• 신호 연: 무늬와 색으로 정한 암호를 적이 알지 못하기 때문이다.
• 새: 소식을 빠르게 전할 수 있기 때문이다.

6 다음 그림과 관계 깊은 오늘날의 통신수단은 무엇인지 쓰시오.

(1) (   )   (2) (   )

7 오늘날 사람들이 일상생활에서 통신수단을 사용하는 모습으로 알맞지 <u>않은</u> 것은 어느 것입니까?
(   )

① 신문을 읽으며 소식을 안다.
② 길도우미로 목적지에 가는 길을 찾는다.
③ 스마트폰으로 음식이나 물건을 주문한다.
④ 휴대 전화로 통화하거나 메시지를 보낸다.
⑤ 위급한 상황이 생겼을 때 북을 쳐서 알린다.

8 다음 ( ) 안에 공통으로 들어갈 말을 쓰시오.

> 최근에는 언제 어디서든 ( )로/으로 인터넷을 사용할 수 있어 우리의 생활이 더욱 편리해졌다. 사람들은 일상생활에서 ( )을/를 이용하여 필요한 정보를 얻고 은행 업무를 보며 물건을 사기도 한다.

( )

🔍 관련 교과서 돋보기

스마트폰
휴대 전화에 인터넷과 정보 검색 등 컴퓨터 기능을 추가한 단말기로, 애플리케이션을 통해 여러 가지 기능을 실행할 수 있다.

9 오늘날 사람들이 이용하는 통신수단의 특징으로 알맞지 <u>않은</u> 것은 어느 것입니까? ( )

① 정보를 실시간으로 전달할 수 있다.
② 여러 사람과 동시에 연락할 수 있다.
③ 한 번에 많은 정보를 주고받을 수 있다.
④ 정보를 보내는 비용이 전혀 발생하지 않는다.
⑤ 통신 기계 하나를 다양한 방식으로 이용할 수 있다.

[10~11] 전화의 발달 과정을 나타낸 다음 자료를 보고 물음에 답하시오.

(가)    (나)

(다)    (라)

10 위 자료를 보고 전화가 발달해 온 순서대로 기호를 쓰시오.

( )

11 다음 내용과 관련 있는 것을 앞에서 찾아 기호를 쓰시오.

> 옛날에는 다른 사람과 통화를 하려면 교환원에게 먼저 전화를 걸어야 했다.

( )

12 통신수단의 발달로 달라진 학교 생활의 변화 모습과 가장 거리가 <u>먼</u> 것은 어느 것입니까? ( )

① 텔레비전으로 아침 방송 조회를 한다.
② 학교 누리집에 과제를 올리고 댓글을 단다.
③ 인터폰으로 선생님들이 급한 연락을 주고받는다.
④ 방송 스피커를 이용해 수업 시간을 알리는 종소리가 울린다.
⑤ 모둠 활동에 필요한 자료를 도서관에 가서 책을 보고 조사한다.

13 통신수단이 발달하면서 달라진 가정 생활의 모습을 바르게 말한 친구는 누구인지 쓰시오.

> • 현아: 집에서는 여러 사람과 동시에 연락할 수 없어.
> • 동호: 통신 수단을 이용해 다양한 여가 생활을 할 수 있어.
> • 양선: 아파트에서 중요한 내용은 경비원들이 집집마다 돌아다니면서 알려 줘.

( )

14 통신수단의 발달로 달라진 회사에서의 생활 모습입니다. 다음 ( ) 안에 들어갈 알맞은 말을 쓰시오.

( )로/으로 먼 곳에 있는 사람과 회의를 해요.

( )

[15~16] 다음 그림을 보고 물음에 답하시오.

15 위의 그림에서 잠수부들이 일하는 곳은 어디입까?

( )

① 물속　　　　② 목장
③ 갯벌　　　　④ 동물원
⑤ 비행기

16 위 사진을 보고 다음 ( ) 안에 들어갈 알맞은 말을 쓰시오.

> 장소나 하는 일에 따라 사람들이 의사소통하는 방식이 달라진다. 잠수부들은 약속된 ( ) 을/를 이용해 의사소통을 한다.

( )

서술형

17 농촌의 주택에서 다음과 같이 마을 방송을 하는 까닭은 무엇인지 쓰시오.

_____

_____

18 도시의 아파트에 사는 주민들이 인터폰을 사용하는 까닭은 무엇입니까? ( )

① 텔레비전을 시청하기 위해서
② 한 건물에 여러 집이 있기 때문에
③ 인터폰으로 학교와 연락하기 위해서
④ 버스가 언제 오는지 쉽게 알 수 있기 때문에
⑤ 실시간으로 가족들의 위치를 확인할 수 있기 때문에

관련 교과서 돋보기

아파트의 통신수단
아파트는 한 건물에 여러 집이 있기 때문에 같은 건물 안에서 서로 통화할 때 이용하는 장치인 인터폰으로 편리하게 연락을 하고, 각 집에 설치된 실내 확성기로 중요한 안내 사항을 전달하기도 한다.

19 통신수단이 더욱 발달하면서 생길 수 있는 상황으로 알맞은 것에 ○표 하시오.

(1) 미래에는 실물과 똑같이 보이는 홀로그램으로 화상 수업을 진행한다. ( )
(2) 건강을 관리해 주는 원격 진료 기기를 이용해 몸이 아플 때 빠르게 대처한다. ( )
(3) 미래의 통신 수단은 사람과 사람을 연결하지만 사람과 사물은 연결하지 못한다. ( )
(4) 실시간으로 농작물의 상태를 파악하여 성장에 필요한 영양분을 바로 제공해 준다. ( )

20 통신수단의 발달로 달라질 미래의 생활 모습이 바르게 짝지어진 것은 어느 것입니까? ( )

> ㉠ 환경의 영향을 많이 받는다.
> ㉡ 일을 하지 않아도 살 수 있다.
> ㉢ 더욱 쉽고 빠르게 정보를 전달할 수 있다.
> ㉣ 많은 사람이 자율 주행 자동차를 탈 것이다.
> ㉤ 개인 정보가 다른 사람들에게 알려질 위험성이 사라진다.

① ㉠, ㉡　　　　② ㉢, ㉣
③ ㉡, ㉢, ㉤　　　④ ㉢, ㉣, ㉤
⑤ ㉠, ㉡, ㉢, ㉣, ㉤

1 고장에 대한 설명으로 알맞은 것에 ○표 하시오.

(1) 사람들이 모여 사는 곳이다.   (   )
(2) 각 고장마다 그 모습은 다양하다.   (   )
(3) 재미있고 신기한 것이 많은 곳이다.   (   )

2 우리 고장의 모습을 떠올린 것입니다. 떠올린 장소로 알맞지 <u>않은</u> 것은 어느 것입니까? (   )

① 내가 좋아하는 놀이터
② 사람이 많이 모이는 시장
③ 우리 가족이 자주 가는 도서관
④ 사람들에게 도움을 주는 소방서
⑤ 비행기를 타고 여행 갔던 외국 관광지

3 다음 ( ) 안에 들어갈 알맞은 장소를 쓰시오.

> • 선생님: 머릿속에 떠오르는 우리 고장의 장소는 어디인가요?
> • 지수: 저는 ( )이/가 떠오릅니다. 이곳은 제가 아플 때 치료해 준 고마운 곳입니다.

(   )

🔍 관련 교과서 돋보기

고장의 다양한 장소에서 겪은 일(예)
• 도서관: 도서관에서 책을 읽고 빌렸다.
• 공원: 공원에서 강아지와 산책을 했다.
• 대형 할인점: 부모님과 함께 장을 보았다.

서술형
4 오른쪽 장소에서 있었던 경험은 무엇인지 떠올려 쓰시오.

_____

_____

[5~6] 다음 여러 장소를 보고 물음에 답하시오.

(가)
▲ 공원

(나)
▲ 학교

(다)
▲ 시장

(라)
▲ 버스 터미널

5 다음 내용과 관련 있는 장소를 위에서 찾아 기호를 쓰시오.

> 친구들과 함께 교실에서 공부하고 운동장에서 재미있게 놀았다.

(   )

6 위 (다) 장소에서 있었던 경험으로 알맞은 것은 어느 것입니까? (   )

① 산에 핀 예쁜 꽃을 보았어.
② 꼭 보고 싶었던 책을 빌렸어.
③ 부모님과 반찬을 사러 갔었어.
④ 아빠와 편지를 부치러 갔었어.
⑤ 어린이 축구 대회가 열려서 참가했어.

7 우리 고장의 장소들에 관한 생각이나 느낌을 <u>잘못</u> 말한 친구는 누구인지 쓰시오.

> • 종완: 친구들마다 떠올린 장소들이 모두 같아.
> • 혜나: 친구들마다 같은 장소에 대한 생각이나 느낌이 달랐어.
> • 성신: 우리 고장의 장소들이 생각했던 것보다 다양하고 많이 있어.

(   )

8 선생님께서 장소 카드에 어떤 내용을 담으면 좋을지 발표하라고 합니다. 발표 내용으로 알맞지 <u>않은</u> 것은 어느 것입니까? (   )

① 민철: 장소 이름을 쓰고 장소 설명도 할래요.
② 수림: 장소에서 겪었던 일이 잘 드러나게 글을 쓸래요.
③ 영훈: 장소를 보여 주는 사진을 붙이거나 그림을 그릴래요.
④ 경인: 장소를 어떻게 생각하고 느끼는지 함께 쓰고 싶어요.
⑤ 동철: 장소가 미래에 어떻게 변화하고 바뀔지 상상하여 쓸 거예요.

[9~10] 다음 장소 카드를 보고 물음에 답하시오.

9 위 장소 카드의 ㉠에 들어갈 장소의 이름은 무엇인지 쓰시오.

(   )

10 위의 장소 카드를 만들 때 밑줄 친 곳에 들어갈 설명으로 알맞은 것은 어느 것입니까? (   )

① 예방 접종을 하는 곳이다.
② 편지나 소포를 보내는 곳이다.
③ 산책이나 운동을 하러 가는 곳이다.
④ 생활에 필요한 물건을 사고파는 곳이다.
⑤ 다른 지역에 가기 위해 비행기를 타는 곳이다.

11 우리 고장의 장소 카드를 만들 때 장소를 그림으로 나타내면 어떤 점이 좋은지 쓰시오.

_____

_____

12 머릿속에 떠오르는 우리 고장의 모습을 그릴 때 주의할 점으로 알맞은 것을 두 가지 고르시오.

(,   )

① 사람들의 모습만 그린다.
② 상상 속의 장소를 그린다.
③ 실제 있는 장소들을 그린다.
④ 학교나 집을 포함하여 그린다.
⑤ 친구의 그림을 그대로 베껴서 그린다.

[13~15] 다음 그림을 보고 물음에 답하시오.

(가)

(나)

▲ 지민이의 그림   ▲ 우빈이의 그림

13 위의 그림 중 다음과 같은 특징이 있는 것을 골라 기호를 쓰시오.

• 길과 도로를 그렸다.
• 고장에 있는 집을 그렸다.

(   )

14 위 (가), (나) 그림에서 모두 있는 장소는 무엇인지 찾아 쓰시오.

(   )

15 앞 (가), (나)의 그림을 바르게 비교한 것은 어느 것입니까? (   )

① 지민이는 병원을 그렸다.
② 우빈이는 시장을 그렸다.
③ 두 사람 모두 도로를 그리지 않았다.
④ 우빈이는 경찰서와 소방서를 그렸다.
⑤ 지민이는 자기가 싫어하는 장소를 그렸다.

16 다음 (   ) 안에 들어갈 알맞은 말은 무엇입니까?
(   )

> 고장의 모습을 그린 그림을 비교할 때에는 두 그림에 모두 있는 건물과 (   )의 모습을 찾는다. 그리고 그 위치나 크기, 모양, 색깔 등을 비교한다.

① 경험   ② 자연
③ 우주   ④ 생각
⑤ 알림판

🔍 **관련 교과서 돋보기**

고장을 그린 그림을 비교하는 방법
① 두 그림에 공통적으로 있는 건물이나 자연의 모습을 찾아 그 위치나 크기, 모양, 색깔 등을 비교한다.
② 두 그림 중 한 그림에만 있는 건물이나 자연의 모습을 찾아본다.

17 같은 고장을 그린 그림에서 차이점이 있는 까닭을 바르게 말한 친구는 누구인지 쓰시오.

정빈: 사람마다 외모가 다르기 때문이야.
상식: 사람마다 표현하는 방법이 다르기 때문이야.

(   )

18 친구들이 그린 고장의 그림을 볼 때 주의 깊게 살펴봐야 할 점과 가장 거리가 먼 것은 어느 것입니까?
(   )

① 친구가 좋아하는 곳을 찾아본다.
② 친구가 잘 아는 곳이 어디인지 살펴본다.
③ 친구가 알리고 싶은 곳이 어디인지 살펴본다.
④ 어떤 친구의 그림이 가장 멋지고 큰지 살펴본다.
⑤ 특별하게 소개하고 싶은 곳이 있는지 친구에게 물어본다.

19 다음에서 알맞은 내용이 적힌 쪽지를 찾은 친구는 누구인지 모두 찾아 이름을 쓰시오.

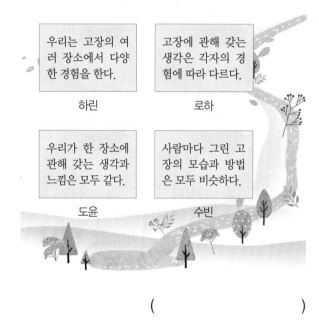

하린: 우리는 고장의 여러 장소에서 다양한 경험을 한다.
로하: 고장에 관해 갖는 생각은 각자의 경험에 따라 다르다.
도윤: 우리가 한 장소에 관해 갖는 생각과 느낌은 모두 같다.
수빈: 사람마다 그린 고장의 모습과 방법은 모두 비슷하다.

(   )

20 고장에 대한 생각이나 느낌이 서로 다를 때 가져야 할 태도를 두 가지 고르시오. (,   )

① 존중   ② 무시
③ 이해   ④ 차별
⑤ 무관심

[1~2] 다음 사진을 보고 물음에 답하시오.

(가)    (나)

1 야구장을 앞에서 찍은 사진은 무엇인지 위에서 찾아 기호를 쓰시오.

(   )

서술형

2 위와 같이 다양한 위치에서 찍은 사진을 비교하였을 때 알 수 있는 점은 무엇인지 쓰시오.

_____

_____

3 다음 ( ) 안에 들어갈 알맞은 말을 쓰시오.

> 우리가 새처럼 직접 날아올라서 아래를 내려다 볼 수 없지만 인공위성이나 비행기에서 찍은 사진으로 고장을 한눈에 볼 수 있다. 인공위성이나 비행기에서 찍은 사진을 디지털 기기로 이용할 수 있도록 만든 지도를 ( )라고/이라고 한다.

(   )

4 다음 중에서 디지털 영상 지도를 이용할 수 있는 기기를 모두 고르시오. (   )

① 라디오   ② 컴퓨터
③ 스마트폰   ④ 길도우미
⑤ 전자 사전

5 디지털 영상 지도의 특징으로 알맞은 것에 ○표 하시오.

(1) 고장의 전체 모습을 알 수 있다. (   )
(2) 장소의 위치를 정확하게 알 수 있다. (   )
(3) 고장의 실제 모습을 자세히 살펴볼 수 있다.
                            (   )
(4) 여러 위치에서 고장을 살펴보는 것처럼 다양한 크기로 보인다. (   )

🔍 관련 교과서 돋보기

디지털 영상 지도와 위성 사진
디지털 영상 지도는 위성 사진이나 항공 사진을 여러 장 모아서 만든 지도이므로, 디지털 영상 지도로 보는 모습은 위성 사진이나 항공 사진과 같다.

6 다음 지도에 대한 설명으로 알맞은 것은 어느 것입니까? (   )

① 자연환경의 모습만 보인다.
② 장소의 위치를 알기 어렵다.
③ 고장의 자세한 모습이 보인다.
④ 세계 지도를 이용해서 만들었다.
⑤ 우리 고장을 아래에서 찍은 사진이다.

7 고장의 주요 장소를 알 수 있는 방법으로 알맞지 않은 것은 어느 것입니까? (   )

① 인터넷을 검색한다.
② 고장의 안내도를 이용한다.
③ 고장의 어른들께 여쭈어본다.
④ 다른 고장에 사는 친척에게 물어본다.
⑤ 고장 신문이나 방송에 나온 기사를 살펴본다.

8 다음에서 설명하고 있는 것은 무엇인지 쓰시오.

> • 국토 지리 정보원에서 제공하고 있다.
> • 컴퓨터로 디지털 영상 지도를 살펴보고자 할 때 접속하는 누리집이다.
> • 검색하기, 이동하기, 확대·축소하기 등의 다양한 기능을 제공하고 있다.

(   )

9 디지털 영상 지도의 기능으로 알맞지 **않은** 것은 어느 것입니까? (   )

① 이동 기능   ② 검색 기능
③ 확대 기능   ④ 축소 기능
⑤ 땅값 확인 기능

[10~11] 다음 디지털 영상 지도를 보고 물음에 답하시오.

10 디지털 영상 지도뿐만 아니라 일반 지도, 백지도 등 다양한 종류의 지도를 보기 위해 위 지도에서 눌러야 하는 것은 무엇인지 기호를 쓰시오.

(   )

서술형

11 위 지도 (다)의 확대 및 축소 기능을 이용했을 때의 좋은 점은 무엇인지 쓰시오.

_____

_____

12 고장의 주요 장소에 대한 설명으로 알맞은 것은 어느 것입니까? (   )

① 눈에 잘 띄지 않는 곳이다.
② 사람들이 살지 않는 곳이다.
③ 사람들이 찾기 어려운 곳이다.
④ 다른 고장 사람들이 잘 모르는 곳이다.
⑤ 여러 장소 중에서 눈에 잘 띄는 곳이다.

[13~14] 디지털 영상 지도로 고장의 주요 장소를 찾는 다음 과정을 보고 물음에 답하시오.

> ㉠ 모둠별로 한 개의 주제 선택하기
> ㉡ 모둠 친구들과 각자 찾은 주요 장소를 비교해 보기
> ㉢ 주제에 맞는 주요 장소를 세 군데로 정리하고 표에 써넣기
> ㉣ 각자 디지털 영상 지도에서 주제에 맞는 주요 장소 세 군데 찾아보기

13 디지털 영상 지도로 고장의 주요 장소를 찾는 과정에 맞게 순서대로 기호를 쓰시오.

(   )

14 위 ㉠의 밑줄 친 주제와 거리가 **먼** 것은 어느 것입니까? (   )

① 물건을 사고파는 곳
② 자연과 관련이 있는 곳
③ 유명한 연예인이 사는 곳
④ 다른 고장으로 이동할 때 이용하는 곳
⑤ 사람들의 생활을 편리하게 도와주는 곳

> **관련 교과서 돋보기**
>
> 고장의 주요 장소를 찾는 주제
> • 사람들의 생활을 도와주는 곳: 구청, 소방서, 우체국 등
> • 자연과 관련 있는 곳: 산, 강, 호수 등
> • 물건을 사고 파는 곳: 시장, 대형 할인점 등
> • 다른 고장으로 이동할 때 이용하는 곳: 공항, 역, 버스 터미널 등

15 경기도 양평군에 있는 다음 장소들의 특징으로 가장 알맞은 것은 어느 것입니까? ( )

> 용문산, 남한강, 두물머리

① 물건을 사고파는 곳이다.
② 자연과 관련 있는 곳이다.
③ 다른 고장으로 이동할 때 이용하는 곳이다.
④ 사람들의 생활을 편리하게 도와주는 곳이다.
⑤ 문화유산이나 유명한 건축물이 있는 곳이다.

16 고장의 주요 장소를 백지도에 나타내려고 할 때 가장 먼저 해야 할 일은 무엇인지 찾아 기호를 쓰시오.

> ㉠ 백지도에 나타내고 싶은 장소 정하기
> ㉡ 디지털 영상 지도에서 주요 장소의 위치 찾기
> ㉢ 백지도에 주요 장소의 위치 표시하기
> ㉣ 다양한 방법으로 백지도 꾸미기

( )

[17~18] 다음 백지도를 보고 물음에 답하시오.

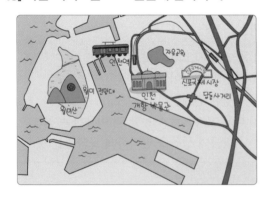

17 위 백지도에서 신포 국제 시장을 나타낸 모양은 무엇입니까? ( )

① 별 모양   ② 산 모양
③ 기차 모양   ④ 간판 모양
⑤ 건물 모양

18 고장을 소개하는 오른쪽 장소 카드의 빈곳에 들어갈 장소를 앞의 백지도에서 찾아 쓰시오.

• 인천 개항의 역사를 알 수 있다.
• 인천의 옛 모습과 다양한 역사 유물을 볼 수 있다.

( )

19 다음과 같이 우리 고장에만 있는 자랑할 만한 장소를 조사하는 방법은 무엇입니까? ( )

① 답사하기
② 안내 책자 찾기
③ 옛날 사진 찾아보기
④ 관광 누리집 접속하기
⑤ 고장을 잘 아시는 분께 여쭤보기

20 고장의 안내도를 이용해 고장의 자랑할 만한 장소를 소개하면 어떤 점이 좋습니까? ( )

① 고장의 주요 장소를 찾기 어렵다.
② 고장의 자연 모습만 담을 수 있다.
③ 고장의 모든 장소를 나타낼 수 있다.
④ 건물 안의 모습을 생생하게 볼 수 있다.
⑤ 우리 고장의 대표적인 장소들을 더욱 분명하게 알 수 있다.

1 다음 ( ) 안에 공통으로 들어갈 말을 쓰시오.

> 고장의 ( )은/는 학교, 건물, 도로, 다리 이름 등 곳곳에서 쓰이며 우리 고장을 나타낸다. 이러한 고장의 ( )에는 옛이야기가 담겨 있는 경우가 많다.

( )

[2~4] 다음 글을 읽고 물음에 답하시오.

> 예빈이는 부모님과 함께 충청북도 단양군으로 여행을 갔다. 단양 시내 곳곳에서 '온달'이라는 이름이 들어간 ( )을/를 볼 수 있었다.

2 위 글과 관련 있는 자료를 찾아 ○표 하시오.

(1)

( )

(2)

( )

3 위 글의 ( ) 안에 들어갈 말로 알맞지 <u>않은</u> 것은 어느 것입니까? ( )

① 행사
② 도로
③ 마을
④ 건물
⑤ 수입품

4 위와 같이 단양군에서 '온달'이라는 이름을 많이 쓰는 까닭을 두 가지 고르시오. (,)

① 고장을 널리 알리기 위해서
② 단양군에는 공연장이 많기 때문에
③ 온달의 후손들이 살고 있기 때문에
④ 온달이 태어나고 자란 곳이기 때문에
⑤ 온달의 사랑과 업적을 다시 생각해 보기 위해서

[5~6] 다음 이야기를 읽고 물음에 답하시오.

> 옛날에 왕건이라는 임금이 있었다. 임금과 그의 군대는 오늘날 팔공산 일대에서 다른 나라와 전투를 벌이다 적군에게 포위되어 위험에 빠졌다. 이때 여덟 명의 신하가 목숨을 바쳐 마지막까지 싸웠다.
> 왕건은 신하들의 도움으로 목숨을 구할 수 있었다. 그 뒤 이 산은 임금을 위해 '큰 공을 세운 여덟 명의 신하를 기억하는 산'이라 하여 팔공산이라고 불린다. 또한 왕건이 도망을 치다 한숨을 돌리고 '안심한 곳'이라고 하여 안심동이라는 마을 이름이 생겨나기도 했다.

5 위의 이야기는 무엇과 관련된 옛이야기인지 ◦보기◦에서 찾아 쓰시오.

> ◦보기◦
> 인물,   자연환경,   생활 모습

( )

서술형

6 팔공산이라는 지명이 생겨나게 된 까닭은 무엇인지 위 글을 참고하여 쓰시오.

_____

_____

7 다음 ( ) 안에 들어갈 알맞은 말로 알맞지 <u>않은</u> 것은 어느 것입니까? ( )

> 고장에 전해 내려오는 ( )에도 옛이야기가 담겨 있다.

① 속담
② 민요
③ 만화
④ 고사성어
⑤ 전래 동요

관련 교과서 돋보기

민요와 고사성어
• 민요: 예로부터 사람들 사이에 불려 오던 전통적인 노래를 일컫는 말.
• 고사성어: 옛이야기에서 유래한 한자로 이루어진 말.

[8~9] 다음 옛이야기를 읽고 물음에 답하시오.

> 옛날에는 냉장고가 없었다. 그래서 겨울에 하천이 얼면 얼음을 잘라 얼음 저장고인 빙고에 저장했다가 여름에 꺼내 사용하였다. 전라북도 전주시 서완산동에 있었던 빙고리라는 마을에도 이러한 얼음 저장 창고가 있었다. 마을 사람들은 마을 주변 하천에 얼음이 두껍게 얼면 얼음을 떼어서 빙고에 보관하였다.

8 위 옛이야기에 등장하는 빙고의 의미로 가장 알맞은 것은 무엇입니까? (   )

① 얼음을 깨는 곳
② 얼음이 쉽게 녹는 곳
③ 얼음을 저장하는 창고
④ 얼음을 직접 만드는 창고
⑤ 얼음을 쉽게 구할 수 있는 곳

9 위의 옛이야기와 관련 있는 문화유산은 무엇입니까?

(   )

①  ②
③  ④

10 다음 (   ) 안에 들어갈 고사성어는 무엇인지 쓰시오.

> 어떤 일이나 물건이 마음에 쏙 들거나 딱 들어맞을 때 (   )라는/이라는 말을 쓴다. 옛날 경기도 안성에서 만든 유기가 어찌나 단단하고 섬세한지 손님들이 마음에 들어 하였다. 특히 맞춤 유기가 품질이 뛰어났다.

(   )

[11~12] 다음 옛이야기를 읽고 물음에 답하시오.

> 옛날 백성들은 길에서 말을 타고 가는 높은 신분의 양반을 만나면 지나갈 때까지 엎드려 있어야 했다. 사람들은 말을 탄 양반과 마주치지 않으려고 큰길을 두고 좁은 길로 돌아가기 시작했다.

11 위 내용과 관련된 이야기가 전해 내려오는 고장은 어디입니까? (   )

① 잠실   ② 탄천
③ 종로   ④ 피맛골
⑤ 마포나루

12 위의 이야기에 담겨 있는 옛날 사람들의 생활 모습을 바르게 이야기한 친구는 누구인지 쓰시오.

> • 서희: 옛날에는 모든 사람이 평등했어.
> • 성민: 옛날에는 말을 탄 양반을 보기 위해 구경하는 사람들이 많았어.
> • 연아: 길에서 말을 탄 양반을 만나면 그 양반이 지나갈 때까지 엎드려 있어야 했어.

(   )

[13~14] 다음 민요를 읽고 물음에 답하시오.

> 아우라지 뱃사공아 배 좀 건너 주게
> 싸리골 올 동박이 다 떨어진다
> 아리랑 아리랑 아라리요
> 아리랑 고개로 나를 넘겨 주게

13 강원도를 대표하는 위 민요의 이름은 무엇인지 쓰시오.

(   )

🔍 관련 교과서 **돋보기**

정선 아리랑의 유래
강원도 정선군의 아우라지를 사이에 두고 두 마을에 처녀와 총각이 살았다. 총각은 처녀를 만나려고 배를 타고 강을 건너곤 하였다. 두 사람이 만나기로 한 날, 밤사이 비가 많이 쏟아져 배가 뜰 수 없었다. 이에 서로 만날 수가 없어 안타까운 마음으로 부른 것이 '정선 아리랑'이다.

14 앞 민요가 불리는 고장에 두 물줄기가 만나는 곳이 있다는 사실을 알 수 있는 지명은 무엇입니까?
( )

① 동박
② 싸리골
③ 아리랑
④ 아라리요
⑤ 아우라지

15 다음 이야기를 읽고 알 수 있는 옛날의 자연환경과 당시 사람들의 생활 모습은 무엇인지 쓰시오.

> 서울특별시 강북구에는 '빨래골'이라는 곳이 있다. 북한산 골짜기에서 맑은 물이 흘러 내려와 자연스럽게 사람들이 모여 살면서 마을이 생겼고, 사람들이 이곳을 빨래터나 쉼터로 이용하였다고 해서 '빨래골'이라고 불렀다.

(1) 자연환경: _____

_____

(2) 생활 모습: _____

_____

16 '기와말'이라는 지명을 통해 알 수 있는 고장의 특징은 무엇입니까? ( )

① 유기를 만드는 사람이 많았다.
② 초여름에 얼음이 얼기 시작했다.
③ 두 강의 물줄기가 만나는 곳이다.
④ 촛대 모양처럼 생긴 바위가 있다.
⑤ 기와를 굽던 큰 가마터가 있었다.

17 고장의 옛이야기를 조사할 때 필요한 준비물과 거리가 먼 것은 어느 것입니까? ( )

① 지도
② 녹음기
③ 축구공
④ 사진기
⑤ 필기도구

18 고장의 옛이야기를 조사하는 방법 중 다음과 관계 깊은 것은 무엇입니까? ( )

> 고장에서 오랫동안 살았거나 고장을 잘 아는 어른께 옛이야기를 여쭈어볼 수 있다. 눈으로 볼 수 있는 자료로 남아 있지는 않지만 말로 전해 내려오는 옛이야기도 들을 수도 있다.

① 면담하기
② 답사하기
③ 책 찾아보기
④ 문화원 방문하기
⑤ 누리집 검색하기

> **관련 교과서 돋보기**
>
> **고장의 옛이야기를 조사하는 방법**
> • 고장을 잘 아시는 어른께 여쭤본다.
> • 고장의 옛이야기가 담긴 책을 찾아본다.
> • 옛이야기와 관련 있는 장소에 직접 찾아가 조사한다.
> • 고장의 문화원이나 시청·구청·군청 누리집을 검색한다.

19 고장의 옛이야기를 조사한 후에 조사 내용, 느낀 점, 더 알고 싶은 점 등의 항목을 넣어 만드는 것은 무엇입니까? ( )

① 조사 계획서
② 조사 설문지
③ 조사 홍보물
④ 조사 안내 책자
⑤ 조사 결과 보고서

20 다음 ( ) 안에 들어갈 알맞은 말은 무엇인지 쓰시오.

고장의 옛이야기를 소개하는 사진, 그림, 글 등을 담아 ( )로/으로 만들어 소개한다.

( )

1 문화유산에 대한 설명으로 알맞은 것에 ○표 하시오.

(1) 모양이 없는 것은 문화유산에 포함되지 않는다.
(   )

(2) 고장에 있는 문화유산의 모습은 그 형태나 크기가 모두 비슷하다. (   )

(3) 조상 대대로 전해 내려온 문화 중에서 다음 세대에게 물려줄 만한 가치가 있는 것이다.(   )

[2~3] 다음 자료를 보고 물음에 답하시오.

(가)

(나)

(다)

(라)

2 위 자료에서 문화유산이라고 생각하는 것을 모두 찾아 기호를 쓰시오.

(   )

3 위 **2**번 문제에서 찾은 문화유산을 유형 문화유산과 무형 문화유산으로 구분하여 기호를 써넣으시오.

유형 문화유산	무형 문화유산

[4~5] 다음 두 문화유산을 보고 물음에 답하시오.

▲ 향교   ▲ 옹기

4 위 두 문화유산의 공통점은 무엇입니까? (   )

① 무형 문화유산이다.
② 유형 문화유산이다.
③ 농사와 관련이 있다.
④ 겨울철에 사용했던 것이다.
⑤ 우리나라 화폐에 들어가 있는 문화유산이다.

🔍 관련 교과서 돋보기

향교와 옹기
• 향교: 지방 사람들을 교육하기 위하여 나라에서 세운 교육 기관이다.
• 옹기: 흙을 빚어 불에 구워 만든 그릇으로, 작은 숨구멍이 있어 공기가 통한다.

● 서술형

5 위의 두 문화유산을 통해 알 수 있는 조상들의 생활 모습은 무엇인지 쓰시오.

(1) 향교: _____

_____

(2) 옹기: _____

6 고장에서 문화유산을 알리는 방법으로 알맞은 것을 두 가지 고르시오. (,   )

① 전시회나 체험 활동을 연다.
② 우리 학교 누리집을 검색한다.
③ 발표회나 연극 등 다양한 행사를 연다.
④ 세계 여러 나라를 여행하면서 사진을 찍는다.
⑤ 고장에서 가장 높은 곳에 올라가서 주변을 살펴본다.

[7~8] 다음 글을 읽고 물음에 답하시오.

> 각 고장에서는 문화유산 관련 행사를 열어 전시, 공연을 비롯하여 조상들의 문화를 (   )하는 자리도 마련하고 있다. 이와 같은 행사에 참여하여 우리는 문화유산의 소중함을 알고 나아가 고장에 대한 자긍심도 느낄 수 있다.

7 위 글의 문화유산 관련 행사와 거리가 <u>먼</u> 것은 어느 것입니까? (   )

① 백제 문화제
② 전주 대사습 놀이
③ 수원 화성 문화제
④ 대관령 눈꽃 축제
⑤ 경주 세계 문화 엑스포

8 위 글의 (   ) 안에 들어갈 말은 무엇인지 쓰시오.

(   )

9 우리 고장에 어떤 문화유산이 있는지 조사하려고 할 때 필요한 자료를 두 가지 고르시오. (,   )

① 세계 지도
② 학교 안내도
③ 관광 안내도
④ 지하철 노선도
⑤ 문화유산 안내도

10 다음에서 설명하는 사람은 누구인지 쓰시오.

> 문화유산을 찾아오는 사람들을 대상으로 해당 유산에 대한 전문성을 가지고 역사, 문화, 먹을거리 등을 해설하는 전문가이다.

(   )

[11~12] 다음 자료를 보고 물음에 답하시오.

11 고장의 문화유산이 어디에 있는지 알 수 있는 위와 같은 자료를 무엇이라고 하는지 쓰시오.

(   )

> 🔍 관련 교과서 돋보기
>
> 문화유산 안내도
> 지역에 있는 중요한 문화유산의 위치, 분포, 특징을 알려주는 지도로 문화유산 안내도를 보고 답사할 문화유산의 위치를 알아볼 수 있다.

12 위 자료를 보고 <u>잘못</u> 이야기한 친구는 누구인지 쓰시오.

> • 규성: 서울 종로의 문화유산을 나타낸 지도야.
> • 은아: 궁궐과 종묘, 광화문 등의 위치를 알 수 있어.
> • 윤아: 문화유산의 실제 모습과는 다르게 상상한 그림으로 나타내었어.

(   )

13 고장의 문화유산을 답사하는 과정입니다. 순서에 맞게 기호를 쓰시오.

> ㉠ 답사하기
> ㉡ 답사의 목적 정하기
> ㉢ 역할과 준비물 정하기
> ㉣ 답사할 장소와 날짜 정하기
> ㉤ 답사한 후 보고서 작성하기
> ㉥ 답사할 장소에서 조사할 내용 정하기

(   )

14 문화유산을 답사할 때 주의해야 할 점으로 알맞지 <u>않</u>은 것은 어느 것입니까? (   )

① 문화유산을 만진다.
② 다치지 않도록 조심한다.
③ 설명을 들을 때마다 집중한다.
④ 질문할 내용을 미리 정해 둔다.
⑤ 중요한 내용은 기록장에 적는다.

15 고장의 문화유산을 답사할 때 필요한 준비물을 모두 골라 기호를 쓰시오.

| ㉠ 지도 | ㉡ 달력 | ㉢ 사진기 |
| ㉣ 녹음기 | ㉤ 배구공 | ㉥ 필기도구 |

(   )

16 경주의 문화유산인 불국사를 조사하려고 역할을 나누었습니다. 맡은 역할로 알맞지 <u>않</u>은 것은 어느 것입니까? (   )

① 안내문 내용 참고하여 기사쓰기
② 면담 내용을 기사로 쓰고 소개하기
③ 불국사 모습을 찍은 사진 소개하기
④ 불국사의 대표적인 문화제 사진찍기
⑤ 불국사를 답사할 때 입을 옷차림 정하기

17 다음 중 고장의 문화유산을 소개하는 방법으로 적절하지 <u>않</u>은 것은 어느 것입니까? (   )

① 모형 만들기
② 신문 만들기
③ 사진 전시하기
④ 미래의 고장 모습 그리기
⑤ 문화 관광 해설사 되어 보기

[18~19] 다음 자료를 보고 물음에 답하시오.

18 위 신문기사의 내용으로 알맞은 것을 두 가지 고르시오. (,   )

① 석굴암의 특징
② 석굴암의 크기
③ 석굴암 주변의 문화유산
④ 석굴암을 방문한 관광객 수
⑤ 석굴암에 대한 사람들의 생각

서술형
19 위 자료와 같이 신문을 만들어 문화유산을 소개했을 때의 좋은 점은 무엇인지 쓰시오.

_____

_____

20 고장의 문화유산을 소개하는 활동을 잘했는지 평가하려고 할 때 질문으로 알맞은 것에 ○표 하시오.

(1) 문화유산을 소개하는 활동에 적극적으로 참여했나요? (   )
(2) 문화유산을 소개하는 자료를 보고 미래의 고장의 모습을 상상했나요? (   )
(3) 우리 고장에 자긍심을 갖고 문화유산을 소중히 여기는 태도를 지녔나요? (   )

1 다음에서 옛날 사람들이 땅에서 이용한 교통수단을 모두 찾아 기호를 쓰시오.

(㉠ ㉡ ㉢ ㉣)

2 옛날 사람들이 교통수단을 이용했던 모습과 거리가 먼 것은 어느 것입니까? ( )

① 말을 타고 시장에 갔다.
② 돛단배를 타고 강을 건넜다.
③ 자전거를 타고 서당에 갔다.
④ 뗏목에 나무를 싣고 운반하였다.
⑤ 소달구지로 곡식을 실어 날랐다.

3 옛날 사람들이 오른쪽 교통수단을 이용했던 때는 언제입니까? ( )

① 산에 오를 때
② 강을 건널 때
③ 하늘을 날 때
④ 이삿짐을 나를 때
⑤ 현장 체험 학습을 갈 때

4 다음에서 설명하는 교통수단에 해당하는 것을 두 가지 고르시오. (,)

> 과학 기술이 발달하면서 사람이나 동물의 힘을 빌리지 않고 이동할 수 있는 새로운 교통수단이 생겨났다.

① 가마
② 전차
③ 증기선
④ 당나귀
⑤ 소달구지

🔍 관련 교과서 돋보기

기계로 움직이는 새로운 교통수단
• 전차: 전기의 힘으로 땅 위에 놓인 철길을 달리는 차
• 증기선: 수증기의 힘으로 움직이는 배
• 프로펠러 비행기: 프로펠러를 돌려 하늘을 나는 비행기

[5~6] 서울에 사는 도윤이네 가족이 제주도 여행에서 이용한 다음 교통수단을 보고 물음에 답하시오.

5 도윤이네 가족이 여행에서 이용한 교통수단이 아닌 것은 어느 것입니까? ( )

① 배
② 승용차
③ 자전거
④ 비행기
⑤ 지하철

6 위에서 이용한 교통수단에 대한 설명으로 알맞은 것은 어느 것입니까? ( )

① 제주도에는 교통수단이 많지 않다.
② 가장 많이 이용했던 교통수단은 지하철이다.
③ 비행기를 타고 마라도에서 제주도로 이동한다.
④ 서울에서 제주도에 갈 때에는 하루 정도 걸린다.
⑤ 제주도 여행에서는 다양한 교통수단을 이용했다.

7 오늘날 교통수단의 공통점을 모두 찾아 ○표 하시오.

(1) 옛날에 비해 속도가 느리다. ( )

(2) 여러 사람이 함께 타고 다닐 수 있다. ( )

(3) 자연의 힘과 동물의 힘을 이용하여 움직인다.
( )

(4) 다른 고장으로 이동하는 데 걸리는 시간이 줄어
들었다. ( )

8 교통수단의 발달로 달라진 생활 모습을 잘못 말한 친구는 누구인지 쓰시오.

> • 지윤: 사람들이 생활이 편리해졌어.
> • 태균: 시간 약속을 지키기가 어려워졌어.
> • 건우: 같은 거리를 이동하는 시간이 줄어들었어.

( )

9 오늘날 사람들이 비행기를 이용하는 경우는 언제입니까? ( )

① 도서관에 갈 때

② 높은 산에 올라갈 때

③ 외국으로 여행을 갈 때

④ 주말에 놀이 공원에 갈 때

⑤ 가까운 곳에 사는 친척집에 놀러갈 때

10 일상생활에서 볼 수 있는 교통 시설이 아닌 것은 어느 것입니까? ( )

① 신호등 ② 횡단보도

③ 전자 우편 ④ 버스 정류장

⑤ 자전거 전용 도로

11 다음 시설의 공통점으로 알맞은 것은 어느 것입니까?
( )

▲ 주유소　　　　▲ 휴게소

① 비행기와 관련된 시설이다.

② 옛날 사람들이 이용한 시설이다.

③ 사람들이 취미 생활에 이용하는 시설이다.

④ 자동차를 타고 가면서 이용하는 시설이다.

⑤ 먼 곳에 있는 사람에게 소식을 전할 때 이용하는 시설이다.

12 다음 ( ) 안에 들어갈 알맞은 장소를 쓰시오.

> ( )에서 나오는 길에 아름이는 이곳에 관제탑과 탑승을 도와주는 사무실 등 다양한 시설이 있다는 것을 알게 되었다. 그리고 비행기 기관사와 승무원 등 다양한 직업의 사람들도 보았다.

( )

13 다음 교통수단과 교통수단이 발달하면서 새롭게 생겨난 직업을 알맞게 선으로 이으시오.

(1) 배 • • ㉠ 선장

(2) 기차 • • ㉡ 관제사

(3) 자동차 • • ㉢ 택배 기사

(4) 비행기 • • ㉣ 철도 기관사

14 교통수단의 발달에 따른 생활 모습의 변화를 나타낸 다음 글에서 잘못된 내용을 찾아 기호를 쓰시오.

> 옛날에 비해 교통수단의 크기가 커지고 속도가 빨라지면서 ㉠ 무거운 짐을 한 번에 먼 곳까지 옮길 수 있게 되었고, 생활에 필요한 다른 고장의 물건도 ㉡ 더 쉽고 빠르게 구할 수 있게 되었다. 그리고 교통수단이 발달하면서 ㉢ 고장 간 사람과 물건의 교류가 사라지게 되었다.

(   )

[15~17] 다음 교통수단을 보고 물음에 답하시오.

(가)
(나)

(다)
(라)

15 산이 있는 지역에서 주로 볼 수 있는 교통수단을 모두 찾아 기호를 쓰시오.

(   )

16 위 (다)의 교통수단에 대한 설명으로 알맞은 것은 어느 것입니까? (   )

① 들이 있는 지역에서 이용한다.
② 농작물을 운반할 때 이용한다.
③ 겨울에 눈이 많이 오는 지역에서 이용한다.
④ 위급한 환자를 신속하게 병원으로 옮길 때 이용한다.
⑤ 바다를 사이에 두고 떨어진 두 마을을 오갈 때 이용한다.

17 앞 (라)의 교통수단을 이용하면 어떤 좋은 점이 있는지 쓰시오.

_____

_____

18 관광을 할 때 이용하는 교통수단을 모두 고르시오.

(   )

① 경운기
② 관광 유람선
③ 해상 구조 보트
④ 시내 관광버스
⑤ 구조용 특수 소방차

> **관련 교과서 돋보기**
>
> 다양한 교통수단의 이용
> • 관광할 때 이용하는 교통수단: 시내 관광버스, 해안 관광 열차, 관광 유람선 등
> • 구조할 때 이용하는 교통수단: 구조용 특수 소방차, 해상 구조 보트, 산악 구조 헬리콥터 등

19 다음에서 설명하고 있는 미래의 교통수단은 무엇인지 쓰시오.

> • 석유 같은 화석 연료 대신 전기의 힘으로 움직이는 자동차이다.
> • 환경 오염 물질을 배출하지 않아 차가 많은 도시 지역에서도 깨끗한 공기 속에서 생활할 수 있다.

(   )

20 교통수단의 발달로 달라질 미래의 생활 모습으로 알맞지 않은 것은 어느 것입니까? (   )

① 주유소에 가지 않아도 된다.
② 환경 오염이 훨씬 줄어들 것이다.
③ 지금보다 안전하고 빠르게 이동할 수 있다.
④ 노약자와 장애인도 자유롭게 이동할 수 있다.
⑤ 석유와 같은 화석 연료의 사용이 늘어나게 된다.

1 사람이 어떤 생각이나 소식을 전하기 위하여 이용하는 방법이나 도구를 무엇이라고 하는지 쓰시오.

(   )

2 다음은 옛날 사람들이 어떤 방법으로 소식을 전한 것입니까? (   )

① 연기를 피워 소식을 알렸다.
② 사람이 직접 편지를 전달하였다.
③ 휴대 전화로 걸어다니면서 소식을 전했다.
④ 사람이 직접 가지 않고도 전화로 소식을 전했다.
⑤ 많은 사람이 볼 수 있도록 글을 써서 벽에 붙였다.

3 옛날의 통신수단과 가장 거리가 먼 것은 어느 것입니까? (   )

① 북   ② 방
③ 봉수   ④ 파발
⑤ 전자 우편

4 오른쪽과 같이 사람이 직접 가거나 말을 타고 가서 위급한 상황을 알렸던 옛날의 통신수단은 무엇인지 쓰시오.

(   )

5 옛날 사람들이 적이 쳐들어왔을 때 북을 사용했던 까닭은 무엇입니까? (   )

① 환경이 오염되지 않기 때문에
② 작전이 바뀐 것을 알릴 수 있기 때문에
③ 다양한 소식을 서로 주고받을 수 있기 때문에
④ 한 번에 한 사람에게만 연락할 수 있기 때문에
⑤ 북을 크게 쳐서 큰 소리를 내면 많은 사람이 들을 수 있기 때문에

🔍 **관련 교과서 돋보기**

위급한 상황이 발생했을 때의 통신수단
• 봉수: 밤에는 불, 낮에는 연기를 피워 위급한 상황이 생겼음을 알렸다.
• 파발: 파발꾼이 말을 타고 가거나 직접 걸어가서 중요한 소식을 담은 문서를 전하였다.
• 신호 연: 무늬와 색깔이 다른 연을 이용하여 약속된 신호를 보냈다.

6 옛날의 통신수단에 대하여 바르게 이야기한 친구는 누구인지 쓰시오.

• 준모: 평상시에는 봉수, 신호 연, 파발 등을 사용했어.
• 윤서: 텔레비전과 라디오로 날씨 정보를 얻었어.
• 혜인: 소식을 사람이 직접 전해야 했기 때문에 소식을 전하는 데 시간이 많이 걸렸어.

(   )

7 다음 (   ) 안에 들어갈 가장 알맞은 말은 무엇입니까? (   )

오늘날에는 (   )이 발달하면서 휴대 전화, 인터넷, 길 도우미, 텔레비전 등 여러 가지 통신수단을 사용하게 되었다. 사람들은 통신수단을 이용하여 다양한 정보나 소식을 주고받는다.

① 옷   ② 집
③ 의학   ④ 건축 기술
⑤ 과학 기술

8 오늘날에 휴대 전화를 이용하는 경우로 알맞지 <u>않은</u> 것은 어느 것입니까? (   )

① 음식을 주문할 때
② 친구와 약속을 정할 때
③ 고속버스 예약을 할 때
④ 종이에 글을 써서 마음을 전할 때
⑤ 외국에 사는 친척에게 안부를 전할 때

9 오늘날 차를 운전하면서 목적지까지 가는 길을 찾을 때 이용하는 오른쪽 통신수단은 무엇인지 쓰시오.

(   )

🔍 **관련 교과서 돋보기**

길도우미(내비게이션)의 원리
내비게이션의 지구 위치 측정 시스템(GPS)이 인공위성으로 신호를 보내면, 인공위성이 이를 받아서 자동차가 현재 어느 위치에 있는 알려 준다.

10 다음은 오늘날에 통신수단을 이용하는 모습입니다. ㉠~㉢에 들어갈 통신수단이 바르게 짝지어진 것은 어느 것입니까? (   )

> • 우편 집배원이 (㉠   )을/를 전해 준다.
> • (㉡   )로/으로 화면을 보며 내일 날씨를 확인한다.
> • (㉢   )로/으로 알림장을 확인하고 알고 싶은 정보를 검색한다.

	㉠	㉡	㉢
①	신문	인터넷	길도우미
②	편지	신문	휴대 전화
③	편지	텔레비전	인터넷
④	인터넷	휴대 전화	텔레비전
⑤	텔레비전	길도우미	스마트폰

11 오늘날 일상생활에서 하루 동안 통신수단을 이용한 모습입니다. 이용 모습으로 알맞지 <u>않은</u> 것은 어느 것입니까? (   )

① 스마트폰으로 알림장을 확인했다.
② 학교 누리집 게시판에 과제를 올렸다.
③ 친구들과 있었던 일을 방을 써서 붙였다.
④ 아버지께서는 스마트폰으로 고속버스 예약을 하셨다.
⑤ 어머니께서는 텔레비전 홈 쇼핑을 보고 물건을 주문하셨다.

12 전화가 발달하면서 달라진 사람들의 생활 모습으로 알맞은 것은 두 가지 고르시오. (,   )

① 이동하면서 전화할 수 있다.
② 먼 곳까지 빠르게 갈 수 있다.
③ 통신 요금을 내지 않아도 된다.
④ 교환원이 없어도 상대방에게 직접 전화할 수 있다.
⑤ 멀리 떨어져 있는 사람과는 연락하기가 더욱 어려워진다.

13 온라인 상에서 사람들이 자기 생각이나 여러 가지 정보를 나누며 서로 교류할 수 있도록 연결해 주는 서비스를 통틀어 무엇이라고 하는지 쓰시오.

(   )

14 통신수단의 발달로 달라진 생활 모습입니다. 학교와 관련된 것은 '학', 집과 관련된 것은 '집', 직장과 관련된 것은 '직'이라고 쓰시오.

(1) 온라인으로 학교 수업을 들을 수 있다.

(   )

(2) 화상 통화로 먼 곳에 있는 사람과 회의할 수 있다. (   )

(3) 직접 가기 어려운 장소나 관찰하기 어려운 현상을 컴퓨터 영상으로 확인할 수 있다.

(   )

15 통신수단의 발달로 달라진 사람들의 생활 모습으로 알맞지 <u>않은</u> 것은 어느 것입니까? (   )

① 언제 어디서든 일을 빠르게 처리할 수 있다.
② 직접 만나지 않고도 소식과 정보를 전할 수 있다.
③ 언제 어디서나 필요한 정보를 얻을 수 있어 생활이 편리해졌다.
④ 통신 기기 하나로는 한 가지의 종류의 정보만을 전달할 수 있다.
⑤ 새롭고 다양한 인간관계가 인터넷과 누리 소통망 서비스 등에서 생겨났다.

[16~18] 다음 자료를 보고 물음에 답하시오.

(가)   (나)

16 위 (가)에서 이용하고 있는 통신수단은 무엇인지 쓰시오.

(   )

> 🔍 **관련 교과서 돋보기**
>
> 장소에 따라 다른 통신수단
> • 농촌: 건물 밖에 있는 확성기로 마을 방송을 한다.
> • 도시: 아파트에서는 인터폰으로 편리하게 연락을 하고, 실내 확성기로 중요한 안내 사항을 전달한다.

17 위 (나)를 보고 (   ) 안에 들어갈 알맞은 말은 무엇입니까? (   )

> 도시의 (   )에서는 한 건물에 여러 집이 있기 때문에 인터폰을 사용해 빠르고 편리하게 연락을 한다.

① 공원   ② 시장
③ 음식점   ④ 아파트
⑤ 지하철역

18 앞의 (가), (나)와 같이 지역에 따라 통신수단을 이용하는 모습이 다른 까닭은 무엇 때문입니까? (   )

① 기후가 다르기 때문이다.
② 사람 수가 다르기 때문이다.
③ 기계의 힘을 이용하기 때문이다.
④ 생활하는 장소가 다르기 때문이다.
⑤ 사람들이 하는 일이 비슷하기 때문이다.

19 경찰관이 통신수단을 이용하는 모습입니다. (   ) 안에 들어갈 알맞은 말을 쓰시오.

경찰관은 (   )을/를 이용한다. 이것을 이용하면 신호를 기다리지 않고 바로 통화할 수 있고 여러 사람과 상황을 공유할 수도 있다.

(   )

20 미래 통신수단의 발달과 이에 따른 생활 모습의 변화로 알맞지 <u>않은</u> 것은 어느 것입니까? (   )

① 건강을 관리해 주는 통신수단을 이용해 몸이 아플 때 빠르게 대처할 수 있다.
② 통신수단과 자동차가 결합하여 자동차를 더 편리하고 안전하게 사용할 수 있다.
③ 실시간으로 농작물의 상태를 파악하여 성장에 필요한 것을 바로 제공해 줄 수 있다.
④ 바람이나 새 등의 자연이나 동물을 이용하여 소식을 전하기 때문에 환경 오염이 줄어들 것이다.
⑤ 세계 여러 나라의 언어를 자동으로 통역해 주는 통신수단을 이용하여 다른 나라 사람과 자유롭게 이야기를 나눌 수 있다.

1회   1. ① 우리가 생각하는 고장의 모습   1~3쪽

1 ②	**2** 시장	**3** ③	**4** ②, ③	**5** ④	**6** ④

7 ②   **8** ㉠ 그림, ㉡ 사진   **9** 예 머릿속에 떠오르는 잘 알고 있는 장소를 그린다.   **10** ㉠ → ㉢ → ㉡
11 ⑤   **12** 남산   **13** ②   **14** 규성   **15** ②   **16** (가)   **17** ①   **18** ③   **19** (1) ㉡ (2) ㉠   **20** ③

▶풀이

1 고장은 사람들이 많이 모여 사는 곳을 말합니다.

2 친구들은 시장에서 있었던 경험을 이야기하고 있습니다.

3 장소에 대한 경험이나 기억이 다르기 때문에 같은 장소에 대한 생각이나 느낌이 다릅니다.

4 고장의 여러 장소에 관한 경험을 떠올리기 위해서는 사진첩이나 일기장을 찾아봅니다.

5 책을 읽고 친구들과 이야기할 수 있는 장소는 도서관입니다.

6 장소 카드에는 장소 이름, 장소 모습(사진이나 그림), 장소에 대한 생각이나 느낌 등의 내용이 포함되어야 합니다.

7 공원은 운동이나 산책을 할 때 자주 이용하는 곳입니다.

8 장소 그림은 생각이나 느낌을 잘 전달할 수 있고, 장소 사진은 장소의 모습을 실감나게 전달할 수 있습니다.

9 우리 고장의 모습을 그릴 때는 잘 알고 있는 장소, 좋아하는 장소, 다른 사람들에게 알리고 싶은 장소, 새롭게 달라진 장소를 중심으로 나타냅니다.

10 고장의 여러 장소 중 어떤 장소들을 그릴지 먼저 정해야 합니다.

11 우리 고장의 모습을 그릴 때에는 상상 속의 장소가 아닌 고장의 실제 있는 장소들을 그립니다.

12 영민이네 고장에는 남산이 있습니다.

13 영민이네 고장에는 산과 하천, 시장, 향교, 학교 등이 있습니다.

14 영민이는 학교를 중심으로 그림을 그렸고, 장소와 함께 길도 그렸습니다.

15 고장의 모습을 그린 그림을 비교해 공통점과 차이점을 찾아봅니다.

16 우진이가 그린 그림에는 건물이나 자연의 모습이 하

은이의 그림보다 자세하게 그려져 있습니다.

17 우진이와 하은이 두 사람 모두 행복산을 그렸습니다.

18 같은 고장에 살면서 비슷한 경험을 했기 때문에 고장의 모습을 그린 그림에 공통점이 있습니다.

19 즐겁고 편리하게 생활할 수 있는 고장과 여행하기에 좋은 고장이 어디인지 찾아봅니다.

20 사람마다 경험하는 것이 다르거나 사람에 따라 관심 있는 것이 다르기 때문에 고장에 대한 생각과 느낌이 다릅니다.

1회   1. ② 하늘에서 내려다본 고장의 모습   4~6쪽

1 (가)   **2** (라)   **3** 준하   **4** ⑤   **5** ②   **6** 위치
7 스마트폰   **8** 예 다양한 위치에서 찍은 사진은 위치에 따라 다르게 보이지만, 위성 사진은 아주 높은 곳에서 찍기 때문에 같은 위치에서 찍은 것처럼 보인다.   **9** ㉡   **10** ⑤   **11** ㉡ → ㉠ → ㉢   **12** (가)
13 ④   **14** ㉠ 확대, ㉡ 축소   **15** ⑤   **16** 다른 고장으로 이동할 때 이용하는 곳   **17** ⑤   **18** 백지도
19 ①   **20** ②

▶풀이

1 축구 전용 경기장을 앞에서 찍은 사진에는 경기장과 관중석이 함께 보입니다.

2 (라)는 인천 축구 전용 경기장을 위에서 찍은 사진입니다.

3 같은 장소라도 사진을 찍는 위치와 거리에 따라 그 모습이 달라집니다.

4 인공위성에서 찍은 사진을 보면 우리 고장의 전체적인 모습과 자세한 모습을 볼 수 있습니다.

5 인공위성이나 비행기에서 찍은 사진은 고장의 모습을 높은 곳에서 내려다본 것처럼 살펴볼 수 있습니다.

6 디지털 영상 지도를 이용하면 고장의 위치를 손쉽게 알 수 있고, 장소의 위치도 정확하게 알 수 있습니다.

7 디지털 영상 지도는 컴퓨터와 스마트폰을 이용하면 쉽게 찾아볼 수 있습니다.

8 아래, 위, 앞, 옆에서 찍은 사진은 같은 장소라도 사진을 찍는 위치에 따라 그 모습이 달라지지만, 위성 사진은 같은 위치에서 고장을 살펴보는 것처럼 일정한 크기로 보입니다.

9 ㉠은 디지털 영상 지도로 살펴본 우리 고장의 전체적인 모습입니다.

10 디지털 영상 지도를 제공하는 대표적인 누리집에는 국토 지리 정보원, 네이버 지도, 다음 지도 등이 있습니다.

11 국토 지리 정보원의 디지털 영상 지도를 사용하기 위해서는 가장 먼저 국토 정보 플랫폼에 접속해야 합니다.

12 검색창에 찾고 싶은 장소의 이름을 입력하면, 지도에서 바로 그 위치를 확인할 수 있습니다.

13 지도 선택(변환) 기능을 이용하면 디지털 영상 지도의 종류를 바꿀 수 있습니다.

14 마우스를 누른 상태에서 스크롤을 움직여도 영상 지도를 확대하거나 축소할 수 있습니다.

15 주요 장소는 여러 장소 중에서 눈에 잘 띄거나 많은 사람이 찾는 곳입니다.

16 기차역이나 버스 터미널, 공항 등은 고장 사람들이 다른 고장으로 이동할 때 이용하는 곳입니다.

17 버스 터미널은 다른 고장으로 이동할 때 이용하는 곳과 관련이 있습니다.

18 백지도는 강, 큰길 등의 밑그림만 그려져 있는 지도입니다.

19 대공원은 과천 저수지의 아래쪽에 위치하고 있습니다.

20 과천역은 기차 모양으로 표시하였습니다.

1회 2. ① 우리 고장의 옛이야기 7~9쪽

1 ⑤ **2** 이이 **3** ④ **4** 강감찬 **5** 이순신 **6** 강강술래 **7** ② **8** ④ **9** ③ **10** ② **11** 예) 당시 사람들은 효를 중요하게 여겼다. **12** 두물머리 **13** ⑤ **14** 조사 계획 **15** ④ **16** 종로 **17** ③ **18** ② **19** 예) 옛이야기 내용의 주인공이 되어 상황을 역할놀이로 할 수 있다. **20** ㉡

풀이

1 고장에는 옛날부터 전해 내려오는 옛이야기가 있습니다.

2 율곡 이이는 조선 시대의 유명한 학자로 학문과 교육에 힘썼고 많은 책을 남겼습니다.

3 옛이야기에는 고장의 고유한 특징이 담겨 있어서 건물, 도로, 마을, 고장의 행사 등의 이름으로 사용하기도 합니다.

4 강감찬이 태어난 곳을 별이 떨어진 자리라는 뜻의 '낙성대'라고 부르게 되었습니다.

5 민요 '강강술래'에 담겨 전해 오는 여러 옛이야기 중에는 이순신 장군에 관한 이야기가 많이 있습니다.

6 이순신 장군은 군사가 많아 보이도록 마을 여자들을 모아 군인 옷을 입게 하고 마을 뒷산 중턱을 빙빙 돌게 하였는데, 이때 불렸던 노래가 강강술래입니다.

7 설문대 할망 옛이야기를 통해 고장의 자연환경이 만들어지게 된 과정을 알 수 있습니다.

8 설문대 할망 이야기를 통해 제주도에 있는 한라산, 백록담, 산방산 등의 자연환경이 어떻게 만들어졌는지 알 수 있습니다.

9 옛이야기를 통해 당시의 자연환경이나 옛날 사람들의 생활 모습을 알 수 있고, 오늘날 우리 고장의 유래와 특징도 알 수 있습니다.

10 박태성의 효자비가 세워진 곳이기 때문에 효자동이라고 불렸습니다.

11 옛날 사람들은 돌아가신 부모의 무덤을 오랫동안 지켰다는 것을 알 수 있습니다.

12 '두물머리'는 두 개의 물줄기 머리라는 뜻입니다.

13 고장의 옛이야기는 우리 고장에서 오래 사신 분을 만나서 여쭤봐야 합니다.

14 고장의 옛이야기를 조사하려면 먼저 조사 계획을 세워야 합니다.

15 더 알고 싶은 점은 조사를 마친 후에 조사 보고서에 들어갈 내용입니다.

16 종로는 종이 있는 거리라고 해서 붙인 이름입니다.

17 조사 결과 보고서의 조사 결과를 통해 고장의 지명이 생겨난 까닭을 알 수 있습니다.

18 고장의 옛이야기 내용이 드러나도록 역할놀이로 꾸며서 소개하고 있습니다.

19 옛이야기의 내용이나 어른들께 여쭤보는 장면을 역할놀이로 소개할 수 있습니다.

20 우리 고장의 옛이야기를 소개하는 활동에 열심히 참여해야 합니다.

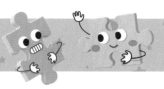

1 문화유산   **2** (다)   **3** ⑤   **4** (나), (다)   **5** (라)   **6** ②   **7** 준형   **8** ㉠ 지혜, ㉡ 소중   **9** ③   **10** ④, ⑤   **11** ⑩ 문화유산에 대한 생생한 지식을 얻을 수 있다.   **12** ㉢ → ㉠ → ㉡ → ㉣   **13** 답사 목적   **14** ①   **15** 하준   **16** ②   **17** (3) ○   **18** ⑤   **19** ⑩ 소개할 문화유산의 특징이 잘 드러나도록 대본을 만들어야 한다.   **20** ②

•풀이•

1 조상 대대로 내려온 문화 중에서 다음 세대에 물려줄 만한 가치가 있는 것을 문화유산이라고 합니다.

2 (가)는 혼천의, (나)는 신사임당의 포도 그림, (라)는 경주 불국사 다보탑으로 모두 우리나라 돈에 그려져 있습니다. (다)의 앙부일구는 우리나라 돈에 그려져 있지 않습니다.

3 혼천의는 만 원 지폐에 그려져 있는 천체 관측 기구로, 우리 조상들의 천문 관측 기술이 뛰어났음을 알 수 있습니다.

4 (가)는 탈춤, (나)는 강화 고인돌, (다)는 석굴암, (라)는 판소리입니다. 건축물이나 조각, 그림, 책처럼 형태가 있는 문화유산을 유형 문화유산이라고 합니다.

5 국가 무형 문화재 제5호인 판소리는 한 명의 소리꾼이 고수의 장단에 맞추어 창(소리), 말(아니리), 몸짓(너름새)을 섞어 가며 긴 이야기를 엮어 가는 것입니다.

6 (나)의 고인돌은 돌기둥을 세우고 그 위에 넓적한 돌을 얹어 만든 옛날 사람의 무덤입니다.

7 첨성대는 하늘의 별을 관찰하고 연구했던 건축물로, 하늘을 보고 기후를 알게 되어 농사짓는 데 도움이 되었습니다.

8 고장의 여러 행사를 경험하며 조상들의 지혜를 배우고 우리 문화유산의 소중함을 알 수 있습니다.

9 고장의 문화유산을 조사하기 위해서는 우리 고장의 문화유산 안내도나 관광 안내도 등을 살펴야 합니다.

10 문화재청 또는 시·군·구청 누리집을 방문하면 고장에 어떤 문화유산이 있는지 알 수 있습니다.

11 답사는 실제 문화유산이 있는 곳에 직접 가서 조사하는 것을 말합니다.

12 문화재청 누리집을 방문한 후 문화재 지역별 검색을 활용하여 고장의 문화유산을 찾아봅니다.

13 답사 계획서에는 답사 목적, 답사 장소, 장소와 날짜, 답사 방법, 역할 나누기 등이 들어가야 합니다.

14 종묘를 조사할 때에는 종묘의 모습, 크기, 했던 일 등을 잘 살펴보아야 합니다.

15 이밖에도 문화 관광 해설사의 설명 내용을 정리하는 역할이 필요합니다.

16 고장의 문화유산을 답사할 때에는 답사의 목적이 무엇인지부터 정해야 합니다.

17 박물관에서 찍은 사진, 안내 책자 등을 활용하여 실감 나고 재미있게 소개하기 위해서는 문화 관광 해설사 되어 보기가 효과적인 방법입니다.

18 제시된 자료는 문화 관광 해설사가 되어 문화유산을 소개하는 모습입니다.

19 문화 관광 해설사가 되어 문화유산 안내를 잘 하려면 소개할 문화유산의 사진이나 동영상을 함께 보여 주면 좋습니다.

20 우리 고장에 자긍심을 갖고 문화유산을 소중히 여기는 태도를 지녀야 합니다.

1 교통수단   **2** (나), (라)   **3** ⑤   **4** ③, ⑤   **5** 수증기   **6** ②   **7** (2) ○   **8** ⑤   **9** 비행기   **10** ⑤   **11** ③   **12** ⑩ 자동차를 타고 다니면서 이용하는 시설이다.   **13** ㉡, ㉥   **14** ㉠, ㉢   **15** 모노레일   **16** ②   **17** ①, ②   **18** 자율 주행 자동차   **19** ③   **20** 민준

•풀이•

1 옛날부터 사람들은 이동하거나 물건을 옮기는 데 교통수단을 이용하였습니다.

2 옛날 사람들이 물에서 이용한 교통수단에는 뗏목, 돛단배 등이 있습니다.

3 옛날 사람들은 소달구지에 무거운 짐을 싣고 날랐습니다.

4 옛날 교통수단은 사람이나 가축의 힘을 이용했고, 나무와 식물 줄기 등 자연에서 쉽게 구할 수 있는 재료를 사용했습니다.

6 오늘날 사람들은 승용차, 버스, 전철, 고속 열차, 비행기 등과 같은 다양한 교통수단을 이용합니다.

8 자연의 힘이나 동물의 힘을 이용한 것은 옛날 교통수단의 특징입니다.

10 서울에서 여수까지 걸어가면 한 달(30일) 정도로 시간이 가장 많이 걸립니다.

11 특별 교통수단의 발달로 교통 약자도 안전하고 편하게 이동할 수 있게 되었습니다.

12 주유소, 휴게소, 큰 다리, 터널, 주차장 등은 자동차를 타고 다니면서 이용하는 시설입니다.

13 비행기가 발달하면서 공항이 만들어졌으며, 이에 따라 항공기 조종사, 승무원, 유도원, 관제사 등 새로운 직업이 생겨났습니다.

14 배가 발달하면서 선착장과 여객선 터미널 등이 만들어졌으며, 이에 따라 선장과 여객선 승무원 등 새로운 직업이 생겨났습니다.

15 모노레일은 가파른 길을 오르거나 경사지에서 농산물을 수확해 운반할 때 이용합니다.

16 길이 가파르고 겨울에 눈이 많이 오는 지역에서는 눈길을 잘 다니고 안전한 사륜 구동형 택시를 이용합니다.

17 갯배는 바다를 사이에 두고 떨어진 두 마을을 오가는 데 이용하고, 카페리는 사람과 자동차를 함께 실어 섬이나 육지로 운반하는 데 이용합니다.

18 자율 주행 자동차는 사람이 운전하지 않아도 스스로 움직여 편리하게 이동할 수 있습니다.

20 미래에는 석유나 석탄의 사용이 감소하여 환경 오염이 훨씬 줄어들 것입니다.

1회 3. ② 통신수단의 발달과 생활 모습의 변화 16~18쪽

1 통신수단 **2** ①, ②, ⑤ **3** ① **4** 봉수 **5** ②
6 (1) 전자 우편 (2) 텔레비전 **7** ⑤ **8** 스마트폰
9 ④ **10** (가) → (라) → (나) → (다) **11** (가) **12**
⑤ **13** 동호 **14** 화상 회의(화상 통화) **15** ①
16 수신호 **17** 예 집이 모여 있지 않고 사람들이 야외에서 일하는 경우가 많기 때문이다. **18** ② **19**
(1) ○ (2) ○ (4) ○ **20** ②

풀이

1 사람들은 통신수단을 이용하여 다른 사람에게 소식을 전하고 정보를 주고받습니다.

2 옛날 사람들은 직접 말로 소식을 전하거나 편지를 보냈고, 소식을 여러 사람에게 알릴 때는 글로 써서 많은 사람이 보는 곳에 붙였습니다.

3 방은 어떤 일을 널리 알리려고 사람들이 많이 모이는 곳에 글을 써서 붙이는 것입니다.

4 봉수는 적이 침입했을 때 임금이 계시는 한양에 빠르게 알리려고 이용했던 통신수단입니다.

5 옛날 사람들은 적이 쳐들어오거나 위급한 상황이 발생했을 때 봉수, 신호 연, 새, 북 등을 이용해 소식을 전했습니다.

7 북을 쳐서 위험한 상황을 알리는 것은 옛날의 통신수단을 이용하는 모습입니다.

8 스마트폰은 휴대 전화에 여러 컴퓨터 지원 기능을 추가한 단말기로, 기능면에서 휴대 전화와 컴퓨터가 결합된 형태입니다.

9 정보를 보내는 비용이 무료인 것도 있지만 유료로 사용하는 경우도 많습니다.

10 전화는 교환원이 있는 전화에서부터 유선 전화, 무선 전화, 스마트폰으로 발달해 왔습니다.

11 옛날에는 다른 사람과 통화를 하려면 교환원에게 전화를 걸어 통화하고 싶은 사람을 말해야 했습니다.

12 오늘날에는 모둠 활동에 필요한 자료를 태블릿 컴퓨터나 스마트폰을 이용해 조사합니다.

13 오늘날에는 통신수단이 발달하면서 여러 사람과 동시에 연락할 수 있고, 아파트에서 중요한 내용을 방송으로 알려 줍니다.

14 화상 회의는 서로 멀리 떨어져 있는 사람들이 상대방을 직접 만나지 않고 화면으로 얼굴을 보면서 하는 회의 방식입니다.

16 물속에서는 말을 할 수 없기 때문에 수신호를 이용하여 의사소통을 합니다.

17 농촌 주민들이 논밭으로 농사를 지으러 가는 경우가 많아 마을 방송을 통해 소식을 전합니다.

18 도시의 아파트에는 한 건물에 여러 집이 있습니다. 때문에 인터폰을 이용하면 다른 사람과 쉽게 연락할 수 있습니다.

19 미래의 통신수단은 사람과 사람을 연결할 뿐만 아니라 사람과 사물, 사물과 사물을 연결해 사람들의 생활을 더욱 편리하게 해 줄 것입니다.

20 미래에는 오늘날보다 더욱 쉽게 정보를 전달할 수 있지만 개인 정보가 유출될 위험성도 높아질 것입니다.

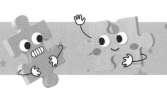

1 (1) ○ (2) ○   2 ⑤   3 병원   4 ⑩ 놀이터에서 친구들과 재미있게 뛰어놀았다.   5 (나)   6 ③   7 종완   8 ⑤   9 공항   10 ⑤   11 ⑩ 장소에 대한 생각이나 느낌을 잘 전달할 수 있다.   12 ③, ④   13 (가)   14 학교, 우체국   15 ④   16 ②   17 상식   18 ④   19 하린, 로하   20 ①, ③

풀이

1 사람들이 모여 사는 곳을 고장이라고 하며, 각 고장마다 그 모습은 다양합니다.

2 외국 관광지는 고장에 있는 여러 장소와 관계가 없습니다.

4 친구들과 함께 놀이터에서 뛰어놀았던 경험을 떠올려 봅니다.

5 교실에서 공부하고 운동장에서 놀 수 있는 장소는 학교입니다.

6 시장은 주로 필요한 물건을 사기 위해 가는 곳입니다.

7 사람마다 장소에 대한 경험이나 기억이 다르기 때문에 같은 장소에 대한 생각이나 느낌도 다릅니다.

8 장소 카드에는 경험을 쓰기 때문에 미래의 변화 모습을 쓰는 것은 적절하지 않습니다.

9 공항에서는 비행기가 뜨고 내리는 모습을 볼 수 있습니다.

10 공항에서 비행기를 타면 다른 고장이나 다른 나라에 갈 수 있습니다.

11 장소 그림은 생각이나 느낌을 잘 전달할 수 있고, 장소 사진은 장소의 모습을 실감 나게 전달할 수 있습니다.

12 고장의 모습을 그릴 때에는 상상 속의 장소가 아닌 고장에 실제 있는 장소들을 그립니다.

13 지민이는 길과 도로를 그렸는데 우빈이는 그리지 않았습니다.

14 지민이와 우빈이의 그림에는 모두 우체국과 학교가 그려져 있습니다.

15 지민이는 병원, 경찰서, 소방서를 그리지 않았지만 우빈이는 그렸습니다.

16 두 그림에 공통적으로 있는 건물이나 자연의 모습을 찾아 그 위치나 크기, 모양, 색깔 등을 비교합니다.

17 사람마다 보고 듣는 것뿐만 아니라 표현하는 방법도 다르기 때문입니다.

18 친구의 그림을 볼 때에는 친구들이 잘 아는 곳, 좋아하는 곳, 알리고 싶은 곳, 소개하고 싶은 곳이 어디인지 살펴봅니다.

20 고장에 대한 생각이나 느낌은 각자의 경험에 따라서 서로 다를 수 있기 때문에 고장에 관한 서로 다른 생각과 느낌은 존중하고 이해해 주어야 합니다.

1 (나)   2 ⑩ 같은 장소라도 사진을 찍는 위치에 따라 그 모습이 달라진다.   3 디지털 영상 지도   4 ②, ③, ④   5 (1) ○ (2) ○ (3) ○   6 ③   7 ④   8 국토 정보 플랫폼   9 ⑤   10 (나)   11 ⑩ 우리 고장의 전체적인 모습과 자세한 모습을 비교해서 볼 수 있다.   12 ⑤   13 ㉠ → ㉣ → ㉡ → ㉢   14 ③   15 ②   16 ㉠   17 ④   18 인천 개항 박물관   19 ④   20 ⑤

풀이

1 (가)는 야구장을 위에서 찍은 사진이고, (나)는 야구장을 앞에서 찍은 사진입니다.

2 여러 장소에서 사진을 찍으면 같은 장소도 다르게 보입니다.

3 우주에 떠 있는 인공위성이나 하늘을 나는 비행기에서 찍은 사진을 이용해 만든 지도를 디지털 영상 지도라고 합니다.

4 디지털 영상 지도는 스마트폰, 컴퓨터, 태블릿 피시, 길도우미(내비게이션) 등에서 이용할 수 있습니다.

5 디지털 영상 지도는 같은 위치에서 찍은 것처럼 일정한 크기로 보입니다.

6 제시된 사진은 디지털 영상 지도로 고장의 자세한 모습을 나타낸 것입니다.

7 다른 고장에 사는 친척은 우리 고장의 주요 장소를 알기 어렵습니다.

8 국토 지리 정보원의 '국토 정보 플랫폼' 누리집을 활용하면 디지털 영상 지도를 이용하여 고장의 모습을 자세히 살펴볼 수 있습니다.

9 디지털 영상 지도의 기능에는 검색 기능, 이동 기능, 지도 종류 변환 기능(지도 선택 기능), 확대와 축소

기능, 길찾기 기능 등이 있습니다.

10 '지도 선택'을 누르면 영상 지도뿐만 아니라 일반 지도, 백지도 등 다양한 종류의 지도로 바꾸어 볼 수 있습니다.

11 디지털 영상 지도에서 ⊞, ⊟ 단추를 누르거나, 마우스를 누른 상태에서 스크롤을 움직여 고장의 전체적인 모습과 자세한 모습을 비교할 수 있습니다.

13 디지털 영상 지도로 고장의 주요 장소를 찾을 때에는 먼저 주제를 선택해야 합니다.

14 유명한 연예인이 사는 곳은 고장의 주요 장소를 찾는 주제로는 알맞지 않습니다.

15 용문산, 남한강, 두물머리는 양평에 있는 자연의 모습입니다.

16 고장의 주요 장소를 백지도에 나타낼 때에는 가장 먼저 백지도에 나타내고 싶은 장소를 선택해야 합니다.

17 신포 국제 시장에는 시장 간판 모양을 그려 넣었습니다.

18 인천 개항 박물관에 가면 인천 개항과 관련된 역사와 옛 모습을 살펴볼 수 있습니다.

19 시·군·구청의 관광 누리집에서 고장의 자랑할 만한 장소를 조사할 수 있습니다.

20 고장의 자랑할 만한 장소를 소개할 때 고장의 안내도를 이용하면 고장의 대표적인 장소를 더욱 분명하게 알 수 있습니다.

3 마을, 도로, 건물, 행사 등 여러 이름에 옛이야기와 관련된 낱말을 사용하기도 합니다.

4 단양군에서는 '온달'이라는 이름을 넣어서 온달의 업적과 함께 고장을 널리 알리고 있습니다.

6 팔공산은 '큰 공을 세운 여덟 명의 신하를 기억하는 산'이라는 뜻을 지니고 있습니다.

7 민요와 속담, 고사성어와 전래 동요에도 옛이야기가 담겨 있습니다.

8 빙고는 '얼음을 저장하는 창고'라는 뜻입니다.

9 옛날에는 겨울에 강이 얼면 얼음을 잘라 ①번의 빙고(얼음 창고)에 보관하였다가 여름에 사용했습니다.

10 안성맞춤이라는 말을 통해 옛날 경기도 안성에 품질이 좋은 유기를 만드는 사람이 있었다는 것을 알 수 있습니다.

11 좁은 길에서 말을 피한다는 뜻의 피마골로 불렀는데, 점차 피맛골로 부르게 되었습니다.

12 옛날에는 신분 제도가 있어 상민은 양반을 받들어야 했습니다.

13 밤사이 쏟아져 내린 비로 서로 만날 수 없었던 총각과 처녀가 안타까운 마음으로 부른 '정선 아리랑'입니다.

14 '아우라지'는 송천과 골지천이 만나 하나로 어우러진다고 하여 붙인 지명입니다.

15 제시된 옛이야기를 통해 옛날부터 이곳에는 맑은 물이 흘렀다는 사실과 이곳에서 당시 사람들이 빨래를 하고 쉬기도 하였다는 사실을 알 수 있습니다.

16 기와말에 사는 사람들은 기와를 만들었고 기와를 굽는 일을 했을 것입니다.

18 우리 고장에 오래 사신 분을 만나 면담하면서 옛이야기에 대해 여쭤볼 수 있습니다.

19 조사 기간, 조사한 사람, 조사 목적, 조사 장소, 조사 방법, 조사 내용, 조사 결과, 느낀 점, 더 알고 싶은 점 등을 넣어 조사 결과 보고서를 만듭니다.

20 우리 고장의 옛이야기를 소개하는 사진이나 그림, 글 등을 담아 안내 책자로 만들어 소개합니다.

2회   2. ① 우리 고장의 옛이야기   *25~27쪽*

1 지명   **2** (2) ○   **3** ⑤   **4** ①, ⑤   **5** 인물   **6** 예 임금을 위해 큰 공을 세운 여덟 명의 신하를 기억하기 위해 이름을 지었다.   **7** ③   **8** ③   **9** ①
10 안성맞춤   **11** ④   **12** 연아   **13** 정선 아리랑
14 ⑤   **15** (1) 예 옛날부터 이곳에는 맑은 물이 흘렀다. (2) 예 당시 사람들은 빨래터에서 빨래를 하고 쉬기도 하였다.   **16** ⑤   **17** ③   **18** ①   **19** ⑤
20 안내 책자

풀이

1 지명은 땅에 붙은 이름을 말합니다.

2 (1)은 강릉 단오제 홍보 포스터이고, (2)는 단양 온달 문화 축제 홍보 포스터입니다.

1 (3) ○   **2** (가), (나)   **3** •유형 문화유산 – (가), •무형 문화유산 – (나)   **4** ②   **5** (1) 예 교육을 중요하게 여겼다. (2) 예 음식을 상하지 않도록 옹기에 넣어 보관하였다.   **6** ①, ③   **7** ④   **8** 체험   **9** ③, ⑤   **10** 문화 관광 해설사   **11** 문화유산 안내도   **12** 윤아   **13** ⓒ → ② → ⒝ → ⓓ → ⑤ → ⑩   **14** ①   **15** ⑤, ⓒ, ②, ⒝   **16** ⑤   **17** ④   **18** ①, ⑤   **19** 예 그림, 만화, 광고 등 다양한 방법으로 문화유산을 소개할 수 있다.   **20** (1) ○ (3) ○

◀풀이▶

1 모양이 있는 것이나 모양이 없는 것이나 모두 문화유산에 포함됩니다.

2 문화유산은 우리 조상들이 만든 것, 지었던 건물, 그림, 만드는 기술 등 옛날부터 전해져 내려오는 것입니다.

3 문화유산 중에서 도자기, 건축물과 같이 형태가 있는 것은 유형 문화유산이라고 하고, 전통 음악, 기술, 놀이와 같이 형태가 없는 것은 무형 문화유산이라고 합니다.

4 향교와 옹기는 모두 형태가 있는 유형 문화유산입니다.

5 고장의 문화유산을 살펴보면 우리 조상들의 지혜와 슬기가 담긴 생활 모습을 알 수 있습니다.

6 우리 고장의 문화유산과 관련된 여러 가지 체험 활동, 전시 등을 통해서 고장의 문화유산을 알립니다.

7 대관령 눈꽃 축제는 고장의 자연환경과 관련된 행사입니다.

8 고장의 여러 가지 행사를 체험하면 문화유산의 소중함을 알고 조상들의 지혜를 배울 수 있습니다.

9 고장의 문화유산 안내도, 관광 안내도, 인터넷 지도 등을 활용하여 우리 고장의 문화유산을 조사할 수 있습니다.

11 제시된 자료는 서울특별시 종로구의 문화유산 안내도입니다.

12 고장의 안내도는 실제 문화유산의 모습과 비슷하게 그림으로 나타내 알기 쉽게 안내하고 있습니다.

13 답사의 목적을 정한 후에 답사할 장소와 날짜를 정해야 합니다.

14 고장의 문화유산을 답사할 때에는 문화유산을 훼손

하지 않고 함부로 만지지 않아야 합니다.

15 답사할 때 필요한 준비물에는 필기도구, 사진기, 지도, 녹음기, 기록장 등이 있습니다.

16 불국사 답사를 위해 역할을 나눌 때에는 특별하게 옷차림은 정하지 않아도 됩니다.

17 문화유산은 조상으로부터 전해 내려오는 것이므로 미래의 모습과는 관련이 없습니다.

18 제시된 석굴암 신문에는 석굴암의 특징, 석굴암에 대한 사람들의 다양한 생각, 석굴암에 대한 광고가 실려 있습니다.

19 신문을 만들면 다양한 내용을 소개할 수 있고, 여러 가지 방법으로 기사를 작성할 수 있습니다.

20 문화유산 소개 자료를 효과적으로 나타냈는지, 소개 활동에 적극적으로 참여했는지, 고장에 자긍심을 갖고 문화유산을 소중히 여기는 태도를 지녔는지를 평가합니다.

1 ⓒ, ②   **2** ③   **3** ②   **4** ②, ③   **5** ③   **6** ⑤   **7** (2) ○ (4) ○   **8** 태균   **9** ③   **10** ③   **11** ④   **12** 공항   **13** (1) ⑤ (2) ② (3) ⓒ (4) ⓓ   **14** ⓒ   **15** (가), (라)   **16** ⑤   **17** 예 산이나 높은 곳을 쉽고 빠르게 오르내릴 수 있다.   **18** ②, ④   **19** 전기 자동차   **20** ⑤

◀풀이▶

1 말과 가마는 옛날 사람들이 땅에서 이동할 때 탔던 교통수단입니다. 돛단배와 뗏목은 물에서 이용했던 교통수단입니다.

2 자전거는 기계의 힘을 이용한 교통수단으로 옛날 사람들은 이용하지 않았습니다.

3 돛단배는 옛날 사람들이 물에서 이용했던 교통수단입니다.

4 기계의 힘을 이용한 초기의 교통수단에는 전차, 증기선, 프로펠러 비행기 등이 있습니다.

5 제시된 자료에서 도윤이네 가족은 제주도를 여행하기 위해 지하철, 비행기, 승용차, 배 등의 교통수단을 이용하였습니다.

6 오늘날에는 상황에 맞추어 사람들이 다양한 교통수

단을 이용합니다.

7 오늘날 교통수단은 옛날에 비해 속도가 빠르고 멀리 갈 수 있습니다.

8 교통수단이 발달함에 따라 같은 거리를 이동하는 시간이 줄어들면서 사람들의 생활이 더욱 편리해졌습니다.

10 일상생활에서 볼 수 있는 교통 시설에는 횡단보도, 신호등, 교통 표지판, 자전거 전용도로, 버스 정류장, 버스 터미널 등이 있습니다.

11 주유소와 휴게소는 자동차를 타고 다니면서 이용하는 시설입니다.

12 비행기가 발달하고 이용하는 사람이 많아지면서 공항이 만들어졌습니다.

13 교통수단이 발달하면서 사람들은 여러 가지 시설을 만들어 이용하게 되었고, 새로운 직업들도 생겨났습니다.

14 교통수단이 발달하면서 고장 간 사람과 물건의 교류가 더욱 활발해졌습니다.

15 (가)의 사륜 구동형 택시와 (라)의 케이블카는 산이 있는 지역에서 많이 볼 수 있습니다.

16 갯배는 바다를 사이에 두고 떨어진 두 마을을 오갈 때 이용합니다. 사람이 직접 줄을 끌어당겨서 움직입니다.

17 케이블카를 이용하면 몸이 불편한 사람도 산에 쉽게 오를 수 있습니다.

18 관광할 때 이용하는 교통수단에는 레일 자전거, 시내 관광버스, 해안 관광 열차, 관광 유람선 등이 있습니다.

19 전기 자동차는 전기의 힘으로 움직여서 차가 많은 도시 지역의 환경 오염 문제를 해결해 줍니다.

20 미래에는 석유나 석탄 같은 화석 연료의 사용이 줄면서 환경 오염이 감소할 것입니다.

2회 3. ② 통신수단의 발달과 생활 모습의 변화 34~36쪽

1 통신수단 **2** ② **3** ⑤ **4** 파발 **5** ⑤ **6** 혜인 **7** ⑤ **8** ④ **9** 길도우미(내비게이션) **10** ③ **11** ③ **12** ①, ④ **13** 누리 소통망 서비스(SNS) **14** (1) 집 (2) 직 (3) 학 **15** ④ **16** 마을 방송 **17** ④ **18** ④ **19** 무전기 **20** ④

1 사람들은 통신수단을 이용하여 다른 사람에게 소식을 전하고 정보를 주고받습니다.

2 서찰은 안부나 소식을 적어 보내는 글로, 옛날 사람들이 평소에 이용했던 통신수단입니다.

3 옛날 사람들은 사람이 직접 가거나 말을 타고 가서 소식을 전했습니다. 또한 적이 쳐들어오면 봉수, 신호 연, 새, 파발, 북 등을 이용했습니다.

4 파발은 파발꾼이 말을 타고 가거나 직접 걸어가서 중요한 소식을 담은 문서를 전했던 통신수단입니다.

6 옛날에는 직접 찾아가서 소식을 전했기 때문에 시간이 오래 걸리고 여러 사람과 동시에 연락할 수 없었습니다.

8 종이에 글을 써서 마음을 전하는 통신수단은 편지입니다.

9 오늘날에는 차를 운전하면서 길도우미를 활용하여 목적지까지 가는 길을 찾습니다.

10 우편 집배원은 편지를 배달해 주며, 텔레비전으로 내일 날씨를 확인합니다.

11 방은 어떤 일을 널리 알리려고 사람들이 많이 모이는 곳에 써 붙이는 글로 옛날에 이용했던 통신수단입니다.

12 전화의 발달로 이동하면서 전화할 수 있게 되었고 멀리 떨어져 사는 사람과 연락하기가 쉬워졌습니다.

13 요즈음에는 누리 소통망 서비스를 이용하여 실시간으로 대화를 나누고 정보를 공유합니다

14 통신수단이 발달하면서 집이나 학교 ,직장, 길거리 등에서 사람들의 일상생활 모습도 달라졌습니다.

15 통신 기기 하나로도 음성, 동영상, 글 등 다양한 정보들을 한꺼번에 전달할 수 있습니다.

16 농촌에서는 집이 모여 있지 않고 주민들이 논밭으로 농사를 지으러 가기 때문에 마을 방송을 사용해 연락을 합니다.

17 도시의 아파트에서는 인터폰을 사용해 빠르고 편리하게 연락을 합니다.

18 농촌에서는 마을 방송을 이용하고 도시에서는 인터폰을 이용하는 것처럼 사람들이 생활하는 장소에 따라 통신수단을 이용하는 모습이 다릅니다.

19 무전기는 전파를 이용해 음성 및 영상 데이터를 서로 주고받으며 통신할 수 있게 해 주는 기기입니다.

20 이밖에도 위급한 상황이 생겼을 때 자동으로 인식하는 통신수단이 나타나 사람들이 안전하게 생활할 수 있을 것입니다.

11종 검정 교과서

사회

완벽 분석 종합평가

선생님이 **강**력**추**천하는

개념+ PLUS
단원평가

선생님이 강력 추천하는

개념+ PLUS

단원평가

사회

정답과 풀이

3-1

1 우리 고장의 모습

1 우리가 생각하는 고장의 모습

1 고장 **2** 장소 **3** 일기장 **4** 시장 **5** 이름 **6** 터미널 **7** 그림 **8** 장소 **9** 실제 **10** 장소감 **11** 장소 **12** 차이 **13** 위치 **14** 건물 **15** 같은 **16** 경험 **17** 생각 **18** 경험 **19** 존중 **20** 소개

1 예 학교, 놀이터, 공원, 문구점 **2** ② **3** ④ **4** ⑤ **5** ④ **6** 두봉천, 모수천, 시장 **7** ② **8** ①

풀이

1 우리 고장에는 학교, 놀이터, 공원 등 다양한 장소가 있습니다.

2 시장은 생활에 필요한 물건을 사고파는 곳으로, 다양한 구경거리와 먹을거리가 있습니다.

3 장소 카드를 만들 때 장소의 크기는 나타낼 필요가 없습니다.

4 먼저 우리 고장을 그릴 주제를 정하고 고장의 모습을 그릴 수 있도록 합니다.

5 희망역은 형석이만 그렸습니다.

6 형석이 그림에는 있지만, 서윤이 그림에는 없는 것은 미용실, 도서관, 희망역, 우리 집입니다.

7 고장에 대해 서로 다른 생각과 느낌을 갖는 이유는 경험한 것이 다르기 때문입니다.

8 고장의 대한 서로 다른 생각과 느낌을 존중해 주는 태도가 필요합니다.

더 알아볼까요!

우리 고장의 모습을 그린 그림으로 알 수 있는 사실
• 사람마다 생각하는 고장의 모습이 다양합니다.
• 서로 공통점도 있고, 서로 차이점도 있습니다.
• 사람마다 그린 고장의 모습과 방법이 다릅니다.

1 ③ **2** ② **3** ⑤ **4** ㉣ **5** ④ **6** 예 선생님과 친구들을 만날 수 있는 곳이다. **7** ㉠ → ㉢ → ㉡ → ㉣ **8** ⑤ **9** 버스 터미널 **10** ③ **11** 예 생각이나 느낌을 잘 전달할 수 있다. **12** ④ **13** 예 상상 속의 장소가 아닌 고장에 실제로 있는 장소들을 그린다. 학교나 집을 함께 그린다. **14** ③ **15** 희망산 **16** ③ **17** 예 서윤이와 형석이가 같은 고장에서 살고 있기 때문이다. **18** 학교, 도서관 **19** ② **20** ①

풀이

1 우리 고장의 장소를 찾을 때는 사진첩이나 일기장을 찾아봅니다.

2 친구들과 함께 교실에서 공부하고 운동장에서 재미있게 놀 수 있는 장소는 학교입니다.

3 장소에 관한 기억은 사람마다 다를 수 있습니다.

4 도서관은 많은 책을 모아 두고 주민들이 볼 수 있도록 한 장소로, 다양한 문화 행사를 개최하기도 합니다.

5 ①은 서당, ③은 놀이터, ④는 시장에 대한 설명입니다.

6 ㉠은 친구들을 만나고 선생님과 공부할 수 있는 학교입니다.

7 머릿속에 떠오르는 장소를 발표하고 장소 카드를 만들어 장소 알림판에 붙입니다.

8 장소 카드에는 장소 이름, 장소 모습(사진이나 그림), 장소에 대한 생각이나 느낌(경험) 등을 적습니다.

9 제시된 사진은 고속버스나 시외버스를 타고 내리는 버스 터미널입니다.

10 버스 터미널은 고속버스나 시외버스를 이용하여 다른 고장으로 이동할 수 있는 곳입니다.

11 장소를 사진으로 나타내면 장소의 모습을 실감 나게 전달할 수 있습니다.

12 우리 고장의 모습을 그릴 때에는 우리 고장과 관계없는 장소는 바르지 않습니다.

13 고장에 실제로 있는 장소들을 중심으로 내가 생각하는 고장의 모습을 그립니다. 또한, 학교나 집을 함께 그리면 친구가 그린 고장의 모습과 내가 그린 고장의 모습을 보다 쉽게 비교할 수 있습니다.

14 도서관은 형석이가 그린 그림에만 나타나 있고, 서윤이의 그림에는 없습니다.

15 서윤이와 형석이 모두 희망산을 그렸습니다.

16 모수천은 서윤이의 그림에만 있고, 희망초, 아파트, 주민 센터는 서윤이와 형석이 그림에 모두 있습니다.

17 서윤이와 형석이는 같은 고장에 살면서 비슷한 경험을 했기 때문에 고장을 그린 그림도 비슷하게 나타나는 것입니다.

18 형석이의 대화에서 학교와 도서관이 나타나 있습니다.

19 온유는 우리 고장 곳곳에 있는 문화유산을 소개하고 싶었다는 것으로 보아, 고장의 문화유산을 중심으로 그렸음을 짐작할 수 있습니다.

20 우리 고장에 대한 생각과 느낌은 각자의 경험에 따라서 서로 다를 수 있으며, 고장에 대한 서로 다른 생각과 느낌을 존중해야 합니다.

2회 실력을 쌓아요
17~19쪽

1 고장   2 ⑤   3 (1) 예 우리 고장에도 은행이 있다. (2) 예 우리 고장에는 지하철역이 없다.   4 학교   5 희망산에 있는 큰 나무 아래에서   6 ②   7 ②   8 ③   9 예 생활에 필요한 물건을 사고파는 곳이다. 10 ⑤   11 ㉡ → ㉢ → ㉠   12 ⑤   13 ④   14 예 슈퍼마켓, 슈퍼마켓의 모양과 크기가 다르다.   15 ③   16 ①   17 ①   18 ㉠ 경험 ㉡ 존중   19 ③ 20 예 나와 친구가 경험한 것이 다르기 때문이다. 나와 친구가 관심 있는 것이 다르기 때문이다.

풀이

1 사람들이 모여 사는 곳을 고장이라고 합니다.

2 해수욕장은 바다가 있는 고장에서 볼 수 있는 시설입니다.

3 여러 고장의 모습은 공통점도 있고 차이점도 있습니다.

4 학교는 친구들과 선생님을 만날 수 있는 곳입니다.

5 서윤이는 "희망산에 있는 큰 나무 아래에서 술래잡기할 사람 모여라!"라고 말했습니다.

6 사람마다 특정 장소에서 경험하는 것이 다르기 때문에 장소에 관한 생각이나 느낌도 달라지게 됩니다.

7 놀이터는 우리들이 주로 이용하는 장소입니다.

8 ①은 우체국, ②는 버스 터미널, ④는 은행, ⑤는 학원의 모습입니다.

9 시장은 물건을 파는 사람과 사려는 사람이 만나 물건을 사고파는 곳입니다.

10 상상 속의 장소가 아닌 실제로 존재하는 장소를 그리고, 학교나 집을 함께 그리도록 합니다. 또한, 고장의 여러 장소 중 내가 그리고 싶은 장소 몇 곳을 정해서 그립니다.

11 내가 그리고 싶은 장소 몇 곳을 정한 후, 중요하다고 생각하는 장소, 학교나 집, 그 밖에 표시하고 싶은 장소나 길을 그리고, 여러 가지 방법으로 장소에 관한 설명이나 느낌을 표시합니다.

12 건물이나 자연환경의 위치나 크기, 모양, 색깔 등을 비교해 봅니다.

13 두 그림에 공통적으로 있는 건물은 슈퍼마켓입니다.

14 지아와 희철이는 모두 슈퍼마켓을 그렸지만, 그 모양과 크기가 다릅니다.

15 놀이터와 아파트, 어린이 도서관은 희철이의 그림에만 있고 지아의 그림에는 없습니다.

16 같은 고장에 살면서 비슷한 경험을 했기 때문에 공통점도 있지만, 사람마다 보고 듣는 것뿐만 아니라 표현하는 방법도 달라 차이점도 있습니다.

17 친구들이 잘 아는 곳, 좋아하는 곳, 힘든 기억이 있는 곳, 알리고 싶은 곳이 어디인지를 중점적으로 살펴봅니다.

18 우리 고장에 대해 서로 다른 생각과 느낌을 갖는 이유는 경험한 것이 다르기 때문이며, 서로 다른 생각과 느낌을 존중하는 태도가 필요합니다.

19 사람들이 산책이나 운동을 하러 가는 곳은 공원이고, 공원에서 우리들은 즐겁게 놀 수 있습니다.

20 우리 고장에 대한 생각과 느낌이 서로 다른 이유는 사람마다 경험하는 것이나 관심 있는 것이 다르기 때문입니다.

1회 탐구 서술형 평가

20~21쪽

1 (1) ㉡ ⟨예⟩ 다양한 물건을 구경하고 맛있는 음식도 사 먹음. ㉢ ⟨예⟩ 친구와 함께 문화 행사에 참여함.
(2) ⟨예⟩ 박물관, 친구들과 함께 우리 고장의 박물관으로 현장 체험 학습을 가서 신기한 유물들을 보고 친구들과 재미있는 추억도 만들었다.

2 (1) ㉠ ⟨예⟩ 우리 가족이 산책이나 운동을 하러 가는 곳이다. ㉡ ⟨예⟩ 할머니 댁에 가기 위해 설레는 마음으로 버스를 타는 곳이다.
(2) ⟨예⟩ 장소를 그림으로 나타내면 생각이나 느낌을 잘 전달할 수 있고, 사진으로 나타내면 장소의 모습을 실감나게 전달할 수 있다.

3 (1) 공통점: ⟨예⟩ 희망산, 희망초와 희망고를 그렸다. 주민 센터와 아파트를 그렸다.
차이점: ⟨예⟩ 희망산의 위치와 모양이 다르다. 서윤이는 학교 건물을 위에서 내려다본 모양으로, 형석이는 단순한 모양으로 그렸다.
서윤이는 두봉천과 모수천을 그렸지만, 형석이는 그리지 않았다. 형석이는 도서관, 희망역, 우리 집을 그렸지만, 서윤이는 그리지 않았다.
(2) 공통점: ⟨예⟩ 같은 고장에 살면서 비슷한 경험을 했기 때문이다.
차이점: ⟨예⟩ 보고 듣는 것뿐만 아니라 표현하는 방법도 다르기 때문이다.

4 (1) ⟨예⟩ 경험한 것이 다르기 때문이다. 관심 있는 것이 다르기 때문이다.
(2) ⟨예⟩ 서로의 생각과 느낌을 존중하고 이해해야 한다.

풀이

1 (1) 시장에는 구경거리와 먹을거리가 많으며, 도서관에서는 다양한 문화 행사를 개최하기도 합니다.
(2) 우리 고장의 장소는 매우 다양하며, 각 장소에서 겪었던 친구들의 경험도 다양합니다.

상	우리 고장의 여러 장소에 대해 다양하게 알고 있습니다.
중	우리 고장의 여러 장소에 대해 일부 알고 있습니다.
하	우리 고장의 여러 장소에 대해 의미를 이해하지 못합니다.

2 (1) 공원은 고장 사람들이 산책이나 운동을 하는 곳이고, 버스 터미널은 다른 고장으로 이동하려는 차와 사람들로 매우 붐빕니다.
(2) 장소 카드를 만들 때에 장소 그림이나 장소 사진을 이용하면 장소를 효과적으로 소개할 수 있습니다.

상	고장의 모습을 장소 카드로 만들어 완성할 수 있습니다.
중	고장의 모습을 장소 카드로 만들 때 일부 내용이 누락되었습니다.
하	고장의 모습을 장소 카드로 만드는 방법을 알지 못합니다.

3 (1) 우리 고장을 그린 그림들을 비교해 보면 서로 공통점도 있지만 차이점도 있습니다.
(2) 서윤이와 형석이는 같은 고장에 살면서 비슷한 경험을 하기도 하지만, 보고 듣는 것은 다를 수 있습니다.

상	우리 고장을 그린 그림을 보고 공통점과 차이점을 비교할 수 있습니다.
중	우리 고장을 그린 그림을 보고 공통점과 차이점 중 한 가지만 제시하였습니다.
하	우리 고장을 그린 그림을 보고 공통점과 차이점을 비교하지 못합니다.

4 (1) 우리 고장에 대한 생각과 느낌은 각자의 경험이나 관심 분야에 따라 서로 다를 수 있습니다.
(2) 서로의 생각과 느낌을 존중하는 태도가 필요합니다.

상	고장에 대한 생각과 느낌이 서로 다른 까닭을 설명할 수 있습니다.
중	고장에 대한 생각과 느낌이 서로 다른 이유를 일부 알고 있습니다.
하	고장에 대한 생각과 느낌이 서로 다른 까닭을 알지 못합니다.

2회 탐구 서술형 평가

22~23쪽

1 (1) 예 시청, 병원, 박물관, 은행, 도서관, 지하철역
(2) 공통점: 예 우리 고장에도 은행과 병원이 있습니다. 차이점: 예 우리 고장에는 시청이 없습니다.
2 (1) 예 내가 잘 아는 장소를 그릴 거야.
(2) 예 상상 속의 장소가 아닌 고장에 실제 있는 장소들을 그린다. 학교나 집을 함께 그린다.
3 (1) 자연의 모습: 서윤이는 예 희망산과 두봉천, 모수천을 그렸다. 형석이는 예 희망산을 그렸다.
주요 건물: 서윤이는 예 희망초, 희망고, 주민 센터, 아파트, 시장을 그렸다. 형석이는 예 희망초, 희망고, 주민 센터, 도서관, 희망역, 아파트, 우리 집을 그렸다.
(2) 학교(희망초와 희망고), 서윤이는 학교 건물을 위에서 내려다본 모양으로, 형석이는 단순화된 모양으로 그렸다.
4 (1) 예 경험한 일이 서로 다르기 때문이다.
(2) 예 알리고 싶은 곳이 어디인지 잘 살펴본다.

풀이

1 (1) 고장은 사람들이 모여 사는 곳으로, 여러 장소로 구성되어 있습니다.
(2) 여러 고장은 공통점도 있지만, 차이점도 있습니다.

상	우리 고장의 모습을 그린 그림을 보고 여러 장소를 찾아 설명할 수 있습니다.
중	우리 고장의 모습을 그린 그림을 보고 장소를 일부 설명할 수 있습니다.
하	우리 고장의 모습을 그린 그림을 보고 장소에 대해 설명하지 못합니다.

2 (1) 고장의 모습을 그리기 위해서는 가장 먼저 나타낼 장소를 정해야 합니다.
(2) 고장에 실제 있는 장소들을 중심으로 그리도록 하며, 학교나 집을 함께 그리면 친구의 그림과 내 그림을 쉽게 비교할 수 있습니다.

상	고장의 모습을 그릴 때 어떤 장소들을 중심으로 그릴지 정확히 알고 있습니다.
중	고장의 모습을 그릴 때 어떤 장소들을 중심으로 그려야 하지 일부 알고 있습니다.
하	고장의 모습을 그릴 때 어떤 장소들을 중심으로 그려야 지 하는지 알지 못합니다.

3 (1) 서윤이가 그린 고장의 모습과 형석이가 그린 고장의 모습은 공통점도 있고 차이점도 있습니다.
(2) 주민 센터와 아파트도 두 친구의 그림에 모두 있지만, 위치와 모양이 다릅니다.

상	고장의 모습을 그린 그림을 비교해 보고 설명할 수 있습니다.
중	고장의 모습을 그린 그림을 비교해 설명한 내용이 부족합니다.
하	고장의 모습을 그린 그림을 비교하지 못합니다.

4 (1) 자신이 겪었던 일을 중심으로 고장의 모습을 그렸기 때문입니다.
(2) 준우는 고장의 문화유산을 소개하고 싶어합니다.

상	고장에 대한 사람들의 생각과 느낌이 다른 까닭을 설명할 수 있습니다.
중	고장에 대한 사람들의 생각과 느낌이 다른 까닭을 일부 알고 있습니다.
하	고장에 대한 사람들의 생각과 느낌이 다른 까닭을 설명하지 못합니다.

2 하늘에서 내려다본 고장의 모습

개념을 확인해요

25~27쪽

1 위치　**2** 인공위성　**3** 위성 사진　**4** 디지털 영상
5 스마트폰　**6** 확대　**7** 증강 현실　**8** 주요 장소
9 자연　**10** 이동　**11** 주요 건물　**12** 지도　**13** 백지도　**14** 파란, 산　**15** 장소　**16** 그림　**17** 특징
18 고장 안내　**19** 사진　**20** 안내도

개념을 다져요

28~29쪽

1 ⑤　**2** 인공위성 사진　**3** ⑤　**4** ①　**5** 백지도
6 서윤　**7** ③　**8** 안내도

풀이

1 인공위성 사진은 매우 높은 곳에서 찍었기 때문에 고

장의 모습이 같은 위치에서 찍은 것처럼 보입니다.

2 디지털 영상 지도는 인공위성 사진을 지도 형식으로 바꿔서 컴퓨터 등에서 이용할 수 있도록 디지털 정보로 표현한 지도입니다.

3 증강 현실 기능은 가상 현실의 일종으로, 현실의 이미지나 배경에 3차원 가상 이미지를 겹쳐서 하나의 영상으로 보여주는 기술입니다.

4 산은 자연과 관련 있는 곳이고, 나머지는 사람들의 생활을 편리하게 해 도와주는 곳입니다.

5 백지도는 산, 강, 큰길 등의 밑그림만 그려진 지도입니다.

6 서윤→수아→형석→온유가 말한 순서대로 나타내야 합니다.

7 고장 사람들이 좋아하고 다른 고장 사람들도 인정할 만한 특징이 있는 곳입니다.

8 고장의 자랑할 만한 장소를 소개하는 자료에는 장소 소개 카드, 신문 광고, 작은 책, 고장 안내도 등이 있습니다.

1회 실력을 쌓아요
30~32쪽

1 ㉡ 2 ⑤ 3 인공위성 4 ④ 5 ② 6 예 우리 고장의 모습을 생생하게 볼 수 있다. 우리 고장의 전체적인 모습과 자세한 모습을 볼 수 있다. 7 ④ 8 위치 찾기 기능, 확대와 축소 기능 등 9 ② 10 ⑤ 11 ④ 12 백지도 13 ③ 14 춘천 닭갈비 골목 15 ② 16 예 먹거리와 관련 있는 장소에 숟가락과 젓가락 그림을 그린다. 17 ③ 18 ④ 19 ① 20 예 우리 고장의 자랑할 만한 장소를 한눈에 볼 수 있다.

풀이 ▶

1 높은 곳에서는 전체적인 모습이 보입니다. ㉠은 아래, ㉢은 앞, ㉣은 옆에서 찍은 사진입니다.

2 다양한 위치에서 사진을 찍으면 같은 장소라도 다르게 보일 수 있습니다.

3 인공위성 사진은 보다 넓은 범위를 볼 수 있고, 마치 같은 위치에서 보듯이 고장의 모습을 살펴볼 수 있습니다.

4 인공위성 사진은 매우 높은 곳에서 찍었기 때문에 동일한 위치에서 고장을 내려다보는 것처럼 보입니다.

---

5 디지털 영상 지도는 항공 사진이나 인공위성 사진을 지도 형식으로 바꾸고, 컴퓨터 등 다양한 기기에서 이용할 수 있도록 디지털 정보로 표현한 지도입니다.

6 디지털 영상 지도는 일반 종이 지도에 비해 알아보기 쉽습니다.

7 증강 현실 기능은 가상 현실의 일종으로, 마치 사람이 그 장소에 들어가 있는 것과 같은 효과를 줍니다.

8 우리 고장의 위치를 찾은 뒤 규모를 확대하며 주변의 고장을 찾을 수도 있고, 우리나라 전체에서 우리 고장으로 규모를 축소하다가 발견할 수도 있습니다.

9 주요 장소는 눈에 잘 띄거나 많은 사람들이 찾는 장소로 유명한 산과 같은 지형, 다리 및 건축물과 같은 지물을 말합니다.

10 향교는 조선 시대의 지방 교육 기관으로 문화유산에 해당합니다.

11 춘천역, 남춘천역, 춘천 터미널은 다른 고장으로 이동할 수 있게 해 주는 곳입니다.

13 우리 고장의 여러 장소 중에서 백지도에 나타내고 싶은 장소부터 정해야 합니다.

14 춘천 닭갈비 골목은 중앙 로터리 아래쪽에 있습니다.

15 고장의 주요 장소를 백지도에 나타낼 때는 주요 장소의 특징을 잘 나타낼 수 있는 그림이나 기호를 사용합니다.

16 주요 장소에 대한 생각과 느낌을 다양한 방법으로 표현해 봅니다.

17 고장의 자랑할 만한 장소가 되려면 특별한 의미를 가진 곳이어야 합니다.

18 우리 고장의 자랑할 만한 장소는 우리 고장에 오래 사신 분들이 잘 알고 있습니다.

19 우리 고장을 소개하는 안내도입니다.

20 고장 안내도를 통해서 고장의 전체적인 모습을 알 수 있습니다.

2회 실력을 쌓아요 33~35쪽

1 위치   2 ⑤   3 ⑩ 같은 위치에서 고장을 살펴보는 것처럼 일정한 크기로 보인다. 고장을 자세히 볼 수도 있고 폭넓게 볼 수도 있다.   4 ④   5 ①, ⑤ 6 증강 현실   7 ⑤   8 ③   9 ①   10 북한강, 봉의산   11 ⑤   12 ⑩ 건물이 작게 나와 잘 보이지 않는다. 너무 많은 건물이 나타나 복잡하고 주요 건물을 찾기가 어렵다.   13 ③   14 ② → ① → ① → ① 15 ②   16 ②   17 ⑩ 초록색으로 색칠한 이유는 공원에 풀과 나무가 많기 때문이다.   18 ③, ④ 19 ①   20 ⑩ 맛있는 닭갈비와 막국수를 파는 가게가 모여 있어 우리 고장 사람들 뿐만 아니라 다른 고장 사람들도 많이 찾는 곳이기 때문이다.

풀이

1 바라보는 위치에 따라 같은 장소의 모습이 다르게 보일 수 있습니다.

2 고장의 모습을 나타낸 인공위성 사진입니다.

3 인공위성 사진은 고장의 모습을 같은 위치에서 찍은 것처럼 보이므로 장소를 보다 객관적으로 관찰할 수 있습니다.

4 디지털 영상 지도는 위치 찾기 기능과 이동 기능 외에도 길 찾기 기능, 지도로의 변환 기능, 증강 현실 기능 등 매우 다양한 기능이 있습니다.

5 ②는 지도로의 변환 기능, ③은 이동 기능, ④는 위치 찾기 기능을 이용하는 방법입니다.

6 증강 현실 기능을 이용하면 마치 그 장소에 있는 것처럼 주위를 둘러볼 수 있습니다.

7 검색창에 찾고자 하는 곳을 입력하면 지도에서 위치를 찾을 수 있습니다.

8 고장에 있는 모든 장소가 주요 장소가 아니라 사람들이 많이 찾고 눈에 잘 띄는 곳이 주요 장소입니다.

9 디지털 영상 지도로 살펴본 강원도 춘천시의 모습으로, 주요 장소로는 북한강, 춘천역, 봉의산, 강원도청, 춘천시청, 춘천향교 등이 있습니다.

10 산이나 강, 호수 등은 자연과 관련 있는 곳입니다.

11 다른 고장으로 이동할 때 이용할 수 있는 곳은 기차역이나 버스 터미널입니다.

12 디지털 영상 지도는 너무 높은 곳에서 찍다 보니 건물이 작게 나오고, 복잡하여 주요 건물을 찾기가 어

렵습니다.

13 고장의 모습을 한눈에 알아보기 쉽게 하려면 작은 건물들은 생략하고 중요한 곳들을 강조해서 지도로 나타냅니다.

14 먼저 나타내고 싶은 장소를 정한 후, 그 장소의 위치를 디지털 영상 지도에서 찾아보고 백지도에 주요 장소를 표시합니다. 마지막으로 주요 장소에 대한 생각과 느낌을 넣어 꾸며 봅니다.

15 강원도청은 봉의산 아래에 있으므로, 중앙 로터리를 따라 북쪽으로 올라가다가 봉의산 근처에 강원도청을 표시하면 됩니다.

16 중앙 로터리 위쪽에는 춘천시청이 있습니다.

17 주요 장소에 대한 생각과 느낌을 그림이나 기호, 색깔 등 다양한 방법으로 표현합니다.

18 고장 안내도와 고장 안내 책자를 살펴보면 고장의 자랑할 만한 장소를 찾기 쉽습니다.

19 버스 정류장은 어느 고장에서나 볼 수 있으므로, 고장의 자랑할 만한 장소로 보기 어렵습니다.

20 다른 고장 사람들도 인정할 만한 특징이 있는 곳이 고장에서 자랑할 만한 장소가 될 수 있습니다.

1회 탐구 서술형 평가 36~37쪽

1 (1) ⑩ ①은 아래, ①은 위, ①은 앞, ②은 옆에서 찍은 사진이다.

(2) ⑩ 같은 장소라도 사진을 찍는 위치에 따라 그 모습이 달라진다.

2 (1) ⑩ 높은 곳에서 찍었기 때문에 우리 고장의 전체적인 모습과 자세한 모습을 볼 수 있다.

(2) ⑩ 이동 기능, 위치 찾기 기능, 길 찾기 기능, 지도 변환 기능, 확대와 축소 기능 등이 있다.

3 (1) ⑩ 고장의 주요 장소이다. 눈에 잘 띄거나 사람들이 자주 찾는 곳이다.

(2) ⑩ 다른 고장으로 이동할 때 이용할 수 있는 곳이다.

4 (1) ⑩ 초록색 산 모양으로 그려져 있다.

(2) ②

풀이

1 (1) 앞에서 찍은 사진에서는 유리판 위에 사람들이 서 있는 것이 보이고, 옆에서 찍은 사진에서는 유리

판과 밑의 구조물도 보입니다. 아래에서 찍은 사진에서는 밑의 구조물과 강의 모습이 보이고, 위에서는 전체적인 모습이 보입니다.

(2) 다양한 위치에서 사진을 찍으면 같은 장소도 다르게 보입니다.

상	다양한 위치에서 찍은 사진을 비교해 보고 설명할 수 있습니다.
중	다양한 위치에서 찍은 사진을 비교한 내용을 일부 잘못 알고 있습니다.
하	다양한 위치에서 찍은 사진을 비교해 설명하지 못합니다.

2 (1) 디지털 영상 지도는 인공위성 사진을 이용해 만들어졌기 때문에 우주에서 내려다본 것처럼 우리 고장을 살펴볼 수 있습니다.

(2) 이외에도 3D 기능, 항공 사진 기능, 길이 재기 기능, 저장 기능 등이 있습니다.

상	디지털 영상 지도의 좋은 점과 여러 가지 기능에 대해 알고 있습니다.
중	디지털 영상 지도의 기능에 대해 일부 알고 있습니다.
하	디지털 영상 지도에 대해 알지 못합니다.

3 (1) 고장의 여러 장소 중에서 눈에 잘 띄거나 사람들이 자주 찾는 곳입니다.

(2) 춘천역, 춘천 터미널은 기차나 버스를 이용하여 다른 고장으로 이동할 수 있는 곳입니다.

상	고장의 주요 장소들을 다양한 기준으로 분류할 수 있습니다.
중	고장의 주요 장소들을 일부 잘못 알고 있습니다.
하	고장의 주요 장소들을 다양한 기준으로 분류하지 못합니다.

4 (1) 백지도에서 초록색 산 모양으로 그려져 있는 것이 봉의산입니다.

(2) 봉의산 아래쪽에 강원도청을 표시하고, 중앙 로터리의 위쪽에는 춘천시청, 중앙 로터리의 아래쪽에는 춘천 닭갈비 골목을 표시합니다.

상	백지도에 고장의 주요 장소와 위치를 백지도에 표시할 수 있습니다.
중	고장의 주요 장소와 위치를 백지도에 일부 잘못 표시했습니다.
하	고장의 주요 장소와 위치를 백지도에 표시하지 못합니다.

1 (1) 인공위성 사진

(2) 예 ㉡ 사진들은 찍은 위치에 따라 모습이 다르게 보이는데, ㉠ 사진은 높은 곳에서 찍었기 때문에 일정한 크기로 보인다.

(3) 예 고장의 모습을 같은 위치에서 찍은 것처럼 보이므로 장소를 보다 객관적으로 관찰할 수 있다. 고장을 자세히 볼 수도 있고 폭넓게 볼 수도 있다.

2 (1) 증강 현실 기능

(2) 예 지도 안에 들어가서 그 장소에 있는 것처럼 주위를 둘러볼 수 있다.

3 (1) 예 우리 고장의 여러 장소 중에서 백지도에 나타내고 싶은 장소를 먼저 정하기

(2) 예 고장의 모습을 한눈에 알아보기 쉽다.

4 (1) 예 시청 누리집이나 관광 누리집에서 찾아본다. 고장 안내 책자에서 찾아본다.

(2) 예 다른 고장 사람들에게 우리 고장의 자랑할 만한 장소를 소개할 때 이용한다.

풀이

1 (1) ㉠ 사진은 인공위성에서 찍은 사진입니다.

(2) ㉡ 사진들은 찍는 위치에 따라 모습이 확연하게 달라지는데, ㉠ 사진은 마치 같은 위치에서 내려다보는 것처럼 고장의 모습을 살펴볼 수 있습니다.

(3) 인공위성 사진을 이용하면 다양한 크기의 면적을 볼 수도 있습니다.

상	인공위성 사진과 다양한 위치에 찍은 사진의 특징을 비교해 설명할 수 있습니다.
중	인공위성 사진과 다양한 위치에 찍은 사진에 대해 일부 잘못 알고 있습니다.
하	인공위성 사진과 다양한 위치에 찍은 사진을 비교해 설명하지 못합니다.

2 (2) 가상 현실의 일종인 증강 현실 기능은 마치 그 장소에 들어가 있는 것과 같은 효과를 줍니다.

상	디지털 영상 지도의 기능을 활용해 고장의 모습을 살펴볼 수 있습니다.
중	디지털 영상 지도의 기능을 활용해 고장의 모습을 살펴보는 방법을 일부 알고 있습니다.
하	디지털 영상 지도의 기능에 대해 전혀 알지 못합니다.

3 (1) 가장 먼저 백지도에 나타내고 싶은 장소를 정해야 합니다.
(2) 고장의 주요 장소만 백지도에 나타내면 고장의 모습을 한눈에 알아보기 쉽고 주요 장소의 위치를 찾기도 쉽습니다.

상	고장의 주요 장소를 백지도에 표시할 수 있습니다.
중	고장의 주요 장소를 백지도에 표시한 위치가 일부 잘못되어 있습니다.
하	고장의 주요 장소를 백지도에 표시하지 못합니다.

4 (1) 이외에도 우리 고장을 잘 알고 있는 어른들께 직접 여쭈어봅니다.
(2) 고장 안내도를 보면 고장의 전체적인 모습과 특징을 파악할 수 있습니다.

상	고장의 자랑할 만한 장소를 조사하여 소개하는 방법을 알고 있습니다.
중	고장의 장소를 소개하는 방법을 일부 잘못 알고 있습니다.
하	고장의 장소를 조사하여 소개하는 방법을 알지 못합니다.

1회 단원 평가 연습

40~42쪽

1 장소 **2** 서윤 **3** ② **4** ⑤ **5** 희망초, 희망고, 희망산 등 **6** ③ **7** ④ **8** 예 경험한 것이 다르기 때문이다. 관심 있는 것이 다르기 때문이다. **9** ① **10** ㉡ **11** ② **12** ④ **13** ③ **14** 준우 **15** 예 자연과 관련 있는 곳이다. **16** ① **17** ①, ③ **18** ① **19** ③ **20** 예 장소 소개 카드 만들기, 우리 고장 안내도 만들기, 작은 책 만들기, 신문 광고 만들기

풀이 ▶

1 우리 고장의 장소는 매우 다양합니다.

2 시장은 다양한 구경거리와 먹을거리가 있는 곳입니다.

3 장소 카드에는 장소 이름, 장소 모습(사진이나 그림), 장소에 대한 생각이나 느낌(경험) 등을 적어야 합니다.

4 머릿속에 떠오르는 고장의 모습을 그리려고 할 때에 가장 먼저 할 일은 나타내고 싶은 장소를 정하는 것입니다.

5 이외에도 주민 센터와 아파트도 다르게 표현되었습니다.

6 서윤이의 그림에는 두봉천, 모수천이 있지만 형석이의 그림에는 없습니다. 희망초와 희망산은 두 그림에 모두 있고, 희망역과 도서관은 형석이의 그림에만 있습니다.

7 두 친구가 같은 고장에 살면서 비슷한 경험을 했기 때문입니다.

8 사람마다 경험하는 것, 관심 있는 것이 다르기 때문에 고장에 대한 생각이나 느낌이 서로 다를 수 있습니다.

9 고장에 대한 생각과 느낌은 각자의 경험에 따라 다를 수 있으므로 서로 존중해 주는 태도가 필요합니다.

10 아래에서 찍으면 크게 보이고, 위에서 찍으면 작게 보입니다.

11 인공위성 사진은 높은 데서 찍었기 때문에 같은 위치에서 고장을 살펴보는 것처럼 일정한 크기로 보입니다.

12 ①은 확대 기능, ②는 지도로의 변환 기능, ③은 이동 기능, ⑤는 확대와 축소 기능을 실행하는 방법입니다.

13 증강 현실 기능은 마치 사람이 그 장소에 들어가 있는 것과 같은 효과를 주는 기능입니다.

14 주요 장소란 고장에 있는 모든 장소가 아니라, 사람들이 많이 찾고 눈에 잘 띄는 곳을 말합니다.

15 산, 들, 강, 바다, 호수 등을 자연환경이라고 합니다.

16 백지도는 행정 구역이나 도로 등이 표시된 간략한 지도입니다.

17 내가 좋아하는 곳이므로 별을, 먹거리와 관련 있는 곳이므로 숟가락과 젓가락을 그리는 것이 좋습니다.

18 우리 고장의 주요 장소를 백지도에 나타내기 위한 첫 번째 단계는 백지도에 나타내고 싶은 장소를 정하는 것입니다.

19 우리 고장의 자랑할 만한 장소는 우리 고장만의 특별한 의미를 가진 곳이어야 합니다.

20 장소 소개 카드, 고장 안내도, 작은 책, 신문 광고 등 다양한 형태의 소개 자료를 만들어 소개할 수 있습니다.

2회 단원 평가 기출 43~45쪽

1 (1) ⓒ (2) ⓒ (3) ㄱ　**2** ③　**3** ㄱ→ⓒ→ⓒ→ⓒ
4 ④, ⑤　**5** ②　**6** ⑤　**7** 예 두 친구가 보고 듣는 것뿐만 아니라 표현하는 방법도 다르기 때문이다.
8 ③　**9** ④　**10** ③　**11** 디지털 영상 지도　**12** ②
13 ㄱ 기능: 예 증강 현실 기능 ⓒ 이유: 예 지도 안에 들어가 그 장소를 직접 보고 있는 기분이 들어서 신기하기 때문이다.　**14** ④　**15** 춘천향교　**16** ①
17 예 고장의 주요 건물을 찾기 쉽다. 고장의 모습을 한눈에 알아보기 쉽다.　**18** 예 춘천 닭갈비 골목, 공지천 유원지　**19** ①, ⑤　**20** 고장 안내도

풀이

1 우리 고장의 여러 장소에서 다양한 경험을 할 수 있습니다.

2 장소에 관한 인식이 달라서 사람마다 기억하거나 생활하는 장소가 다릅니다.

3 우리 고장의 여러 장소를 그림을 그리거나 사진을 붙여 장소 카드를 완성해 장소 알림판에 부착합니다.

4 상상 속의 장소가 아닌 실제로 있는 장소를 그리고, 고장의 여러 장소 중 내가 그리고 싶은 장소 몇 곳을 정해 그리며, 장소 사진이나 그림을 활용합니다.

5 고장에 슈퍼마켓이 있으나, 2개가 있는지는 지도를 통해서는 알 수 없습니다.

6 어린이 도서관, 놀이터, 아파트는 희철이의 그림에만 있습니다.

7 두 친구가 경험한 것과 관심 있는 것 등이 다르기 때문입니다.

8 봉사 활동에 대한 대화 내용은 나타나 있지 않습니다.

9 서윤이와 친구들은 자신의 경험이나 생각을 중심으로 우리 고장의 모습을 그렸습니다.

10 위에서는 전체적인 모습이 보입니다.

11 항공 사진이나 인공위성 사진을 지도 형식으로 바꾸고, 컴퓨터 등 다양한 기기에서 이용할 수 있도록 디지털 정보로 표현한 지도를 디지털 영상 지도라고 합니다.

12 +버튼을 눌러 디지털 영상 지도를 확대하면 주변을 자세히 볼 수 있습니다.

13 증강 현실은 360도 카메라를 이용해 주변의 이미지를 촬영해서 제작되기 때문에 마치 그 장소에 있는 것처럼 주위를 둘러볼 수 있습니다.

14 지도에 표시된 장소들은 우리 고장의 주요 장소라는 공통점이 있습니다.

15 문화유산이란 조상들이 남긴 유산 중 역사적, 문화적 가치가 높아 보호해야 할 것을 말합니다.

16 강원도청은 봉의산 아래쪽인 남쪽에 있습니다.

17 ㈎ 지도는 너무 많은 건물이 나타나 복잡하고 주요 건물을 찾기가 어려운 반면, ㈏ 지도는 작은 건물들은 생략하고 중요한 곳들을 강조해서 나타냈기 때문에 주요 건물을 찾기 쉽고 고장의 모습을 한눈에 알아보기도 쉽습니다.

18 각자 자기가 살고 있는 고장의 자랑할 만한 장소를 적어 봅니다.

19 장소 카드에 소개되어 있는 내용을 보면 알 수 있습니다.

20 고장 안내도를 통해서 고장의 전체적인 모습을 알 수 있습니다.

3회 단원 평가 실전 46~48쪽

1 ③　**2** 우리 집　**3** ④　**4** 예 고장에 실제 있는 장소들을 중심으로　**5** ③　**6** ①　**7** 희망초　**8** ①
9 ①, ④　**10** 인공위성 사진　**11** ①, ②　**12** 길도우미(내비게이션)　**13** ⑤　**14** ④　**15** ⑤　**16** 백지도　**17** ②　**18** ⓒ　**19** 예 시청 누리집이나 고장 관광 누리집에서 찾아본다. 고장 안내 책자에서 찾아본다.　**20** ④

풀이

1 각 장소에서 겪었던 경험은 사람마다 다를 수 있습니다.

2 사랑하는 가족과 함께 살고 있는 장소는 우리 집입니다.

3 장소 카드를 만들 때 장소에 대한 생각이나 느낌이 들어가는 것이 좋습니다.

4 내가 잘 아는 곳, 내가 좋아하는 곳, 다른 사람에게

알리고 싶은 곳 등 고장에 실제 있는 장소들을 그려야 합니다.

5 장소 사진을 활용하면 장소의 실제 모습을 볼 수 있습니다.

6 지아는 길을 그리지 않았고, 건물이나 자연의 모습만을 담았습니다.

7 희망초는 두 친구 그림에 모두 나타나 있습니다.

8 우리 고장을 그린 친구들의 그림을 보면서 고장에 대한 서로의 생각과 느낌을 확인합니다.

9 친구들이 경험한 것이나 관심 있는 것이 다르기 때문에 우리 고장에 대해 서로 다른 생각이나 느낌을 갖게 됩니다.

10 인공위성 사진은 매우 높은 데서 찍었기 때문에 동일한 위치에서 고장을 내려다보는 것처럼 보입니다.

11 이외에도 같은 위치에서 고장을 살펴보는 것처럼 일정한 크기로 보이고, 고장을 폭넓게 볼 수도 있습니다.

12 디지털 영상 지도는 인터넷에 접속할 수 있는 대부분의 기기인 스마트폰, 컴퓨터, 태블릿 PC, 길도우미(내비게이션) 등에서 활용되고 있습니다.

13 영상 지도, 백지도, 일반(지도) 등으로 바꿀 수 있습니다.

14 고장의 주요 장소란 눈에 잘 띄거나 사람들이 자주 찾는 곳으로, 동네에 있는 작은 가게는 주요 장소로 보기 어렵습니다.

15 제시된 장소들은 고장 사람들의 편리한 생활을 돕는 곳입니다.

16 산, 강, 큰길 등의 밑그림만 그려진 지도를 백지도라고 합니다.

17 백지도에서 강이나 호수는 파란색으로 표시되어 있습니다.

18 춘천시청의 특징을 잘 나타낼 수 있는 그림이나 기호를 사용하여 표시합니다.

19 우리 고장을 잘 알고 있는 어른들께 고장의 자랑할 만한 장소를 여쭈어보는 방법도 있습니다.

20 자랑할 만한 장소의 특징이 잘 나타난 사진과 간단한 설명을 곁들여 장소 소개 카드를 만듭니다.

2 우리가 알아보는 고장 이야기

1 우리 고장의 옛이야기

개념을 확인해요
51쪽

1 포은 2 서빙고 3 생활 모습 4 천안 삼거리
5 안성맞춤 6 지명 7 얼음골 8 조사 계획서
9 문화원 10 조사 결과

개념을 다져요
52~53쪽

1 ③ 2 ④, ⑤ 3 안성맞춤 4 (1) ⓛ, ⓒ (2) ㉠, ㉣
5 ② 6 예 옛이야기와 관련된 장소에 직접 방문하여 조사한다. 7 조사 결과 보고서 8 안내 책자

풀이

1 '포은'은 정몽주의 호입니다.

2 서울특별시 용산구에 있는 서빙고동은 '서쪽의 얼음 창고'라는 뜻을 지니고 있습니다.

3 옛날 안성에는 유기를 만드는 솜씨가 뛰어나 품질이나 모양이 사람들을 만족시켰기 때문에 안성맞춤이라는 말이 생겼습니다.

4 지명으로 고장의 자연환경과 고장 사람들의 생활 모습을 알 수 있습니다.

5 조사 전에 계획을 세우고 조사 계획서를 작성합니다.

6 옛이야기와 관련 있는 장소를 직접 방문하여 조사하는 모습입니다.

7 조사를 하면서 알게 된 사실을 정리해 보고서를 작성합니다.

8 우리 고장의 옛이야기에 등장하는 자연환경이나 인물을 활용해 우리 고장을 대표하는 홍보 캐릭터나 상표 등도 만들어 책자 표지에 소개합니다.

더 알아볼까요!

고장에 전해지는 옛이야기로 알 수 있는 내용
• 고장의 자연환경을 알 수 있습니다.
• 옛날 사람들의 생활 모습을 알 수 있습니다.
• 고장의 역사적인 유래와 특징을 알 수 있습니다.
• 전해 내려오는 이야기로 고장을 이해할 수 있습니다.

1회 실력을 쌓아요

54~56쪽

1 ③ 2 ④ 3 종로 4 서빙고 5 ⑤ 6 ③ 7 ②
8 예 숯을 만드는 데 필요한 나무가 많을 것 같다. 강이 거무튀튀할 것 같다. 9 ② 10 안성맞춤 11 ④
12 예 기와를 굽는 일을 했을 것이다. 13 ① 14 ③
15 ③ 16 가양동, 발산동, 구암 공원 등 17 ④ 18
예 고장의 문화원과 시·군·구청 누리집을 검색한다.
옛이야기와 관련된 장소에 직접 방문한다. 고장의 어른께 여쭈어본다. 19 ⑤ 20 ④

풀이

1 호는 이름 외에 편하게 부를 수 있게 지은 이름으로, '포은'은 정몽주의 호입니다.

2 정몽주는 고려 시대의 뛰어난 학자입니다.

3 종로는 종을 뜻하는 '종'에 길을 뜻하는 '로'를 붙여서 만든 이름으로, 옛날에는 시각을 알려 주는 종이 있는 거리를 종로라고 불렀습니다.

4 용산구에는 '동쪽의 얼음 창고'라는 뜻의 동빙고동도 있습니다.

5 옛날 이곳에 얼음을 저장하는 창고가 있었다는 사실과 옛날 사람들이 여름에 어떻게 얼음을 구했는지 알 수 있습니다.

6 옛이야기에는 조상들의 생활 모습이나 옛날의 자연환경을 알려 주는 내용이 들어 있습니다

7 경기도 성남의 탄천과 관련된 이야기를 통해 고장의 자연환경을 알 수 있습니다.

8 탄천이 흐르는 지역에는 검은색 돌이 많아 강이 검은색으로 보였다는 이야기도 있습니다.

9 지명은 시대에 따라 바뀌기도 합니다.

10 안성맞춤이란 맞춘 것처럼 딱 들어맞는다는 뜻입니다.

11 두물머리란 '두 개 물의 머리'라는 뜻입니다.

12 경기도 성남시 복정동은 기와를 굽던 큰 가마터가 있었기 때문에 '기와말'이라고 불렀습니다.

13 독도는 봉우리가 세 개로 보인다고 해서 '삼봉도', 가지어가 많이 산다고 해서 '가지도', 섬 전체가 바위로 되어 있다 해서 '돌섬'이라고 불립니다.

14 고장의 지명은 고장의 자연환경이나 생활 모습과 관련되어 있습니다.

15 제시된 지도를 보고 인구수를 알 수는 없습니다.

16 우장산동, 화곡동, 방화동 등도 나타나 있습니다.

17 효과적으로 조사를 하려면 조사 전에 계획을 세우고 실천하는 것이 중요합니다.

18 이외에도 자연의 지형지물을 찾아보는 방법도 있습니다.

19 조사 결과 보고서에는 조사 기간, 조사한 사람, 조사 목적, 조사 장소, 조사 방법, 조사 내용, 조사 결과, 느낀 점 등을 적습니다.

20 자료 찾아 붙이기입니다.

2회 실력을 쌓아요

57~59쪽

1 ② 2 예 포은 선생의 업적을 다시 생각해 보고 본받기 위해서이다. 고장을 널리 알리기 위해서이다.
3 서빙고동 4 ⑤ 5 ③ 6 예 말을 탄 양반을 피해 백성들이 편하게 다니려고 만든 길이다. 7 천안 삼거리 8 ④ 9 ⑤ 10 ②, ⑤ 11 말죽거리
12 ② 13 (1) 예 밤나무골 (2) 예 밤나무가 많기 때문이다. 14 ③ 15 ② 16 ④ 17 ①, ③ 18
② 19 예 이야기를 들을 때 재미가 있고, 이야기에 흠뻑 빠지게 된다. 20 역할놀이

풀이

1 포은 정몽주 선생의 묘가 용인에 자리 잡게 된 유래를 설명한 글입니다.

2 용인시에서는 '포은'이라는 말을 넣어서 정몽주의 업적과 함께 고장을 널리 알리고 있습니다.

3 빙고는 옛날에 얼음을 저장하던 창고입니다.

4 옛이야기는 옛날에 있었던 일이라고 전해지거나 있었다고 꾸며서 지어낸 이야기를 말합니다.

5 '피맛골'이란 말을 피하는 곳이라는 뜻입니다.

6 피맛골은 말을 탄 양반을 피해 다니기 위해 만들어진 길입니다.

7 천안은 당시 경상도와 전라도에서 서울로 올라가는 사람들이 만나는 교통의 요지였습니다.

8 옛날 안성에서는 유기를 만드는 사람이 많았는데, 솜씨가 뛰어나 품질이나 모양이 사람들을 만족시켰기 때문에 '안성맞춤'이라는 말이 생겼습니다.

9 전설, 설화 등의 옛이야기와 지명, 민요, 고사성어 등을 통해 옛날의 자연환경과 생활 모습을 알 수 있습니다.

10 얼음골은 초여름에 얼음이 얼기 시작해 한여름에도

얼음이 생긴다고 해서 붙여진 이름이고, 두물머리는 북한강과 남한강의 두 물줄기가 만나는 곳이라 해서 붙여진 이름입니다.

11 말죽거리는 서울특별시 서초구 양재동 일대를 말합니다.

12 독도는 가지어가 많이 살아서 '가지도', 섬 전체가 바위로 되어 있어서 '돌섬', 넓은 바다에 외롭게 솟아 있어서 '독섬'이라고도 불립니다.

13 밤나무가 많아서 밤농사를 많이 짓는 고장의 이름은 '밤나무골'로 지을 수 있습니다.

14 '지명의 유래로 우리 고장의 모습 알아보기'는 조사 목적에 해당합니다.

15 조사 주제와 관련된 내용을 조사해야 합니다.

16 고장의 옛이야기를 조사하려면 고장의 문화원이나 시·군·구청 누리집을 검색합니다.

17 옛이야기를 통해 옛날에 우리 고장에 살았던 사람들의 생활 모습을 알 수 있습니다.

18 조사 기간, 조사한 사람, 조사 목적, 조사 장소, 조사 방법, 조사 내용, 조사 결과, 느낀 점 등을 중심으로 조사 결과 보고서를 작성합니다.

19 부모님은 인터넷이나 책보다 더욱 생생하게 옛이야기를 들려 주실 수 있습니다.

20 조사한 고장의 옛이야기를 역할을 나누어 역할극으로 표현하고 있는 모습입니다.

1회 탐구 서술형 평가

60~61쪽

1 (1) ⑩ 포은 정몽주 선생의 묘가 용인에 있다.

(2) ⑩ 포은 정몽주 선생의 업적과 함께 고장을 널리 알리기 위해서이다.

2 (1) 천안 삼거리

(2) ⑩ 천안이 경상도에서 서울로 올라오는 길과 전라도에서 서울로 올라가는 길이 만나는 곳이었다는 사실을 알 수 있다.

3 (1) ⑩ 북한강과 남한강의 두 물줄기가 만나는 곳이다.

(2) ⑩ 지명으로 고장의 자연환경과 옛날 고장 사람들의 생활 모습을 알 수 있다.

4 (1) ⑩ 조사 계획에 따라 실제 조사를 한 후에 작성한다.

(2) ⑩ 우리 고장에는 어떤 지명이 있을까? 우리 고장에 전해 내려오는 지명에는 어떤 뜻이 담겨 있을까?

풀이

1 (1) 포은 정몽주 선생의 묘가 용인에 자리 잡게 된 유래를 설명하고 있습니다.

(2) 용인에 포은 정몽주 선생과 관련된 이야기가 전해 내려오기 때문입니다.

상	고장의 옛이야기로 고장의 유래나 특징을 설명할 수 있습니다.
중	고장의 유래나 특징에 대해 일부 잘못 알고 있습니다.
하	고장의 유래나 특징에 대해 설명하지 못합니다.

2 (1) 우리나라 민요인 '천안 삼거리'의 유래를 설명한 글입니다.

(2) 천안은 서울로 올라가는 길목에 있어 당시 경상도와 전라도에서 서울로 올라가는 사람들이 만나는 교통의 요지였습니다.

상	옛이야기로 고장의 자연환경과 생활 모습을 설명할 수 있습니다.
중	고장의 자연환경과 생활 모습을 일부 잘못 알고 있습니다.
하	고장의 자연환경과 생활 모습에 대해 설명하지 못합니다.

3 ⑴ 두물머리는 북한강과 남한강의 두 물이 합쳐지는 곳이라는 의미입니다.

⑵ 지명은 고장의 생김새나 고장에서 있었던 일을 바탕으로 짓는 경우가 많기 때문에 지명을 알면 우리 고장의 특징을 알 수 있습니다.

상	고장의 지명의 유래와 특징을 설명할 수 있습니다.
중	고장의 지명에 대해 일부 잘못 알고 있습니다.
하	고장의 지명에 대해 전혀 알지 못합니다.

4 ⑴ 조사 계획에 따라 실제 조사를 한 이후 조사로 알게 된 사실을 정리해서 만듭니다.

⑵ 조사 목적에 맞는 내용을 조사해야 합니다.

상	고장의 옛이야기 조사 결과 보고서를 다양한 방법으로 표현해 작성할 수 있습니다.
중	고장의 옛이야기 조사 결과 보고서를 일부 잘못 기재 했습니다.
하	고장의 옛이야기 조사 결과 보고서를 전혀 작성하지 못합니다.

② 우리 고장의 문화유산

개념을 확인해요
63쪽

1 문화유산 **2** 유형 **3** 무형 **4** 가야금 병창 **5** 전통장 **6** 누비 **7** 슬기 **8** 누리집 **9** 답사
10 답사 계획서

개념을 다져요
64~65쪽

1 ⑴ ㉠, ㉣ ⑵ ㉡, ㉢ **2** ① **3** ② **4** ③ **5** ⑤
6 답사 장소에서 조사할 내용을 정한다. **7** ③ **8** ④

풀이 ▶

1 건축물, 공예품, 책 등과 같이 유형 문화유산이 있는가 하면, 우리 조상들의 생활 모습을 알 수 있는 말과 노래 등 무형 문화유산도 있습니다.

2 향교는 지방의 교육을 담당한 곳으로서 교육을 중요하게 생각했음을 알 수 있습니다.

3 대형 할인점에 가는 것은 장을 보기 위한 것입니다.

4 문화재청 누리집의 화면에서 '우리 지역 문화재'에서 첨성대를 검색하려면 첨성대가 경주에 있기 때문에 '경상북도' → '경주시'를 선택해야 합니다.

5 답사 지역의 식당 수를 계획서에 넣을 필요는 없습니다.

6 답사 방법과 준비물을 정했으면 사전에 답사 장소에서 조사할 내용을 정해야 합니다. 그리고 나서 답사를 진행합니다.

7 찰흙, 지점토 등으로 모형을 만들어 소개할 수 있으며, 모형에 대한 안내 자료를 함께 만들어 소개합니다.

8 주어진 시간 안에 효과적으로 소개를 하고 친구들의 질문을 받고 대답할 수 있는 시간도 가질 수 있도록 해야 합니다.

더 알아볼까요!

보물과 국보

보물은 일반적인 지정 기준에 도달하는 문화유산을 지정한 것인 반면, 국보는 보물 중 인류 문화의 관점에서 볼 때 그 가치가 크고 유례가 드문 것을 지정한다.

보물이나 국보의 지정 번호는 그 가치의 우열에 의한 것이 아니라 지정 순서에 따라 정해진다.

1회 실력을 쌓아요
66~68쪽

1 ⑤ **2** 문화유산 **3** ③ **4** ④ **5** ① **6** ③ **7** ④ **8** ③ **9** ② **10** 예 통합 검색에서 문화유산의 이름을 입력하고 찾는다. **11** ⑤ **12** ④ **13** ③ **14** ⑤ **15** ③ **16** ② **17** ④ **18** 석굴암 **19** ④ **20** 예 소개 자료의 특징이 잘 드러나도록 소개할 내용과 방법을 정한다.

풀이 ▶

1 만 원 지폐 뒷면을 보면 조선 시대에 만들어진 우리의 문화유산인 혼천의가 그려져 있습니다.

2 우리 조상 대대로 내려온 문화 중에서 가치를 가지는 것을 문화유산이라고 합니다.

3 수원 화성은 조선 정조 때 지어진 건축물로서 유형 문화유산입니다.

4 경주 동궁과 월지에 대한 설명입니다.

5 향교는 지방의 교육을 담당하던 곳으로 이를 통해 우리 조상들이 교육을 중시하였다는 것을 알 수 있습니다.

6 신라에서는 첨성대를 만들어 하늘의 별을 관찰하고 연구하던 시설이었습니다.

7 첨성대에서 하늘의 별을 관찰함으로써 기후를 알게 되어 농사짓는 데 도움이 되었습니다.

8 화랑도 체험 활동을 통해 우리 조상들의 무예와 용감함을 느낄 수 있을 것입니다.

9 체육공원은 여가를 보내거나 운동을 할 때 찾아가는 곳입니다.

10 문화유산의 이름을 알고 있는 경우에는 통합 검색에서 문화유산의 이름을 입력하고 검색 단추를 누르면 간단하게 찾아볼 수 있습니다.

11 검색창에는 찾고 싶어 하는 문화유산의 이름을 입력하여 검색할 수 있습니다.

12 우리의 문화유산인 마당놀이를 조사하는 데 있어서 어떻게 조사하는 것이 좋을지에 대해 회의를 하고 있습니다.

13 조사할 대상이 있는 현장에 가서 조사하는 것을 답사라고 합니다.

14 모둠원의 용돈 금액은 적을 필요가 없습니다.

15 답사를 하려면 문화유산의 모습을 찍을 사진기나 해설사의 말을 기록할 기록장 및 휴대 전화, 필기도구가 필요합니다.

16 먼저 답사의 목적을 정해야 하고, 답사의 장소와 날짜를 정합니다. 마지막에는 답사 결과를 정리하여 발표 자료를 만들어야 합니다.

17 몸짓으로 문화유산을 소개하기에는 적절하지 않습니다.

18 소개할 내용이나 역할 나누기에 적힌 내용을 보면 소개할 문화유산이 석굴암이라는 것을 알 수 있습니다.

19 민찬이와 은지가 석굴암에 대한 기사를 쓰는 역할을 담당한 것으로 보아, 문화유산의 소개 방법이 신문 만들기라는 것을 유추할 수 있습니다.

20 이외에도 모둠원 모두의 역할이 잘 드러나야 합니다.

2회 실력을 쌓아요

1 ①, ③ **2** ③ **3** ① **4** 누비 **5** (1) 불국사 (2) 석굴암 **6** 예 부모님께 효도하는 마음을 중요하게 여겼음을 알 수 있다. **7** ③ **8** ③ **9** 예 문화재청이나 시·구청 누리집을 방문한다. **10** ② **11** ㉡ **12** ② **13** 예 문화유산이 기억에 오래 남고 흥미로울 것이다. **14** 답사 목적, 답사 내용 등 **15** ⑤ **16** ② **17** ③ **18** ⑤ **19** ④ **20** 예 소개 자료를 꾸미는 데 너무 많은 시간이 걸리지 않도록 한다.

풀이

1 문화유산은 우리 조상 대대로 내려온 문화 중에서 다음 세대에 물려줄 만한 가치가 있는 문화적 전통을 말하는데, 여기에는 유형 문화유산과 무형 문화유산도 있습니다.

2 가야금 병창은 직접 가야금을 연주하면서 노래나 판소리의 한 부분을 부르는 전통 예술로서 무형 문화유산입니다.

3 향교는 지방의 교육을 담당했던 교육 기관입니다.

4 누비는 두 겹의 천 사이에 솜을 넣어 꿰매는 손바느질로서, 튼튼하고 따뜻한 옷을 만들어 입을 수 있었습니다.

5 김대성이 현생의 부모님을 위해 불국사를 지었고, 전생의 부모님을 위해 석굴암을 지었다고 하였습니다.

6 김대성이 더 이상 사냥을 하지 않겠다고 한 것과 부모님을 위해서 불국사와 석굴암을 지은 것을 통해 알 수 있습니다.

7 경주 세계 문화 엑스포를 통해 신라의 천 년 역사를 세계에 알리고 우리나라와 세계 문화의 다양한 모습을 알고 배울 수 있습니다.

8 각종 행사를 열어서 문화유산을 알리는 것이 가장 적절할 수 있습니다.

9 이외에도 문화유산을 답사하거나 박물관이나 고장의 문화원을 찾아 문화 관광 해설사와 면담하는 방법도 있습니다.

10 경복궁은 서울에 있는 조선 시대의 궁궐입니다.

11 성덕 대왕 신종이 있는 곳은 경상북도 경주시 일정로 186, 국립 경주 박물관에 있습니다.

12 민찬이네 모둠은 직접 현장을 찾아가 석굴암을 보고 조사하기로 하였습니다.

13 "석굴암을 직접가서 본다면 기억에 오래 남고 흥미로울 거야."라는 말이 곧 답사의 좋은 점을 말한 것입니다.

14 이밖에도 답사 방법, 주의할 점, 역할 나누기 등이 들어갑니다.

15 모형 만들기는 소개할 문화유산의 특징이 잘 드러나도록 소개하는 방법입니다.

16 이미 진위 여부를 살펴서 문화유산으로 지정된 것이기 때문에 진짜인지 살펴볼 필요가 없습니다. 그리고 문화유산은 가격을 매길 수 없는 것이기 때문에 가격에 대해 알아볼 필요가 없습니다.

17 우리 문화유산을 공연의 형태로 보여주는 것은 동영상으로 찍어서 소개하는 것이 효과적입니다.

18 우리의 문화유산에 대해 각자 맡은 기사를 쓴 후 자료를 모아서 만든 신문입니다.

19 석굴암을 만든 사람의 이름은 신문에 나와 있지 않습니다.

20 소개할 문화유산의 특징이 잘 드러나도록 소개 자료를 만들고, 각자 많은 역할을 해야 합니다.

1회 탐구 서술형 평가

72~73쪽

1 (1) ⑩ 화살통을 만드는 전통장, 화살을 담아서 가지고 다니는 화살통으로 화살을 잘 보관해 전쟁을 하거나 사냥할 때 사용하였다.
(2) ⑩ 우리 조상들의 화살통 만드는 기술이 발달하였음을 알 수 있다.

2 종목: 국보 제 20호, 소재지: 경북 경주시 불국로 385, 불국사, 시대: 통일 신라, 특징: ⑩ 다보탑은 그 층수를 헤아리기가 어렵다. 십(十)자 모양 평면의 기단에는 사방에 돌계단을 마련하고, 8각형의 탑신과 그 주위로는 네모난 난간을 돌렸다.

3 (1) ⓛ → ⓔ → ⓜ → ⓒ → ⓖ → ⓑ
(2) ⑩ 관찰하기, 설명 듣기, 면담하기

4 (1) ⑩ 석굴암의 특징과 석굴암에 대한 다양한 의견이 있다.
(2) ⑩ 소개 자료를 그림, 만화, 광고 등 다양한 방법으로 소개할 수 있다.

풀이

1 (1) 화살을 담아 두었던 화살통으로 우리의 문화유산

입니다.
(2) 정교하면서도 아름답게 만들어진 화살통을 보면 우리 조상들의 화살통 만드는 기술이 발달하였음을 알 수 있습니다.

> **상** 문화유산이 의미와 특징을 알고 있습니다.

> **중** 문화유산 특징에 대해 일부 잘못 알고 있습니다.

> **하** 문화유산에 대해 알지 못합니다.

2 '경주 불국사 다보탑'이라고 검색창에 입력을 해서 검색을 하면 다보탑에 대한 설명이 자세히 나옵니다. 그 내용을 토대로 표를 완성합니다.

> **상** 고장의 문화유산을 누리집에서 찾아 정리하는 방법을 알고 있습니다.

> **중** 고장의 문화유산을 누리집에서 찾아 정리하는 방법을 일부 알고 있습니다.

> **하** 고장의 문화유산을 누리집에서 찾는 방법을 알지 못합니다.

3 (1) 먼저 답사 목적을 정하고 답사할 장소와 날짜를 정합니다. 그런 후 답사 장소에서 조사할 내용, 답사 방법과 준비물을 정합니다. 답사를 한 후에는 답사 결과를 정리해서 발표 자료를 만듭니다.
(2) 이외에도 사진 찍기, 그림 그리기 등이 있습니다.

> **상** 고장의 문화유산 답사는 어떤 과정으로 이루어지는지 알고 있습니다.

> **중** 고장의 문화유산 답사 과정을 일부 잘못 알고 있습니다.

> **하** 고장의 문화유산 답사 과정을 전혀 알지 못합니다.

4 (1) 신문의 왼쪽에는 석굴암의 특징이 나와 있고 오른쪽에는 석굴암에 대한 다양한 의견들이 실려 있습니다.
(2) 신문으로 문화유산을 소개할 경우에는 그림, 사진, 만화, 광고 등을 이용하여 소개할 수 있는 좋은 점이 있습니다.

> **상** 고장의 문화유산을 다양한 방법으로 정리해서 소개할 수 있습니다.

중 고장의 문화유산을 정리해서 소개한 내용이 부족합니다.

하 고장의 문화유산을 소개하는 방법을 알지 못합니다.

1회 단원 평가 (연습) 74~76쪽

1 ④ 2 ② 3 종로 4 ⑤ 5 ③ 6 ④ 7 ④
8 ① 9 ③ 10 ② 11 예 옛이야기로 고장의 자연환경이나 옛날 사람들의 생활 모습을 알 수 있다.
12 독도 13 ⑤ 14 ② 15 예 우리 조상들은 교육을 중요시하였다. 16 탈춤 17 경주 양동 민속마을 18 ③ 19 (1) ㉡ (2) ㉢ (3) ㉠ 20 ⑤

풀이 ▶

1 고려말에 충신이었던 정몽주의 호가 '포은'입니다.
2 용인시에서 '포은'과 관련된 이야기가 전해 내려오기 때문에 축제명이나 공연장 건물에 '포은'이라는 이름을 사용하고 있습니다.
3 옛날에 시각 알려 주는 종이 있는 거리를 종로라고 불렀습니다.
4 경상도에서 서울로 올라가거나 전라도에서 서울로 올라가는 길이 천안에서 만난다고 한 것에서 알 수 있습니다.
5 경상도와 전라도에서 서울로 올라 가려면 이곳 천안을 거쳐 가야 하기 때문에 교통의 중심지라고 말할 수 있습니다.
6 '안성맞춤'이라는 말이 생겨난 배경을 들어 안성에는 유기를 만드는 사람이 많았다고 합니다.
7 북한강과 남한강의 두 물줄기가 만나서 합쳐진다고 해서 '두물머리'라고 불렀습니다.
8 얼음골은 초여름에 얼음이 얼기 시작해 한여름에도 얼음이 생긴다고 하여 붙여진 이름이기 때문에 자연환경과 관련이 있습니다.
9 '기와말'은 그 지역에 기와를 굽던 큰 가마터가 있어서 붙여진 지명이고, '말죽거리'는 서울을 오가는 사람들이 말에게 죽을 끓여 먹인 곳이라고 해서 붙여진 지명입니다.
10 경기도 성남시 복정동은 기와를 굽던 큰 가마터가 있었기 때문에 '기와말'이라고 불렀습니다.
11 전해 내려오는 옛이야기로 고장의 역사적인 유래와

특징을 알 수 있다.
12 섬 전체가 바위로 되어 있다고 하여 '돌섬', 바다에 외롭게 솟아 있다는 뜻의 '독섬'을 한자로 '독도'라고 표기했다고 합니다.
13 조사 계획서를 작성할 때 조사 비용까지 넣을 필요는 없습니다.
14 경주 불국사에 있는 다보탑입니다.
15 향교는 지방의 교육을 담당하던 곳으로 우리 조상들이 교육을 중시하였다는 것을 알 수 있습니다.
16 제시된 글에서 설명하는 것은 탈춤에 대한 설명입니다.
17 많은 문화유산을 간직하고 있어 마을 전체가 문화재로 지정되었으며, 2010년 안동 하회 마을과 함께 유네스코 세계 문화유산에 등재 되었습니다.
18 한복 입고 떡메 치기 행사나 체험 활동 등으로 문화유산을 보존하기 위해 노력하고 있습니다.
19 다양한 내용을 소개하기 위해서는 신문 만들기가 효과적이고, 공연 모습을 소개하기 위해서는 동영상이 효과적입니다. 그리고 많은 종류의 문화유산을 소개하기 위해서는 책자가 효과적입니다.
20 소개 계획서에는 소개할 문화유산, 소개할 내용, 소개 방법, 역할 나누기, 준비물 등이 들어가야 하고 담임선생님 이름은 굳이 들어가지 않아도 됩니다.

2회 단원 평가 (기출) 77~79쪽

1 ② 2 ⑤ 3 예 지역에 내려오는 이야기로 고장을 알리기 위해서이다. 4 ③ 5 ① 6 ③ 7 ②
8 ① 9 ④ 10 ② 11 ③ 12 예 물이 고이는 샘이 있기 때문이다. 13 ⑤ 14 ④ 15 ④ 16 ①
17 ④ 18 ④ 19 ⑤ 20 책자 만들기, 그림 그리기, 신문 만들기, 뉴스 만들기, 모형 만들기 등

풀이 ▶

1 얼음 창고를 '빙고'라고 하는데, 서쪽에 있는 얼음 창고를 '서빙고'라고 하였습니다.
2 조선 시대의 왕인 정조가 이곳에 장승 한 쌍을 만들어 세우게 하여 장승배기라는 이름이 붙여졌습니다.
3 예산의 옛이야기로 옛날 사람들의 생활 모습을 알리려고 한 까닭도 있고, 좋은 이야기로 교훈을 얻으려는 까닭도 있을 것입니다.

4 조선 시대에 큰길로 말을 타고 가는 양반을 피하기 위해 좁은 길로 돌아갔는데, 그 좁은 길을 일컬어 '피맛골'이라고 불렀습니다.

5 '피맛골'은 말을 피하는 곳이라는 뜻입니다.

6 '안성맞춤'은 품질이나 모양이 딱 들어맞는다는 뜻으로 사용됩니다.

7 '안성맞춤'이라는 말이 생겨난 배경을 들어 안성에는 유기를 만드는 사람이 많았다고 합니다.

8 얼음골은 초여름에 얼음이 얼기 시작해 한여름에도 얼음이 생긴다고 하여 붙여진 이름입니다.

9 이 지역은 서울을 오가는 사람들이 말에게 죽을 끓여 먹인 곳이라고 하여 '말죽거리'라고 하였습니다.

10 '얼음골'은 한여름에도 얼음이 생긴다고 붙여진 이름인데, 이 지명을 통하여 그 지역의 자연환경을 알 수 있습니다.

11 이어도는 제주의 마라도에서 서남쪽으로 149km 떨어진 곳에 있는 우리나라 최남단에 있는 암초인데, 해양 과학 기지가 있는 곳입니다.

12 독도에는 물이 고이는 샘이 있어서 '물골'이라고 불리는 곳이 있습니다.

13 조사 주제, 조사 방법, 준비물, 주의할 점 등을 생각해 보아야 합니다.

14 어느 나라의 전통 문화이더라도 그 가치면에서 우월하다거나 열등하다고 말할 수 없습니다. 세계 어느 나라의 문화유산도 동등하게 가치가 있는 것입니다.

15 누비는 두 겹의 천 사이에 솜을 넣어 꿰매는 손바느질로 튼튼하고 따뜻한 옷과 이불을 만들어 입거나 덮기 위해서입니다.

16 탈춤에는 가난한 백성들이 못된 양반을 혼내거나 비웃는 내용이 많이 나오기 때문에 보면서 가슴속에 맺힌 불만이나 한이 풀어지는 것 같아 시원하고 후련한 마음이 들었을 것입니다.

17 문화 민족이라는 자부심을 가지고 외래문화에 기죽지 않기 위해서 우리 문화유산을 보존할 필요가 있습니다. 게다가 우리 문화유산을 잘 보존하면 새로운 문화를 창조하는 데 많은 도움이 됩니다.

18 석굴암에 대한 자료를 수집할 수 있는 역할을 해야 합니다. 따라서 석굴암의 다양한 모습을 사진으로 찍어 두는 것이 좋습니다.

19 답사가 끝난 후에는 마지막으로 답사 결과를 정리하여 발표 자료를 만들어야 합니다.

20 소개 자료의 특징이 잘 드러나도록 소개할 내용과 방법을 정해야 합니다.

3회 단원 평가 실전   80~82쪽

1 ②   **2** ①, ③   **3** 예 고장에 얼음 창고가 있었다는 것을 알 수 있다.   **4** ②   **5** ④   **6** ③   **7** ④   **8** 천안 삼거리   **9** ③   **10** ③   **11** ⑤   **12** ④   **13** 첨성대   **14** ⑤   **15** ④   **16** (1) ㉡ (2) ㉠   **17** ①   **18** ②   **19** ④   **20** ⑤

풀이

1 포은 정몽주 선생의 고향은 경북 영천이었고, 개경에 있던 선생의 묘를 고향으로 옮기는 과정에서 명정이 떨어진 자리에 무덤을 만들었는데 그곳이 용인입니다.

2 포은 선생은 뛰어난 학자여서 그의 업적을 본받기 위해서일 수도 있고, 그런 선생의 호를 따서 각종 이름을 붙이는 것이 용인시를 널리 알리기도 좋았을 것입니다.

3 '서빙고'는 서쪽에 있는 얼음 창고라는 뜻인데, 고장에 얼음 창고가 있었다는 것을 알 수 있습니다.

4 피맛골은 종로 큰길에서 골목으로 들어가야 있습니다.

5 옛이야기로 옛날 고장의 크기나 인구수는 알 수 없습니다.

6 탄천이라는 이름의 유래를 알 수 있습니다.

7 냇가를 숯내로 부르기 시작했고, 이를 한자 이름으로 옮겨 놓은 것이 탄천입니다.

8 천안은 당시 경상도와 전라도에서 서울로 올라가는 사람들이 만나는 교통의 요충지였습니다.

9 경상도에서 서울로 올라가던 능소와 전라도에서 과거 시험을 보러 서울로 올라가던 박현수가 천안에서 머물렀다는 것으로 천안이 서울로 올라가는 길목에 있음을 알 수 있습니다.

10 안성은 예로부터 뛰어난 유기를 만드는 사람이 많았습니다.

11 그 지역에 오래 사신 분이나 지역을 잘 알고 있는 분께 여쭈어보는 것이 좋습니다.

12 누비는 두 겹의 천 사이에 솜을 넣어 꿰매는 손바느질이기 때문에 주로 겨울에 입었습니다.

13 신라에서는 첨성대를 만들어 하늘의 별을 관찰하고 연구하던 시설이었습니다.

14 탈춤에는 가난한 백성들이 못된 양반을 혼내거나 비웃는 내용이 많이 나옵니다.

15 각종 문화유산 행사를 통해서 조상들의 지혜를 배우고 우리 문화유산의 소중함을 알 수 있습니다.

16 궁금한 것을 알아보는 방법 중에는 면담과 답사가 있는데, 답사는 현장을 직접 방문하여 조사하는 것이고, 면담은 관련자를 만나서 이야기를 들어보는 것입니다.

17 박물관이나 문화원을 방문하여 찾아볼 수도 있고, 문화유산 안내도를 활용할 수도 있습니다.

18 답사 장소란에 적혀 있는 내용을 보면 어디를 답사하는지 알 수 있습니다.

19 답사할 사람의 이름은 들어가지만 부모님의 이름은 넣을 필요는 없습니다.

20 문화 관광 해설사의 설명이 끝나기를 기다렸다가 궁금한 점이 있으면 물어보아야 합니다.

---

3 교통과 통신 수단의 변화

① 교통수단의 발달과 생활 모습의 변화

개념을 확인해요
85~87쪽

1 땅 **2** 돛단배 **3** 동물 **4** 증기선 **5** 비행기
6 전기 **7** 과학 기술 **8** 트럭 **9** 고속 열차 **10** 30 **11** 주유소 **12** 휴게소 **13** 공항 **14** 관제탑 **15** 유조선 **16** 배 **17** 지프 택시 **18** 케이블카 **19** 관광 **20** 구조

개념을 다져요
88~89쪽

1 (1) 가마, 당나귀, 말 (2) 돛단배, 뗏목 **2** ④ **3** ⑤ **4** ④ **5** ① **6** ③ **7** ⑤ **8** (1) ㉡ (2) ㉠

풀이

1 가마, 당나귀, 말은 땅에서 사람이 이동할 때 이용한 교통수단이고, 돛단배, 뗏목은 물에서 이용한 교통수단입니다.

2 옛날의 교통수단은 환경을 오염시키지 않는 좋은 점이 있으나 환경의 영향을 많이 받는다는 불편한 점이 있습니다.

3 해외로 출장을 갈 때에는 주로 가장 빠른 교통수단인 비행기를 이용합니다.

4 오늘날 사람들이 이용하는 교통수단은 대부분 기계의 힘을 이용한 것들입니다.

5 서울에서 부산까지 걸어가면 약 30일이 걸립니다.

6 증기 기관차는 기계의 힘을 이용한 초기의 교통수단으로 오늘날에는 볼 수 없는 것입니다.

7 산이 많고 지대가 높은 지역이나 겨울에 눈이 많이 내리는 지역에서는 안전을 위해서 지프 택시가 필요합니다.

8 시내 관광버스, 관광 열차는 관광을 위한 교통수단이고, 해상 구조 보트나 산악 구조 헬리콥터는 구조를 위한 교통수단입니다.

더 알아볼까요!

> **사람들이 이용하는 교통수단이 서로 다른 까닭**
> • 교통수단을 이용하는 목적이 다릅니다.
> • 고장에 따라 자연환경이 다릅니다.

1회 실력을 쌓아요
90~92쪽

1 ④ **2** ③ **3** ② **4** ⑤ **5** 예 옛날에는 기차가 없었기 때문이다. **6** ⑤ **7** ② **8** 예 어머니께서 버스를 타고 장을 보고 오신다. 지하철을 타고 삼촌 댁에 다녀왔다. **9** ③ **10** ④ **11** ⑤ **12** ① **13** ④ **14** ② **15** ① **16** ② **17** ④ **18** ② **19** ① **20** ⑤

풀이

1 자전거는 옛날에는 없었던 교통수단입니다.

2 소달구지는 옛날에 물건을 옮길 때 이용한 교통수단입니다.

3 옛날에 사람들이 이동할 때 이용한 교통수단이라는 공통점이 있습니다.

4 옛날의 교통수단은 자연에서 구하기 쉬운 재료로 만든 것들입니다. 그리고 화석 연료를 사용하지 않기 때문에 환경이 오염되지 않는다는 좋은 점이 있습니다.

5 옛날 사람들은 교통수단으로 말이나 가마 등을 이용하였으며 그 시대에는 기차가 있지 않았습니다.

6 증기선과 비행기는 사람이나 동물의 힘을 빌리지 않

고 기계의 힘을 이용해 이동할 수 있는 초기의 교통수단입니다.

7 제주도를 가기 위해서 공항에서 이용하는 교통수단은 비행기입니다.

8 교통수단을 이용해서 어디에 다녀온 경험이나 주위 사람들이 교통수단을 이용하는 모습을 생각하며 쓰도록 합니다.

9 해외로 출장을 갈 때에는 비행기를 주로 이용합니다.

10 옛날에 비해 교통수단이 다양해졌고, 기계의 힘을 이용하는 특징이 있습니다.

11 글쓴이의 가족은 할머니 생신 잔치를 위해 고속 열차를 타고 부산에 다녀왔습니다.

12 옛날에는 서울에서 부산까지 오는 데 하루가 걸렸다는 말씀을 통해 과거의 생활 모습을 예상할 수 있습니다.

13 옥외 광고판은 교통 관련 시설물이 아닙니다.

14 비행기로 물건을 나르면 먼 나라까지 물건을 빠르게 실어 나를 수 있는 좋은 점이 있습니다. 그러나 배로 나르는 것보다 비용이 비쌀 수 있습니다.

15 교통이 발달함으로써 사람들의 활동 범위가 더욱 넓어졌습니다.

16 경운기는 주로 농촌 지역에서 짐을 나르거나 논과 밭을 갈 때 이용하는 교통수단입니다.

17 모노레일은 가파른 곳에서 철길을 이용하여 수확한 농작물을 운반하기 편리한 교통수단입니다.

18 울릉도에는 산이 많고 지대가 높아 겨울에 눈이 많이 와서 안전한 차가 필요합니다.

19 갯배는 가까이 보이지만 바다 건너 있는 마을로 건너갈 때 이용하는 교통수단입니다.

20 자율 주행 자동차는 인공 지능을 갖춘 자동차로서 운전자가 운전하지 않아도 목적지까지 이동하게 해 주는 교통수단입니다.

2회 실력을 쌓아요

1 ② **2** ① **3** 예 자연에서 쉽게 구할 수 있는 재료를 사용한다. 환경을 오염시키지 않는다. **4** ③ **5** ⑤ **6** ⑤ **7** ① **8** 정순 **9** ④ **10** ③ **11** ② **12** 휴게소, 졸음 쉼터 등 **13** ⑤ **14** ⑤ **15** 예 길이 가파르고 겨울에 눈이 많이 오는 지역에서 많이 이용한다. **16** ③ **17** (가) ⓒ (나) ⓛ **18** ⑤ **19** ④ **20** ④

풀이

1 옛날 사람들은 가마, 말, 당나귀, 돛단배, 뗏목 등을 교통수단으로 이용하였습니다.

2 옛날 사람들은 주로 말, 소, 당나귀를 교통수단으로 이용하였습니다.

3 교통수단으로 이용하는 것들은 자연에서 구하기 쉬운 재료로 만든 것입니다. 그리고 화석 연료를 사용하지 않았기 때문에 환경이 오염되지 않는다는 좋은 점이 있습니다.

4 증기선은 증기 기관으로 움직이는 배로서 기계의 힘을 이용한 초기의 교통수단입니다.

5 전차는 일제 강점기에 경성 전차로 불리면서 1960년대까지 운행하였지만 지금은 운행하지 않습니다.

6 과학 기술이 발달하면서 전차, 증기선, 비행기와 같은 교통수단이 나타났고, 이들을 이용하면서 더 쉽고 빠르게 먼 곳으로 갈 수 있게 되었습니다.

7 제주도에서 마라도까지는 다리가 놓여져 있지 않고, 또 그곳에 가는 비행기도 없기 때문에 배를 이용해서 갈 수 밖에 없습니다.

8 물건을 싣거나 이삿짐을 나를 때에는 주로 트럭을 이용합니다.

9 석탄은 기술이 발달한 초창기에 증기 기관을 이용한 교통수단의 연료로 사용되었습니다.

10 과학 기술이 발달함에 따라 교통수단도 발달하게 되었습니다.

11 서울에서 부산까지 비행기로 갈 경우에는 1시간이면 도착할 수 있습니다.

12 고속 도로를 지나다가 피곤하거나 졸릴 경우에는 고속 도로 휴게소나 졸음 쉼터에서 잠시 쉬었다가 갈 수 있습니다.

13 고속 도로는 자동차를 이용할 때 필요한 시설입니다.

14 화물선과 화물 열차는 무겁고 많은 짐을 운반할 때에 이용하는 교통수단입니다.

15 지프 택시는 눈길을 잘 다니고 안전하기 때문에 산이 가파른 고장에서 많이 이용합니다.

16 농촌 지역에서는 물건을 나르거나 밭갈기, 약 뿌리기 등을 할 때 경운기를 주로 이용합니다.

17 케이블카를 이용하면 쉽게 산을 오를 수 있고, 몸이 불편한 사람도 산에 오를 수 있습니다.

18 산악 구조 헬리콥터나 해상 구조 보트는 위험한 상황에서 사람들을 구조하는 데 이용하는 교통수단입니다.

19 석유를 연료로 하여 움직이는 자동차는 지금의 자동차로 미래에는 물이나 수소, 전기로 움직이는 자동차를 이용하게 될 것입니다.

20 미래에는 인공 지능을 갖춘 자동차가 스스로 운전해 목적지까지 이동하므로, 운전 미숙이나 졸음운전으로 인한 사고를 막을 수 있습니다.

1회 탐구 서술형 평가

96~97쪽

1 (1) 예 사람이나 가축의 힘을 이용하거나 자연의 힘을 이용하였다.
(2) 예 이동할 때 시간이 많이 걸린다. 여러 사람이 함께 이용할 수 없다.
2 (1) 예 사람이나 동물의 힘을 이용하지 않고 기계의 힘을 이용하여 움직인다.
(2) 예 더 쉽고 빠르게 먼 곳으로 갈 수 있게 되었다.
3 (1) 예 버스 → 지하철 → 비행기 → 승용차 → 배 순서로 이용했다.
(2) 예 집 근처에 있는 지하철역에서 지하철을 타고 서울역에 바로 가는 버스 정류장이 있는 곳까지 가서 버스를 탄다. 서울역에서 가서 고속 열차를 타고 부산역에 내린다. 부산역에서 시내버스를 타고 송도에 있는 삼촌 댁에 도착한다.
4 (1) ㉠ 예 친구들과 현장 체험 학습을 갈 때 이용한다. ㉡ 예 이삿짐을 나를 때 이용한다.
(2) 예 과학 기술이 발달하였기 때문이다.

풀이

1 (1) 자연에서 손쉽게 구할 수 있는 재료를 사용하였다는 공통점도 있습니다.

(2) 힘이 많이 들거나 환경의 영향을 많이 받는 것도 불편한 점입니다. 그리고 많은 물건을 한 번에 옮길 수 없다는 단점이 있습니다.

상	옛날 사람들이 이용한 교통수단을 알고 있습니다.
중	옛날 사람들이 이용한 교통수단을 일부 알고 있습니다.
하	옛날 사람들이 이용한 교통수단을 알지 못합니다.

2 (1) 전차와 증기선은 각각 전기와 수증기를 이용하여 동력을 얻어 움직이는 교통수단입니다.
(2) 기계의 힘을 이용하여 움직이는 전차와 증기선을 이용함으로써 사람들은 옛날에 비해 더 쉽고 빠르게 먼 곳으로 갈 수 있게 되었습니다.

상	교통수단의 발달로 달라진 생활 모습을 설명할 수 있습니다.
중	교통수단의 발달로 달라진 생활 모습에 대한 설명이 부족합니다.
하	교통수단의 발달로 달라진 생활 모습을 설명하지 못합니다.

3 (1) 도윤이네 가족이 이용하는 교통수단을 열거하면서 이용한 교통수단을 쓰면 됩니다.
(2) 먼 곳에 살고 있는 친척 집을 방문한 기억을 되살려 어떤 교통수단을 이용하였는지 과정대로 설명합니다.

상	교통수단을 이용하는 방법을 잘 알고 있습니다.
중	교통수단을 이용하는 방법을 일부 잘못 알고 있습니다.
하	교통수단을 이용하는 방법을 전혀 알지 못합니다.

4 (1) 버스는 많은 사람을 태우고 먼 곳을 갈 때 이용하는 교통수단이고, 트럭은 짐을 나를 때 이용하는 교통수단입니다.
(2) 과학 기술이 발달하지 않았다면 교통수단도 발달하지 못하였을 것입니다.

상	교통수단별로 이용하는 목적과 특징을 알고 있습니다.

중	교통수단별로 이용하는 목적과 특징을 일부 잘못 알고 있습니다.
하	교통수단별로 이용하는 목적이 다르다는 것을 알지 못합니다.

2회 탐구 서술형 평가

98~99쪽

1 (1) **예** 하루 만에 서울에서 부산에 계신 할머니를 찾아뵙고 점심을 먹은 후 다시 서울로 올라 올 수 있었기 때문이다.

(2) **예** 집에서 나와 전차가 다니는 대로변까지 걸어서 전차를 타고 서울역에 간다. 서울역에서 하루에 몇 편 운행하지 않는 증기 기관차를 타고 약 17시간을 달려 부산에 도착한다.

2 (1) ㉠ 주유소, 휴게소, 졸음 쉼터 등 ㉡ 철길, 기차역 등

(2) **예** 사람이 점점 많아지고, 다른 지역으로 갈 수 있는 길이 많아진다.

3 (1) ㉠ 모노레일 ㉡ 지프 택시 ㉢ 갯배 ㉣ 카페리

(2) ㉠ **예** 가파른 길을 오르내리거나 농작물을 수확해 운반할 때 이용한다. ㉡ **예** 길이 가파르고 겨울에 눈이 많이 오는 지역에서 안전을 위해서 이용한다. ㉢ **예** 바다를 사이에 두고 떨어진 두 마을을 오갈 때 이용한다. ㉣ **예** 사람과 함께 자동차를 실어 섬이나 육지로 운반할 때 이용한다.

4 (1) **예** ㉠는 관광할 때 이용하는 교통수단이고, ㉡는 위험한 상황에서 사람들을 구조할 때 이용하는 교통수단이다.

(2) ㉠ **예** 관광 열차 ㉡ **예** 구조용 특수 소방차

풀이

1 (1) 옛날 같으면 서울에서 부산으로 볼일을 보고 돌아오려면 1박 2일이 걸렸으나, 교통수단의 발달로 하루 만에 할 수 있습니다.

(2) 초기의 교통수단은 전차나 증기 기관차가 있었습니다. 그것을 이용하는 모습을 상상하여 쓸 수 있습니다.

상	교통수단의 발달로 달라진 생활 모습을 설명할 수 있습니다.
중	교통수단의 발달로 달라진 생활 모습을 일부 잘못 알고 있습니다.
하	교통수단의 발달로 달라진 생활 모습을 알지 못합니다.

2 (1) 자동차와 관련된 시설에는 교통 표지판, 도로, 큰 다리, 터널 등이 있고, 철도와 관련된 시설은 철길, 지하철역, 기차역 등이 있습니다.

(2) 가게, 터미널 등 다양한 시설이 들어서 교통의 발달로 고장이 큰 도시로 발달하기도 합니다.

상	교통수단의 발달로 달라진 고장의 변화 모습을 설명할 수 있습니다.
중	교통수단의 발달로 달라진 고장의 변화 모습을 일부 잘못 알고 있습니다.
하	교통수단의 발달로 달라진 고장의 변화 모습을 설명하지 못합니다.

3 (1) 고장의 환경에 따라 사용하는 교통수단으로서 모노레일, 지프 택시, 갯배, 카페리입니다.

(2) 고장의 환경에 따라 그 고장에 맞는 교통수단이 있습니다.

상	고장의 환경에 따라 이용하는 교통수단을 알고 있습니다.
중	고장의 환경에 따라 이용하는 교통수단을 일부 잘못 알고 있습니다.
하	고장의 환경에 따라 이용하는 교통수단을 알지 못합니다.

4 (1) 관광할 때 이용하는 교통수단과 위험한 상황에서 사람을 구조할 때 이용하는 교통수단으로 구분할 수 있습니다.

(2) 관광하거나 구조할 때 이용하는 교통수단을 쓰도록 합니다.

상	관광하거나 구조할 때 이용하는 교통수단을 알고 있습니다.
중	관광하거나 구조할 때 이용하는 교통수단을 일부 알고 있습니다.
하	관광하거나 구조할 때 이용하는 교통수단을 전혀 알지 못합니다.

2 통신 수단의 발달과 생활 모습의 변화

개념을 확인해요
101~103쪽

1 통신 수단 **2** 편지 **3** 북 **4** 파발 **5** 길도우미 **6** 누리집 **7** 인터넷 **8** 과학 기술 **9** 화재 경보기 **10** 무선 전화 **11** 학교 **12** 화상 통화 **13** 수신호 **14** 마을 방송 **15** 인터폰 **16** 무전기 **17** 쪽지창(메신저) **18** 휴대 전화 **19** 스마트 **20** 사물 인터넷

개념을 다져요
104~105쪽

1 통신 수단 **2** ⑤ **3** ③ **4** ③, ⑤ **5** ④ **6** ② **7** 휴대 전화(스마트폰) **8** (1) ○ (2) ○ (3) ○ **9** 무전기

풀이

1 정보를 전달하기 위해 사용하는 방법이나 도구를 말합니다.

2 옛날 사람들은 소식을 알리려고 먼 곳까지 직접 가거나 편지를 보냈습니다. 그리고 글을 써서 벽에 붙여 많은 사람들이 볼 수 있게 하였습니다.

3 옛날 사람들은 적이 쳐들어오거나 위급한 상황이 발생했을 때 봉수, 북, 신호 연이나 새 등을 이용해 소식을 전했습니다.

4 오늘날에는 발달된 통신 수단을 사용하여 서로 소식을 전하거나 길을 찾기도 합니다.

5 오늘날에는 대부분 사람들이 직접 만나지 않고 통신 수단을 사용하여 소식을 전하는 경우가 많습니다.

6 칠판에 적으면서 수업하는 모습은 옛날의 수업 모습이므로 지금도 그런 모습이 있기는 하지만 다양한 디지털 자료를 활용하여 수업을 진행합니다.

7 휴대 전화(스마트폰)로 우리는 다양한 것들을 할 수 있습니다.

8 물속에서는 말을 하지 못하는 상황이므로 수신호를 사용하여 의사소통을 합니다. 농촌의 주택에서는 대부분 논과 밭에 사람들이 일을 하러 가기 때문에 마을 방송을 사용합니다. 아파트에서는 한 건물에 여러 집이 모여 있기 때문에 인터폰을 사용하면 효과적입니다.

9 경찰관들끼리는 주로 무전기를 사용하여 출동할 곳을 알려 줍니다.

1회 실력을 쌓아요
106~108쪽

1 통신 수단 **2** ③ **3** ⑤ **4** ② **5** ⑤ **6** ① **7** ④ **8** ② **9** 화재 경보기, 전화기 등 **10** ④ **11** ③ **12** ③ **13** ② **14** ④ **15** ⑤ **16** ④ **17** 예 아파트는 한 건물에 여러 집이 있어서 인터폰을 사용해 빠르고 편리하게 연락을 한다. **18** ③ **19** 예 119나 112에 자동으로 전화를 걸어 주는 기능이 있으면 좋겠다. **20** ①

풀이

1 휴대 전화, 인터넷, 우편 등을 통신 수단이라 합니다.

2 옛날 사람들은 직접 찾아가서 말로 전하거나 사람을 시켜 편지를 보내어 소식을 전했습니다.

3 옛날에는 소식을 알리기 위해 방을 붙여서 사람들이 볼 수 있게 하였습니다.

4 파발은 말을 타거나 걸어서 공문서나 긴급한 군사 정보를 신속하게 절달하기 위해 만든 통신 수단입니다.

5 봉수는 옛날 사람들이 위급한 상황을 알릴 때 이용한 통신 수단입니다.

6 옛날 사람들도 편지로 소식을 전하였고, 오늘날의 사람들도 편지로 소식을 전하고 있습니다.

7 오늘날의 통신 수단은 과학 기술이 접목된 전자 기기로 휴대 전화는 음성 통화뿐만 아니라 인터넷도 할 수 있습니다.

8 옛날 사람들은 파발을 띄워서 위급한 상황을 전하였고, 오늘날에는 파발을 띄워서 소식을 전하지는 않습니다.

9 화재가 나면 화재를 알리는 화재 경보기가 울리며 그리고 화재 상황을 전화기를 이용하여 신속하게 소방서에 알릴 수 있습니다.

10 유선 전화가 나온 후에 기술이 발달하여 무선 전화가 나왔습니다.

11 어떤 통신 수단을 이용하더라도 이용료를 내는 것은 예전이나 지금도 동일합니다.

12 오늘날에는 인터넷이나 휴대 전화, 텔레비전 홈 쇼핑 등을 이용해 집에서 물건을 살 수 있습니다.

13 삐삐는 직접 전화를 걸거나 메시지를 보낼 수 없기 때문에 공중전화를 이용해야 합니다.

14 밖에서 전화를 걸거나 문자를 보낼 수 있는 휴대 전화가 생겨났기 때문에 더 이상 삐삐는 사람들이 사용하지 않게 되어 거의 사용되지 않고 있습니다.

15 물속에서는 자유롭게 생각을 표현하기 어렵기 때문에 간단한 수신호를 정해 생각을 전합니다.

16 농촌의 주택에서는 집이 모여 있지 않고, 주민들이 논밭으로 농사를 지으러 가기 때문에 마을 방송을 사용해 연락을 전하는 것이 편리합니다.

17 학교에서도 인터폰을 이용하여 연락을 주고받기도 합니다.

18 경찰관, 소방관은 무전기를 가지고 출동해야 할 곳을 알려줍니다.

19 사고를 잘 대처할 수 있는 기능에 대해 생각해 봅니다.

20 연료 없이 움직이는 것은 무선 인터넷이 연결된 자동차의 모습과는 거리가 멉니다.

2회 실력을 쌓아요
109~111쪽

1 ⑨ 사람을 시켜 편지를 보냈다. **2** ⑤ **3** ④ **4** ① **5** ⑤ **6** ③ **7** ㉠ ⑨ 텔레비전 ㉡ ⑨ 스마트폰 ㉢ ⑨ 컴퓨터 **8** ② **9** ⑤ **10** ④, ⑤ **11** ③ **12** ⑤ **13** ② **14** 진우 **15** ④ **16** (1) 무선 마이크 (2) 휴대 전화 **17** ⑨ 사람들이 일을 더욱 빠르고 편리하게 처리하기 위해 하는 일에 맞는 통신 수단을 활용하기 때문이다. **18** 사물 인터넷 **19** ① **20** 스마트 카

풀이

1 직접 찾아가서 말로 전하기도 하였습니다.

2 옛날 사람들은 적이 쳐들어오거나 위급한 상황이 발생했을 때 북, 봉수, 연이나 새 등을 이용해 소식을 전했습니다.

3 인터넷은 옛날 사람들이 이용하던 통신 수단이 아닙니다.

4 파발은 옛날 사람들이 통신 수단을 이용하는 모습입니다.

5 과학 기술의 발달이 통신 수단의 발달을 가져왔습니다.

6 오늘날 통신 수단을 이용하면 정보를 실시간으로 빠르게 전할 수 있습니다.

7 집, 거리, 학교에서 사용한 통신 수단을 생각하여 써 봅니다.

8 ②는 회사에서 메신저를 사용해 일을 하고 화상 회의를 할 수 있습니다.

9 무선 호출기는 예전에 많이 사용한 통신 수단이지만 지금은 거의 사용하지 않고 있습니다.

10 ①과 ②는 교통수단이 발달함으로써 편리해진 점이라고 할 수 있습니다.

11 여름에 시원한 사무실에서 일하는 것은 냉방 기기를 활용하는 모습이라고 할 수 있습니다.

12 한때 열풍을 일으켰던 무선 호출기로 일명 '삐삐'라고 하는 통신 수단에 대한 설명입니다.

13 농촌의 주택에서는 집이 모여 있지 않고, 주민들이 논밭으로 농사를 지으러 가기 때문에 마을 방송을 사용하는 것이 편리합니다.

14 아파트에서는 한 건물에 여러 집이 있기 때문에 인터폰을 사용해 빠르고 편리하게 연락을 할 수 있습니다.

15 건설 현장에서는 무전기를 이용하여 일하는 사람들끼리 연락을 주고받습니다.

16 할인점 직원은 무선 마이크를 이용하여 물건을 판매하고 있고, 택시 기사는 휴대 전화를 통해서 손님의 부름 요청을 받고 있습니다.

17 일을 더욱 빠르고 편리하게 처리하기 위해서 그에 맞는 통신 수단을 사용해야 합니다.

18 인터넷은 다양한 사물에 적용되어 사람들의 생활을 더욱 편리하게 만들어 줍니다.

19 사물 인터넷이 발달하게 되면 멀리서도 집의 상태를 알 수 있고 병원에 가지 않아도 의사에게 진료를 받을 수 있습니다.

20 스마트 카는 인터넷이 연결되어 다양한 작업을 수행할 수 있는 자동차를 말합니다.

1회 탐구 서술형 평가

112~113쪽

1 (1) **예** 사람이 먼 곳까지 직접 가거나 편지를 보냈고, 글을 써서 붙이기도 하였다. (2) **예** 과학 기술이 발달하지 않았기 때문이다.
2 (1) ㉠ 편지 ㉡ 휴대 전화 ㉢ 텔레비전 ㉣ 길도우미
(2) ㉠ **예** 소식을 전할 때 이용한다. ㉡ **예** 약속을 정할 때 이용한다. ㉢ **예** 운동 경기를 시청할 때 이용한다. ㉣ **예** 길을 찾을 때 이용한다.
3 (1) ㉠ **예** 휴대 전화를 이용하여 물건을 산다. ㉡ **예** 화상 통화로 먼 곳의 사람과 회의를 한다.
(2) **예** 집에서 통신 수단을 이용해 다양한 여가 생활을 할 수 있게 되었다. 회사에서는 외국에 있는 사람과 쉽게 연락할 수 있게 되었다.
4 (1) **예** 농촌의 주택에서는 집이 모여있지 않고, 아파트는 한 건물 안에 여러 집이 있다.
(2) ㉠ **예** 마을 방송을 이용하여 연락을 한다. ㉡ **예** 인터폰을 이용해 연락을 한다.

풀이 ▶

1 (1) 사람이 직접 찾아가서 편지를 전하거나 방을 붙여서 여러 사람들이 볼 수 있게 하였습니다.
(2) 오늘날과 같이 과학 기술이 발달하지 않았기 때문에 사람이 직접 소식을 전달하는 방식으로 소식을 전하였습니다.

상	옛날 사람들이 이용한 통신 수단을 알고 있습니다.
중	옛날 사람들이 이용한 통신 수단을 일부 잘못 알고 있습니다.
하	옛날 사람들이 이용한 통신 수단을 알지 못합니다.

2 (1) 집배원이 편지를 배달하는 모습, 휴대 전화로 통화하는 모습, 텔레비전을 시청하는 모습, 길도우미를 이용하는 모습입니다.
(2) 이외에도 다양하게 이용할 수 있습니다.

상	오늘날 사람들이 이용하는 통신 수단을 알고 있습니다.
중	오늘날 사람들이 이용하는 통신 수단을 일부 잘못 알고 있습니다.
하	오늘날 사람들이 이용하는 통신 수단을 알지 못합니다.

3 (1) 가정에서 휴대 전화를 사용하여 물건을 구매하고, 회사에서 화상 통화로 회의를 하는 장면입니다.
(2) 이 밖에도 인터넷으로 영화를 예매할 수 있고, 실시간으로 운동 경기 중계를 볼 수도 있게 되었습니다.

상	통신 수단의 발달로 달라진 사람들의 생활 모습을 설명할 수 있습니다.
중	통신 수단의 발달로 달라진 생활 모습을 일부 잘못 알고 있습니다.
하	통신 수단의 발달로 달라진 생활 모습을 알지 못합니다.

4 (1) 농촌의 주택은 집들이 따로따로 분산되어 있지만, 아파트는 한 건물에 여러 세대가 있습니다.
(2) 농촌의 주택에서는 마을 방송을 이용해 동네의 일들을 알리고 있고, 아파트에서는 인터폰으로 경비실에서 각 가정에 연락을 합니다.

상	장소에 따라 달라지는 통신 수단을 알고 있습니다.
중	장소에 따라 달라지는 통신 수단을 일부 잘못 알고 있습니다.
하	장소에 따라 달라지는 통신 수단을 알지 못합니다.

1회 단원 평가 연습

114~116쪽

1 (1) 말, 가마 등 (2) 뗏목, 돛단배 등   2 ②   3 ②, ⑤   4 **예** 사람이나 동물의 힘을 이용하지 않고 기계의 힘을 이용하여 움직인다.   5 ②   6 ④   7 버스, 택시, 자동차 등   8 ③   9 ①   10 ③   11 ③   12 승용차   13 ③   14 경운기   15 ④   16 봉수   17 ③   18 **예** 컴퓨터를 이용해 자료를 주고받는다.   19 (1) ㉡ (2) ㉠   20 ③

풀이 ▶

1 이외에도 땅에서 이용한 교통수단에는 인력거, 소달구지 등이 있습니다.
2 당나귀는 사람들이 이동할 때 이용한 가축으로 장에 갈 때에 당나귀를 타고 갈 수 있습니다.

3 옛날의 교통수단은 자연에서 구하기 쉬운 재료를 사용하고 이용할 때 환경이 오염되지 않는다는 좋은 점이 있습니다.

4 과학 기술이 발달하면서 사람이나 동물의 힘을 빌리지 않고 기계의 힘을 빌려서 이동할 수 있는 교통수단입니다.

5 제주도에는 기차가 다닐 수 있는 철도가 없기 때문에 기차를 이용해서 관광을 할 수는 없습니다.

6 할머니 댁에 안부를 전할 때에는 휴대 전화를 사용합니다.

7 어디서나 버스, 자동차, 택시 등을 이용할 수 있고, 공항이나 부두가 있는 고장에서는 비행기나 배를 이용할 수 있습니다.

8 서울에서 부산에 가는 교통수단으로는 비행기, 고속 열차, 고속버스, 자동차 등이 있습니다.

9 고속 열차로는 서울에서 부산까지 2시간 40분밖에 걸리지 않기 때문에 고속 열차를 이용하면 빠르게 부산까지 갈 수 있습니다.

10 관제탑은 공항에서 비행기의 이착륙을 도와주는 시설입니다.

11 교통이 발달함으로써 사람들의 활동 범위가 더욱 넓어집니다.

12 우리나라 국민의 절반 이상이 이동할 때 승용차를 이용합니다.

13 승용차, 버스, 택시는 우리 주위에서 흔히 볼 수 있는 교통수단이면서 이용하는 데 비용이 많이 들지 않습니다.

14 경운기는 짐을 실어 나르거나 밭을 갈고 약을 뿌릴 때 이용하는 교통수단입니다.

15 누리 소통망 서비스는 오늘날에 이용하는 통신 수단입니다.

16 옛날 사람들은 전국의 주요 산 정상에 봉수대를 설치하여 횃불이나 연기의 개수에 따라 위급한 정도를 알렸습니다.

17 친구에게 문자를 보내서 알아볼 수도 있습니다.

18 직장에서는 컴퓨터를 이용하여 자료를 주고받을 수도 있습니다.

19 농촌의 주택에서는 집이 모여 있지 않고, 주민들이 논밭으로 농사를 지으러 가기 때문에 마을 방송을 사용하는 것이 편리하고, 아파트에서는 한 건물에 여러 집이 있기 때문에 인터폰을 사용해 빠르고 편리하게

연락을 할 수 있습니다.

20 미래에는 통신 수단이 더욱 발달하여 우리의 생활이 더욱 편리해질 것입니다.

2회 단원 평가 (기출) 117~119쪽

1 ④   **2** ⑤   **3** ③   **4** ④   **5 예** 사람들은 더 쉽고 빠르게 먼 곳으로 갈 수 있게 되었다.   **6** ⑤   **7** ②   **8** ③   **9 예** 고속 열차를 이용할 것이다. 비행기를 타고 가면 고속 열차보다 빠를 수는 있겠지만 고속 열차가 다른 교통수단에 비해 비교적 빠르면서도 안전하기 때문이다.   **10** ⑤   **11** ⑤   **12** ①   **13** ②   **14** ③   **15 예** 매연이 줄어들어 깨끗한 공기 속에서 생활할 수 있다.   **16** ⑤   **17** 상수   **18 예** 얼굴을 보면서 전화할 수 있다.   **19** ②   **20** ②, ④

풀이

1 말, 가마, 달구지, 인력거는 옛날 사람들이 땅에서 이용한 교통수단입니다.

2 소달구지나 수레는 물건을 옮길 때 사용한 교통수단입니다.

3 옛날의 교통수단은 연료로 움직이는 것이 아니기 때문에 연료비가 들지 않습니다.

4 전기의 힘으로 움직이는 전차, 수증기의 힘으로 움직이는 증기선, 바람을 이용해 하늘을 나는 비행기로 모두 기계의 힘을 이용한다는 공통점이 있습니다.

5 전차, 증기선, 비행기와 같은 교통수단이 나타나면서 사람들은 더 쉽고 빠르게 먼 곳으로 갈 수 있게 되었습니다.

6 제주도에 가기 위해서는 비행기나 배를 이용해야 합니다.

7 옛날의 교통수단은 사람의 힘이나 자연의 힘을 이용하였지만 오늘날의 교통수단은 기계의 힘을 이용합니다.

8 당나귀는 옛날 사람들이 이용했던 교통수단입니다.

9 소요 시간, 안전성, 이용료 등을 생각하여 원하는 교통수단을 말할 수 있습니다.

10 교통수단을 이용하기 위해서는 그것을 이용할 수 있는 시설물까지 가야 합니다.

11 컨테이너 부두, 여객선 터미널 등은 배와 관련된 시설물이 있는 곳입니다.

12 교통이 발달함으로써 사람들의 활동 범위가 더욱 넓어졌습니다.

13 울릉도는 산이 많고 지대가 높으며, 눈이 많이 내리기 때문에 안전하게 이동하기 위해서 지프 택시를 이용합니다.

14 시내 관광버스는 관광이나 여가를 위한 교통수단입니다.

15 전기 자동차는 화석 연료를 사용하지 않아 매연을 뿜지 않아서 깨끗한 공기를 마시며 생활할 수 있게 됩니다.

16 사람을 시켜 편지를 보내거나 많은 사람이 볼 수 있도록 글을 써서 벽에 붙였습니다.

17 옛날 사람들은 북을 크게 치거나 연기를 피우고, 연을 띄워서 위급한 상황을 알렸습니다.

18 휴대 전화가 나타남으로서 이동하면서 전화를 할 수 있고, 상대방의 얼굴을 보면서 전화할 수도 있게 되었습니다.

19 경호원, 소방관, 경찰관들은 자신들끼리 연락을 주고받을 수 있는 무전기를 주로 이용합니다.

20 목적지를 말하면 내가 운전을 하지 않아도 자동으로 데려다줍니다.

3회 단원 평가 실전

120~122쪽

1 ⑤   **2** ②   **3** ①   **4** ⑩ 도서관에 갈 때 이용한다. 자동차 없이 멀리 갈 때 이용한다.   **5** ③   **6** ④
7 선착장, 여객선 터미널 등   **8** ③   **9** ①, ⑤   **10** ④
11 ②   **12** 상수, 노호, 미선   **13** ④   **14** ③   **15** ①
16 ⑩ 엄마가 휴대 전화로 고속버스 표를 예매하신다.   **17** ③   **18** ⑤   **19** ①   **20** ①

풀이

1 옛날에는 하늘을 나는 비행기가 없었습니다.

2 전차는 1899년부터 1968년까지 서울 시내에서 운행하던 교통수단으로 옛날의 교통수단에 비해 많은 사람이 탈 수 있었습니다.

3 제주도에서 마라도까지 가려면 배를 이용해야 하며, 비행기나 다른 교통수단을 이용해서는 갈 수 없습니다.

4 버스는 학교에 가거나 출퇴근할 때 등 다양한 경우에 이용하는 교통수단입니다.

5 이 교통수단들은 속도가 빠르고 먼곳까지 많은 사람을 태우고 갈 수 있습니다.

6 걸어가면 30일쯤, 증기 기관차로 가면 17시간, 고속버스로 가면 4시간 30분, 고속 열차로는 2시간 40분, 비행기로는 1시간이 걸립니다.

7 배와 관련된 시설물에는 선착장, 여객선 터미널 등을 볼 수 있습니다.

8 직장인이 승용차를 이용하는 비율은 나타나 있지 않아 알 수가 없습니다.

9 모노레일은 가파른 길을 오르내리거나 농작물을 수확해 운반할 때 이용하며, 경운기 또한 무거운 농사 도구나 농산물을 운반할 때 이용합니다.

10 자전거, 패러글라이딩은 여가를 위한 교통수단입니다.

11 레일 자전거는 관광을 위한 교통수단입니다.

12 전기 자동차는 전기로 움직이기 때문에 화석 연료를 사용하지 않아 매연이 발생하지 않을 것입니다. 따라서 깨끗한 공기를 마시면서 생활할 수 있을 것입니다.

13 미래에는 자율 주행 자동차가 나와서 스스로 운전하여 사람들을 목적지까지 안전하게 데려다 줄 것입니다.

14 옛날에는 많은 사람들이 볼 수 있도록 글을 써서 벽에 붙였는데, 이를 '방을 붙인다'라고 합니다.

15 오늘날의 통신 수단을 이용하면 정보를 빠르고 실시간에 전할 수 있고, 한 번에 정보를 많이 주고받을 수 있습니다.

16 선생님께서 전자 우편을 보내는 모습도 오늘날 사람들이 통신 수단을 이용하는 모습입니다.

17 오늘날에는 회사에서도 메신저를 통해서 직원들 간에 연락을 주고받습니다.

18 휴대 전화가 생겨나면서 무선 호출기의 불편함 때문에 지금은 거의 사용하지 않게 되었습니다.

19 물속에서는 자유롭게 서로의 생각을 표현하기 어렵기 때문에 간단한 수신호를 정하여 서로의 생각을 전달합니다.

20 무선 인터넷이 연결된 스마트 카는 실시간으로 교통 상황을 판단하여 막히지 않는 길을 안내해 주고, 사고가 발생했을 때에는 사고 처리를 해 주는 곳에 자동으로 신호를 보내 주기도 합니다.

1회 100점 예상문제 126~128쪽

1 ② 2 ③ 3 ① 4 ② 5 ①, ⑤ 6 예 사람마다 보고 듣는 것뿐만 아니라 표현하는 방법이 다르기 때문이다. 7 인공위성 사진 8 ⑤ 9 ① 10 확대와 축소 기능, 이동 기능 11 ⑤ 12 ④ 13 ③ 14 ⑤ 15 기타 16 ④ 17 예 고장의 자연 환경에 따라 고장의 지명이 결정된다. 18 ㉠, ㉣ 19 ② 20 자료 찾아 붙이기

풀이 ▶

1 대호와 친구들은 우리 고장의 여러 장소들을 이야기하고 있습니다.
2 사진의 장소는 버스 터미널입니다.
3 숨기고 싶은 장소는 고장의 모습을 나타낼 장소로 알맞지 않습니다.
4 장소에 대한 느낌이나 생각은 사람마다 다를 수 있습니다.
5 서윤이와 형석이가 그린 고장의 모습에는 희망산과 주민 센터, 희망초, 희망고, 아파트가 모두 그려져 있습니다.
6 사람마다 생각이 다르고 보고 듣는 것뿐만 아니라 표현하는 방법도 다양합니다.
7 인공위성 사진은 아주 멀리서 찍었기 때문에 같은 위치에서 찍은 것처럼 보입니다.
8 디지털 영상 지도는 사람들이 생각하는 고장의 모습을 다 알 수는 없습니다.
9 디지털 영상 지도에는 게임 기능이 없습니다.
10 약속 장소를 정할 때는 확대와 축소 기능, 이동 기능을 이용합니다.
11 다른 곳으로 이동할 수 있는 곳이라는 주제에 알맞은 장소는 기차역, 버스 터미널 등입니다.
12 산, 강, 큰길 등의 밑그림만 그려진 지도를 백지도라고 합니다.
13 우리 고장 사람들만 알고 있는 곳은 우리 고장의 자랑할 만한 장소로 바르지 않습니다.
14 경기도 용인시에는 포은과 관련된 이야기가 전해 내려오기 때문입니다.
15 옛이야기를 통해 조상들의 생활 모습을 알 수 있습니다.
16 지명으로 옛날에 있었던 일이나 생김새 등과 관련이 있습니다.
17 지명을 통해 고장의 자연 환경을 알 수 있습니다.
18 두물머리와 얼음골 지명에서 그 지역의 자연환경을 알 수 있습니다.
19 말과 관련된 일을 했던 곳입니다.
20 자료 찾아 붙이기 방법을 활용해 우리 고장의 옛이야기를 소개하는 방법입니다.

2회 100점 예상문제 129~131쪽

1 ④ 2 ③ 3 ㉢ → ㉣ → ㉠ → ㉡ 4 ④ 5 예 상상 속의 장소가 아닌 고장의 실제 있는 장소들을 중심으로 내가 생각하는 고장의 모습을 그린다. 6 ② 7 ⑤ 8 창민 9 ② 10 ⑤ 11 ㉢ → ㉡ → ㉠ → ㉣ 12 ① 13 고장 안내도 14 ④ 15 예 옛이야기로 오늘날 고장의 유래나 특징을 알 수 있다. 16 천안 17 ⑤ 18 지명 19 ⑤ 20 ④

풀이 ▶

1 우리 고장의 장소를 찾을 때는 사진첩, 일기장 등을 살펴봅니다.
2 친구들이 경험한 우리 고장의 장소는 시장입니다.
3 우리 고장의 장소 알림판에 장소 카드를 붙여 완성합니다.
4 ㉠에 들어갈 우리 고장의 장소는 놀이터입니다.
5 고장의 모습을 그릴 때는 상상 속의 장소가 아니라 실제 장소를 그리고 학교나 집처럼 공통적인 장소를 그리면 친구들과 쉽게 우리 고장의 모습을 비교할 수 있습니다.
6 고장의 대한 생각이나 느낌은 각자의 경험에 따라서 다를 수 있습니다.
7 인공위성 사진은 인공위성에서 찍은 사진입니다.
8 디지털 영상 지도로 우리 고장의 전체적인 모습과 자세한 모습을 모두 볼 수 있습니다.
9 디지털 영상 지도의 이동 기능은 지도 안에서 원하는 위치로 이동할 수 있는 기능입니다.
10 사회과 부도 같은 종이 지도로는 디지털 영상 지도를 이용할 수 없습니다.
11 ㉢ → ㉡ → ㉠ → ㉣의 순서로 우리 고장의 주요 장소를 백지도에 나타냅니다.
12 우리 고장의 자랑할 만한 장소를 조사할 때 외국인에

게 물어보는 것은 바람직하지 않습니다.

13 안내도는 우리 고장의 전체적인 모습과 특징 및 자랑할 만한 장소를 한눈에 살펴 볼 수 있습니다.

14 서빙고동은 옛날에 얼음을 정하는 창고가 있어서 붙여진 이름입니다.

15 조상들의 생활 모습이나 고장의 자연환경을 알 수 있기 때문입니다.

16 천안 삼거리 노래에 대한 옛이야기입니다.

17 천안은 당시 경상도와 전라도에서 서울로 올라가는 사람들이 만나는 교통의 요충지였습니다.

18 우리 고장의 특징을 알 수 있는 지명에 대한 설명입니다.

19 말죽거리는 서울을 오가는 사람들이 말에게 죽을 끓여 먹인 곳이라고 해서 붙여진 이름입니다.

20 장승이 많은 고장의 이름으로 어울리는 것은 장승골, 장승마을, 장승배기 등이 있습니다.

③회 100점 예상문제
132～134쪽

1 문화유산　2 ㉠, ㉡　3 ⑤　4 ⑤　5 ④　6 ③
7 돛단배　8 ③　9 예 증기선을 이용해 이전보다 더 쉽고 빠르게 먼 곳으로 갈 수 있게 되었다.　10 ⑤　11 ②　12 ④　13 ③　14 ②　15 ②　16 ⑤
17 예 정보를 실시간으로 전달할 수 있다. 여러 사람과 동시에 연락을 할 수 있다.　18 ⑤　19 수신호
20 ①

풀이 ▶

1 조상대대로 내려온 문화 중에서 다음 세대에 물려줄 만한 가치가 있는 문화적 전통을 문화유산이라 합니다.

2 문화유산 중 무형 문화유산에 대한 설명입니다.

3 ㉠은 화살을 담는 긴 통을 만드는 전통장의 모습입니다.

4 문화유산 관련 책을 살펴보는 방법도 있습니다.

5 답사에 필요한 비용은 답사 계획서에 들어갈 내용으로 알맞지 않습니다.

6 찰흙, 지점토 등으로 모형을 만들어 소개할 수 있으며, 모형에 대한 안내 자료를 함께 만들어 소개합니다.

7 돛단배는 바람과 사람의 힘을 이용하여 움직입니다.

8 증기선은 자연의 힘을 이용하지 않고 기계의 힘을 이

용해 움직이는 배입니다.

9 교통수단이 발달하면서 더 많은 사람들을 더 먼 곳으로 보낼 수 있습니다.

10 과거를 보기 위해 부산에서 서울까지 걸어가는 모습은 옛날 사람들의 모습입니다.

11 관제탑은 비행기를 이용하면서 필요한 시설입니다.

12 지프 택시는 울릉도 같이 산이 많아 지대가 높고 겨울에 눈이 많이 오는 지역에서 안전하게 이동하기 위해서 사용하는 교통수단입니다.

13 관광 유람선, 시내 관광버스, 관광 열차, 레일 자전거 등은 고장을 관광할 때 이용하는 교통수단입니다.

14 전자 우편을 이용하여 소식을 전하는 모습은 오늘날에 볼 수 있는 모습입니다

15 옛날 사람들이 전쟁과 같은 위급한 상황에서 이용했던 통신 수단입니다.

16 말을 타고 소식을 전달하는 모습은 옛날 사람들이 통신 수단을 이용하는 모습입니다.

17 오늘날 사람들이 많이 사용하는 통신 수단은 많은 정보를 빠르게 여러 사람들에게 전달할 수 있습니다.

18 장소에 따라 통신 수단이 다르다는 것을 알 수 있습니다.

19 잠수부나 경매사 등은 수신호를 사용하여 생각을 전합니다.

20 전화교환원이 필요 없는 자동식 전화기는 미래의 생활 모습과 관련이 없습니다.

④회 100점 예상문제
135～137쪽

1 ③　2 ②　3 ⑤　4 ②　5 ③　6 ㉠ → ㉡ → ㉣ → ㉢ → ㉤　7 ②　8 제주도　9 ③　10 ④
11 ③　12 예 위험한 상황에서 사람들을 구조하기 위해서 만든 교통수단이다.　13 ①　14 ⑤　15 ③
16 ①　17 ㉠　18 ④　19 ④　20 ⑤

풀이 ▶

1 만 원짜리 지폐에 그려진 문화유산은 별을 관측하는 기구인 혼천의입니다.

2 게임기는 조상대대로 내려온 문화유산이 아닙니다.

3 탈춤을 통해 백성들은 가슴속에 맺힌 불만이나 한을 시원하게 표현했습니다.

4 탈춤, 전통장 문화유산은 무형 문화유산입니다.

5 고장의 문화유산과 관련된 여러 가지 행사로 조상들의 지혜를 배우고 우리 문화유산의 소중함을 알 수 있습니다.

6 ㉠→㉡→㉣→㉢→㉤의 순서로 문화유산을 답사하는 계획을 정합니다.

7 전차는 전기의 힘으로 움직이는 교통수단입니다.

8 도윤이네 가족은 다양한 교통수단을 이용하여 제주도로 여행을 떠났습니다.

9 ③은 도윤이네 가족이 제주도에 가기 위해서 이용한 교통수단이 아닙니다.

10 도윤이네 가족은 제주도로 여행을 가기 위해 교통수단을 이용하였습니다.

11 지프 택시는 울릉도와 같이 산이 많아 지대가 높고 겨울에 눈이 많이 오는 지역에서 안전하게 이동하기 위해서 사용하는 교통수단입니다.

12 해상 구조 보트와 산악 구조 헬리콥터는 위험한 상황에서 사람들을 구조하기 위해 이용하는 교통수단입니다.

13 소달구지는 미래에 사용할 새로운 교통수단이 아닙니다.

14 스마트폰은 옛날 사람들이 소식을 전하기 위해 이용한 통신 수단이 아닙니다.

15 파발은 조선 시대에 사용하던 통신 수단입니다.

16 불이나 연기로 소식을 전하는 것은 오늘날의 통신 수단의 특징으로 바르지 않습니다.

18 전화가 발달하면서 통화뿐만 아니라 다양한 기능이 추가되었습니다.

19 스마트폰은 어느 장소에서나 전화를 걸고 받을 수 있습니다.

20 농촌에는 주택이 모여있지 않고 사람들이 논밭으로 농사를 지으러 가기 때문에 마을 방송을 사용해 연락을 합니다.

5회 100점 예상문제 138~140쪽

1 ③ **2** ① **3** ⑩ 사람마다 보고 듣는 것뿐만 아니라 표현하는 방법도 다르기 때문이다. **4** 재영 **5** ④ **6** ② **7** ② **8** ⑤ **9** ④ **10** ③ **11** ② **12** ④ **13** ⑩ 문화유산에 담긴 조상들의 생활 모습, 슬기와 멋, 생각 등을 알 수 있기 때문이다. **14** ③ **15** ①, ③, ⑤ **16** ④ **17** ⑩ 적들이 쳐들어오거나 위급한 상황을 전하기 위해서이다. **18** 선빈 **19** ② **20** ③, ④

풀이

1 이야기하는 곳은 학교입니다.

2 장소의 가격은 장소 카드에 들어갈 내용으로 적절하지 않습니다.

3 고장에 대한 생각과 느낌은 각자의 경험에 따라서 서로 다를 수 있습니다.

4 디지털 영상 지도로 우리 고장의 전체적인 모습과 자세한 모습을 모두 볼 수 있습니다.

5 춘천역, 남춘천역, 고속버스 터미널 등은 다른 고장으로 이동할 수 있는 곳입니다.

6 유적들은 역사적으로 의미가 있기 때문에 고장의 자랑할 만한 장소가 되었습니다.

7 고장의 옛이야기를 통해 조상들의 생활 모습을 알 수 있습니다.

8 고장의 자연환경을 알 수 있는 지명은 두물머리입니다.

9 고장의 안내도는 고장의 주요 장소나 자랑거리를 살펴보기에 좋은 자료입니다.

10 문화원은 고장의 문화와 옛이야기를 소개하는 곳입니다.

11 하늘의 별을 관측하고 연구하던 문화유산은 경주의 첨성대입니다.

12 김대성은 현생의 부모를 위해 불국사를 전생의 부모를 위해 석굴암을 지었습니다.

13 문화유산을 통해 조상들의 생활 모습과 생각 등을 알 수 있습니다.

14 비행기는 기계의 힘을 이용하여 움직이는 교통수단입니다.

15 오늘날 이용하는 교통수단은 석유, 가스, 전기 등을 연료로 사용합니다.

16 ⓒ은 옛날 사람들이 이용하던 교통수단입니다.

17 평소에는 서찰, 파발, 방 등을 이용하였습니다.

18 선빈이는 오늘날 사람들이 통신 수단을 이용하는 모습을 이야기하고 있습니다.

19 소방관은 무전기를 사용해 연락을 주고받습니다.

20 미래에는 통신 수단이 더욱 발달하여 우리의 생활이 더욱 편리해질 것입니다.

6회 100점 예상문제

141~143쪽

1 ③ 2 민호 3 ⑤ 4 예 같은 장소라도 사진을 찍는 위치에 따라 모습이 달라진다. 5 ② 6 백지도 7 종로 8 ⑦, ⓒ 9 ⓒ 10 ⑤ 11 (1) 유형 문화유산 (2) 무형 문화유산 12 ⑤ 13 답사 14 ② 15 예 전기나 수증기의 힘을 이용해서 움직인다. 16 ③ 17 ④ 18 ⑤ 19 ③ 20 ③, ④

풀이

1 도서관은 책을 읽고 다양한 문화 행사를 하는 곳입니다.

2 상상 속의 장소가 아닌 우리 고장에 실제로 있는 장소를 중심으로 고장의 모습을 그려야합니다.

3 우리 고장에 대한 생각과 느낌은 각자의 경험에 따라 다를 수 있습니다.

4 같은 장소라도 사진을 찍는 위치에 따라 모습이 다르게 나타날 수 있습니다.

5 지도 변환 기능을 통해 영상 지도, 백지도, 일반(지도) 등으로 지도의 종류를 바꿀 수 있습니다.

6 백지도는 산, 강, 큰 도로 등의 밑그림만 그린 지도입니다.

7 종로라는 이름이 어떻게 생겨났는지 알 수 있습니다.

8 말죽거리와 기와말은 옛날 사람들의 생활 모습을 알 수 있습니다.

9 경기도 양평군의 두물머리 지명입니다.

10 조사 계획서를 만들 때 조사하는데 필요한 비용은 알맞지 않습니다.

11 (1)은 건축물이나 과학 발명품처럼 유형 문화유산이고, (2)는 예술 활동, 기술과 같이 무형 문화유산입니다.

12 외국인은 우리 고장의 문화유산을 잘 모를 수 있으므로 조사 방법으로는 적절하지 않습니다.

13 고장의 문화유산을 답사하는 모습입니다.

14 사람이 이동할 때 이용한 교통수단입니다.

15 전차나 증기선은 사람이나 동물의 힘을 이용하지 않고 기계의 힘을 이용해서 움직입니다.

16 전화기는 소식을 주고 받을 수 있는 통신 수단입니다.

17 우체국에서 편지나 소포를 보낸 것은 옛날 사람들이 소식을 전하는 모습이 아닙니다.

18 통신 수단의 발달하면서 더욱 쉽고 빠르게 정보를 전달할 수 있습니다.

19 횃불과 연기를 이용한 봉수는 미래에 사용될 통신 수단이 아닙니다.

20 무선 인터넷이 연결된 스마트 카는 실시간으로 교통 상황을 판단하여 막히지 않는 길을 안내해 주고, 사고가 발생했을 때에는 사고 처리를 해 주는 곳에 자동으로 신호를 보내 주기도 합니다.

MEMO

MEMO

www.kyohak.co.kr

전과목

단원평가 총정리

변형 국배판 / 1~6학년 / 학기별

■ 디자인을 참신하게 하여 학습 효율성을 높였습니다.

■ 단원 평가에 완벽하게 대비할 수 있도록 전 범위를 수록하였습니다.

■ 교과 내용과 관련된 사진 자료 등을 풍부하게 실어 학습에 흥미를 느낄 수 있도록 하였습니다.

■ 수준 높은 서술형 문제를 실었습니다.

정답과 풀이

사회